¡HAZLA EN GRANDE!

GARY VAYNERCHUK

¡HAZLA EN GRANDE!

Aprende a construir tu negocio y a influir en los demás como lo hacen los grandes empresarios

AGUILAR

¡Hazla en grande!
Aprende a construir tu negocio y a influir en los demás como lo hacen los grandes empresarios

Título original: *Crushing it!*
Publicado por acuerdo con HarperCollins

Primera edición: noviembre, 2018

D. R. © 2018, Gary Vaynerchuk

D. R. © 2018, derechos de edición mundiales en lengua castellana:
Penguin Random House Grupo Editorial, S. A. de C. V.
Blvd. Miguel de Cervantes Saavedra núm. 301, 1er piso,
colonia Granada, delegación Miguel Hidalgo, C. P. 11520,
Ciudad de México

www.megustaleer.mx

D. R. © Penguin Random House / Amalia Ángeles, por el diseño de cubierta
D. R. © iStock, por la ilustración de cubierta
D. R. © Fotografía de Gary Vaynerchuk, cortesía del autor
D. R. © 2018, Alejandra Ramos, por la traducción

ISBN: 978-607-317-332-2

Impreso en México – *Printed in Mexico*

El papel utilizado para la impresión de este libro ha sido fabricado a partir de madera procedente
de bosques y plantaciones gestionadas con los más altos estándares ambientales, garantizando
una explotación de los recursos sostenible con el medio ambiente y beneficiosa para las personas.

Penguin
Random House
Grupo Editorial

NOTA DEL AUTOR

Todos los extractos de correos electrónicos
y entrevistas fueron editados para que fueran
más breves, concisos y claros.

Dedico este libro a todas las personas
que han tenido la visión necesaria para reconocer
las increíbles oportunidades que nos brinda
esta nueva era digital, y para quienes tienen suficiente
valor para exigir y buscar la felicidad, no solamente
en su vida, sino también en su trabajo.

ÍNDICE

INTRODUCCIÓN

Misha, mi hija de ocho años, quiere ser youtuber cuando crezca. Seguramente esto no sorprende a nadie porque cuando muchos niños descubren lo que hacen sus padres, deciden que desean hacer lo mismo (además de convertirse en bomberos y cuidadores de un zoológico). Mi hija ha visto que yo utilizo las plataformas de internet para hablar con la gente y para construir negocios, y sabe lo mucho que me gusta eso. Por eso es natural que piense que le gustaría hacer lo mismo.

Lo que sí podría sorprenderte es que si les preguntas a otros niños en edad escolar lo que les gustaría ser de grandes, muchos también te contestarán que quieren ser youtubers.

Quizás el branding o desarrollo de marca todavía no forma parte de lo que se presenta en el Día de las Profesiones en las escuelas, pero los niños de la actualidad saben que hacer videos para YouTube, publicar en Instagram, tuitear 280 caracteres y snapear en Snapchat son oficios válidos, y que a algunos incluso podría traerles fama y fortuna. Los chicos de hoy sueñan en diseñarse una presencia popular en internet, de la misma manera en que los chicos de antaño soñaban con convertirse en estrellas de Hollywood. Desafortunadamente, a menos de que sean empresarios o tengan un conocimiento profundo del medio, los padres de estos niños responderán a las aspiraciones vocacionales de sus hijos con un "¿De qué hablas?", o peor aún, con el cinismo típico de la gente con visión estrecha: "Ése no es un trabajo de verdad". Lo más probable es que incluso los pocos que sonrían sin comprender bien qué sucede y les digan a sus hijos: "¡Genial, cariño! ¡Tú puedes!", negarán con la cabeza ante esta dulce ingenuidad de los pequeños.

Y a mí me frustra mucho eso.

Evidentemente, las primeras respuestas son terribles sin importar desde qué perspectiva las veas, pero todas ellas revelan una falta total de entendimiento respecto al mundo en que vivimos ahora. Un mundo en el que un niño de 11 años y su padre pueden volverse millonarios con un canal de YouTube en el que comparten videos de sí mismos cortando objetos a la mitad.

Yo sabía que así serían las cosas. Para alguien como yo, con una tendencia a hacer afirmaciones exageradas, resulta irónico que una de las frases más premonitorias que haya musitado también haya sido la mayor sutileza de mi vida:

Mi historia está a punto de volverse todavía menos inusual.

Misha era apenas un bebé la primera vez que lo mencioné, en la introducción de mi primer libro de negocios, *Crush It!* En ella narré la manera en que aproveché el internet para desarrollar una marca personal y para hacer que mi negocio familiar, Shopper's Discount Liquors, creciera de 4 a 60 millones de dólares. Mi estrategia era sencilla y escandalosa para aquel tiempo: me dirigí de manera directa a los posibles clientes a través de un videoblog sin artificios y desarrollé una relación con ellos en Twitter y Facebook. En el marco de esta relación, nos involucramos de una forma directa y personal que antes sólo se daba entre los comerciantes y sus clientes en las pequeñas y sumamente unidas comunidades y vecindarios del siglo pasado. Para cuando escribí ese libro, en 2009, ya me había ramificado a partir de mi primera pasión que eran el vino y las ventas, hacia otra pasión más abarcadora: la de construir negocios. En aquel entonces viajaba por el mundo divulgando la buena nueva entre todas las personas que estuvieran dispuestas a enterarse de que esas plataformas que la mayoría de las empresas y los líderes de negocios todavía catalogaban como vehículos sin sentido para perder el tiempo —Facebook, Twitter y YouTube—, en realidad eran el futuro de todos los negocios. Hoy en día parece imposible, pero la revolución digital era tan joven entonces que, de hecho, tuve que definir lo que eran las plataformas. En ese tiempo tuve que dedicar una cantidad considerable de tiempo a explicar que Facebook era un sitio de internet en el que podías compartir artículos, fotografías, tus sentimientos y tus pensamientos; y que Twitter era algo parecido, excepto por el hecho de que era público y de que, en aquel entonces, sólo permitía 140 caracteres. ¿El branding personal? Nadie sabía de qué demonios le estaba hablando. Resulta difícil creerlo ahora, pero hace menos de diez años, la idea de que no solamente algunos cuantos afortunados pudieran construir un negocio haciendo uso de las redes sociales, se consideraba una locura.

Hoy en día dirijo una inmensa empresa de medios digitales que tiene oficinas en Nueva York, Los Ángeles, Chattanooga y Londres. Sigo involucrando a las personas a través de Twitter, Facebook, Instagram, Snapchat y cualquier otra plataforma que atraiga la atención de la gente. Todavía me siguen invitando a dar conferencias en todo el mundo, pero también llego a millones de personas gracias a mis diversos negocios: el programa de preguntas y respuestas en YouTube #AskGaryVee; mi documental cotidiano en video, DailyVee; el papel que desempeño en *Planet of the Apps* —un programa de realidad de Apple que se centra en el tema del desarrollo de aplicaciones—; y de libros como el que ahora tienes en tus manos. Estoy trabajando más que nunca y también estoy teniendo más impacto que nunca antes. Además, jamás había sido tan feliz.

Y soy cualquier cosa, menos un tipo extraordinario.

Actualmente hay millones de personas iguales a mí que han aprovechado el internet para desarrollar su marca personal, negocios prósperos y una vida que viven bajo sus propios términos. Quienes realmente están arrasando son los que han alcanzado el premio mayor de la adultez: tomar la actividad que aman y construir un negocio lucrativo que les permita hacer lo que se les dé la gana todos los días. La diferencia es que en 2009 ese "pasatiempo" podía ser la preparación de conservas hechas en casa o la construcción de casas del árbol hechas a la medida; en tanto que ahora incluye ser mamá, vestirse con estilo o tener una visión poco convencional de la vida. Dicho de otra forma, puedes usar tu marca personal, es decir, quien eres, para vender tu negocio; o tu marca personal puede *ser* el negocio. La gente de sociedad, los hijos de las celebridades y las estrellas de los programas de realidad llevan mucho tiempo haciéndolo, pero al fin llegó el momento de que cualquier persona aprenda a cobrar por llevar a cabo algo que de todas formas iba a hacer aunque no le pagaran.

Muchas cosas han cambiado bastante desde que escribí *Crush It!*, pero sorprendentemente, muchas otras siguen funcionando de la misma manera. Cualquiera de las personas que me siguen con regularidad saben que pueden saltarse los primeros diez minutos de mis charlas porque en ellos sólo vuelvo a hablar de los hechos de mi vida y a dar la opinión que tengo del mundo, de la misma manera que lo he hecho desde hace casi una década. No obstante, en cuanto terminan esos diez minutos, puedes esperarte cualquier cosa, y eso es justamente lo que ofreceré en este libro: la parte de mis pláticas que cambia cada seis o nueve meses debido a que esa es la velocidad a la que evolucionan las plataformas. Quiero que recibas la información más actualizada sobre cómo aprovechar al máximo las plataformas de internet para construir una marca personal fuerte y duradera.

La mayor diferencia entre mi primer libro y el que ahora estás leyendo es la siguiente: en éste no escucharás solamente mi voz. Quiero presentarte a otros empresarios que han alcanzado un éxito increíble gracias a que construyeron su marca personal obedeciendo los principios de *Crush It!* Algunos son conocidos a nivel internacional y otros siguen escalando hacia la cima, pero todos ellos están disfrutando de la vida como nunca antes. Aunque son diferentes entre sí, sospecho que te sentirás aliviado y emocionado al constatar que se parecen mucho a ti. ¿Cómo puedo decir algo así si no te conozco? Porque en su caso, como en el mío, el secreto del éxito no tuvo nada que ver con sus orígenes, con la gente a la que conocían, la escuela en la que estudiaron ni el ámbito en el que desarrollaron su labor. El secreto más bien

se relaciona con que lograron detectar la importancia de las plataformas que tenían a su disposición y con las que estuvieron dispuestos a
hacer lo que fuera necesario para sacarles jugo a las herramientas de
las redes sociales hasta sus últimas consecuencias.

También es posible que lo que me sirvió a mí tal vez no te sirva a
ti, y viceversa; por eso es esencial que estés consciente de quién eres
y que seas honesto contigo mismo en todo momento. Lo que yo te
puedo ofrecer es solamente una serie de principios universales; aquí
vamos a diseccionar todas las plataformas importantes en la actualidad para que, independientemente de si eres plomero (tu pilar deberá
ser Facebook, ver página 237) o cuidador de parques (el tuyo deberá ser YouTube, ver página 215), sepas con exactitud qué plataforma
necesitas usar como tu pilar de contenidos, y para que aprendas a
aprovechar las otras para amplificar tus marcas personales. Vamos
a diseccionar las plataformas sociales dominantes del mundo de los
negocios de hoy. En *Crush It!* hablé de algunas de ellas, pero además
de que ya evolucionaron, ahora hay mejores maneras de navegarlas.
Te ofreceré consejos teóricos y tácticos para convertirte en toda una
estrella en las viejas plataformas de confianza como Twitter, Facebook, YouTube e Instagram; en plataformas que apenas inician como
Musical.ly; en plataformas centradas en el audio como Spotify, Sound-
Cloud e iTunes; y en la recién llegada Alexa Skills. A quienes ya llevan
un tiempo en esto les resultarán útiles los matices poco conocidos,
los consejos innovadores y las astutas modificaciones que les ofreceré
porque he comprobado que sirven para mejorar otras estrategias bien
probadas.

Si me has seguido la pista a lo largo de varios años y crees que
ya lo sabes todo, por favor, reconsidera tu posición. Cada año les hablo a miles de personas y escucho las mismas preguntas una y otra
vez, así que si tantos todavía no han logrado perfeccionar el juego,
lo más probable es que tú tampoco lo hayas hecho. Hoy por fin podrías "conseguir" esa pepita de oro de información que te ayudará a

pulverizar cualquier obstáculo que te haya estado deteniendo hasta ahora. Muchas de las personas a las que entrevisté para este libro me dijeron que habían leído *Crush It!* varias veces, como el empresario y productor de podcasts John Lee Dumas, que lo vuelve a leer cada año. El libro sólo tiene 142 páginas, o sea que no es tan denso como para que John no haya podido descifrar los puntos esenciales en una hora aproximadamente, sin embargo, este empresario admite que escuchó el audiolibro tres veces antes de entender finalmente lo que quise decir respecto a la construcción de la marca personal. Ese momento de epifanía lo llevó a fundar Entrepreneurs on Fire, el podcast diario en el que entrevista a los empresarios más inspiradores e innovadores del país. Hoy en día su programa es uno de los de mayor éxito en iTunes y genera cerca de 200 000 dólares al mes. Lo sé porque Dumas publica sus estados financieros mensuales en su sitio y comparte los detalles de sus gastos en el podcast para que otros empresarios puedan aprender algo de sus aciertos y evitar los errores que él ha cometido. Éste es solamente un ejemplo del tipo de sorpresa y encanto que los empresarios en este libro producen con regularidad para diferenciar su marca personal de las de sus competidores y para hacerse de hordas de fanáticos adoradores y leales.

Como siempre, seré honesto contigo. Aun absorbiendo cada una de las lecciones y siguiendo todos los consejos que hay en estas páginas, la mayoría de los lectores de este libro no llegarán a ser millonarios. ¡Pero no dejes de leer! Ninguna de las personas que entrevisté pensó que se volvería rica, lo lograron porque eran increíble y ridículamente hábiles en lo que hacían y porque trabajaron con tanto ahínco que nadie más pudo seguirles el paso. Casi todos comenzaron con la modesta ambición de ganar suficiente para disfrutar de las cosas buenas de la vida, alcanzar cierta estabilidad, mantenerse a sí mismos y a sus familias, y vivir bajo sus propios términos. Si logras tener ese tipo de riqueza, no necesitarás lujos, y además, quién sabe, tal vez en el proceso de alcanzar ese nivel descubras, como lo hicieron John Lee

Dumas y sus colegas, que tienes el talento y el conocimiento adecuados del marketing para convertirte en millonario. Pero sólo hay una manera de averiguarlo y de cualquier forma vas a salir ganando. Para convertir un trozo de metal ordinario en una delicada obra de orfebrería se necesita de presión y fuego. Este libro está repleto de la inspiración y los consejos que te brindarán otros que ya han caminado sobre esas llamas. Permíteles guiarte para que descubras de lo que eres capaz.

Tomemos, por ejemplo, la experiencia de Louie Blaka (I: @louieblaka), quien en un correo electrónico me explicó que, después de que decidió confiar en su instinto y ponerse a trabajar en lo que le apasionaba, dejó de ser maestro de arte y se convirtió en un próspero artista plástico.

Soy maestro de arte en una preparatoria, pero en el fondo me considero un artista de buen nivel. Hace tres años decidí darle a mi carrera como artista una oportunidad más allá de las clases que daba de 7:00 a.m. a 3:00 p.m. Mi quehacer artístico despuntó, pero no tanto como esperaba. No me di por vencido pero me sentí un poco desanimado. Hace dos años escuché *Crush It!* y eso me ayudó a pensar en hacer algo más que sólo vender cuadros. Noté que en el país había una creciente tendencia alrededor del vino y de las clases de pintura, y me pregunté por qué no dar este tipo de clases si contaba con un certificado que me permitía enseñar y, además, tenía experiencia como artista profesional (sí, ya sé, ¡qué tonto había sido hasta entonces!). Entonces seguí tus consejos para hacer marketing a través de redes sociales y llevé a cabo una clase **gratuita** de pintura acompañada de una copa de vino, para la Universidad Montclair State, mi alma máter. Publiqué una fotografía del evento en mi cuenta de Instagram y la gente me empezó a enviar solicitudes para apuntarse. Empecé con una clase para diez personas, la cual organizaba tal vez cada dos o tres meses, pero ahora ofrezco por lo menos tres clases al mes, y en la próxima tengo programado atender a 100 personas. No he gastado ni un solo dólar en marketing; hice todo a través de Instagram y de la recomendación de boca en boca. También les he podido vender mis cuadros (como artista) a mis clientes de las clases de vino y pintura. Asimismo, todos los "sobrantes" o materiales que no se usan en mis clases, los he aprovechado para realizar mi obra personal.

Mi carrera personal como artista creció, y así pasé de vender cuadros de 200 dólares a que una de mis obras se subastara por 1 300 en el Coffee Festival de la ciudad de Nueva York en septiembre. Empecé mi negocio de vino y pintura con un evento gratuito para diez personas en un campus universitario, y ahora espero ganar 30 000 por concepto de las ventas del próximo año. Sé que no es mucho, pero para un maestro de tiempo completo es una cantidad abrumadora.

La explosión de YouTube e Instagram, el surgimiento de los podcasts y la ubicuidad de plataformas como Facebook y Twitter nos han llevado a ese extremo que predije hace nueve años. Tú ya tienes las herramientas para construir el tipo de marca personal sólida que podría cambiar tu vida en el futuro. Si llevas algún tiempo en esto y no has llegado adonde querías, este libro te explicará cuál es el problema. Si perteneces a la lista D de la celebridad, pero tienes la vista puesta en la lista A, yo te puedo ayudar a subir por el escalafón. Además, comprendo cómo te sientes porque yo estuve en la lista Z durante años y sé cómo se ven las cosas desde allá abajo. Si has estado dando pretextos, ahora quedarás expuesto, y eso te permitirá decidir si quieres dejar de papar moscas y lograr lo que te propusiste, o admitir que tu versión de "hacerla en grande" es ligeramente distinta a la que imaginaste en un principio.

Verás, este libro es para dos tipos de lectores. El primer grupo es el de la gente que sabe, desde el fondo de su alma, que nació para construir algo grande. Los empresarios natos deberían encontrar toda la información que necesitan para mejorar lo que están haciendo actualmente o para empezar a hacer sus propios planes. El segundo grupo es el de toda la demás gente que sólo quiere trabajar. No es exclusivamente para los jóvenes o para quienes se inclinan por la tecnología; no es sólo para los profesionistas ya establecidos en su carrera o para quienes desean renovarse porque su industria ya les queda chica o, peor aún, porque se está contrayendo. A toda la gente le conviene construir una marca personal, incluso si no le interesa volverse rica o famosa. ¿No eres experto en computación? Entonces adquiere las habilidades necesarias para construir tu marca; no es nada difícil, y si esto te hace sentir mejor, al igual que tú, mucha de la gente con la que hablamos para escribir este libro al principio tampoco tenía experiencia trabajando con computadoras. En caso de que no te hayas dado cuenta, ya ningún empleo es particularmente estable. Imagina la seguridad que sentirías si estuvieras desarrollando un proyecto alternativo a tu empleo, el cual pudiera despegar en grande si de repente pudieras invertirle todo tu tiempo (conoce a Pat Flynn en la página 143). La desesperación puede ser una gran motivación, pero es mucho menos estresante planear con anticipación para que nunca tengas que tocar fondo.

Si ya ganas lo que necesitas para vivir la vida que quieres y estás disfrutando cada día, entonces ya la hiciste en grande, y eso es lo único que deseo para ti. Ahora pienso en los amigos con los que crecí, los que adoraban los videojuegos pero tuvieron que abandonarlos porque para sus padres eran algo nuevo y atemorizante, les parecía que los distraían de sus estudios, y terminaron prohibiéndoles que jugaran. Quizás esos chicos crecieron y lograron ganar un sueldo decente, pero lo hicieron trabajando en algo que apenas toleran o que incluso odian. Si tan sólo sus padres hubieran previsto la manera en que evolucionaría el mundo, tal vez ese chico que estudió leyes para complacerlos, ahora podría ganar la misma cantidad, pero podría ser un promotor de deportes electrónicos (*eSports* o juegos competitivos), o ganar millones de dólares como creador profesional de *e-games*. De cualquier manera, creo que el abogado habría sido muchísimo más feliz.

Muchos padres tratan de que sus hijos suelten el Pokémon Go a pesar de que los juegos de realidad aumentada serán algo inmenso por varias generaciones. Otros creen que sus hijas deberían dejar de hacer menos masita gelatinosa o *slime*, y enfocarse en practicar más álgebra. Tal vez el *slime* sea una moda, pero quizá también sea la vía para que una chica aprenda la dinámica de la oferta y la demanda en Instagram y logre construir una marca personal y una empresa de un millón de dólares. Lo más curioso es que esa chica no sería la primera porque Karina García ya lo hizo. Karina era mesera, pero ahora es una exitosa estrella de YouTube que se hizo famosa por hacer... Adivinaste: *slime*. ¿Qué tan exitosa es? Como llegó a ganar mensualmente cifras de seis dígitos, pudo ayudar a sus padres a jubilarse. En agosto de 2017 hizo una gira de siete semanas en la que visitó catorce ciudades para conocer a sus fanáticos. La gente llegó a pagar pases VIP de entre 40 y 99.99 dólares. Sin embargo, las historias de este tipo ya no son raras y además ilustran la razón por la que necesitamos darles a nuestros niños toda la libertad posible para que continúen haciendo lo que aman. Recuerda que en el mundo en que vivirán, ya no habrá límites en lo referente a cómo ganarse bien la vida y construir una carrera estelar. Cuando yo era niño y sólo tenía calificaciones reprobatorias, cada vez que me sorprendían leyendo los catálogos de las tarjetas de beisbol para ver cuánto debería cobrar en cada intercambio, me decían: "Vas a ser un fracasado". Actualmente me dicen: "Vas a ser el próximo Zuckerberg". En lo que se refiere a las oportunidades profesionales, creo que éste es el mejor momento en la historia de la humanidad para estar vivo y no quiero que nadie lo desaproveche.

Si tú puedes tomar algo valioso o útil de este libro, espero que le regales una copia a alguien que te importe y que no sea feliz con su trabajo o profesión actual. Si eres padre o madre, por favor, dales una copia a tus hijos en cuanto empiecen a pensar en qué quieren ser de grandes. No te lo digo porque quiera vender más libros, puedes sacarlo de la biblioteca si gustas, en realidad no me molesta. Te lo digo porque quiero que todos sepan que estas oportunidades existen; de esa manera, si alguien se siente abatido, deprimido o atemorizado, podrá hacer algo para cambiar su situación. Si te importa la gente en tu vida, seguramente querrás que sea feliz haciendo lo que ama. La vida es corta, y su brevedad e imprevisibilidad me asustan; sin embargo, también es larga: una persona de 50 años todavía podría tener frente a sí otros 40 o 50 años productivos. Me parece que nos debemos, a nosotros mismos y a la gente que amamos, la oportunidad de sentirnos lo más plenos y emocionados que podamos todos los días, para así poder compartir lo mejor de nosotros con los demás. Hay demasiadas cosas en la vida que son incontrolables, pero nuestra felicidad no tiene por qué ser una de ellas, tampoco nuestra carrera. Podemos ejercer el control, hasta las últimas malditas consecuencias, y entre más pronto lo comprendamos, mejor viviremos todos.

No puedo hacer nada para volverte más creativo, pero espero ser capaz de imbuirte la mentalidad correcta para que cuando puedas darle rienda suelta a esa creatividad, triunfes. Con frecuencia nos dicen que tenemos que elegir: establecernos y hacer algo tolerable para ganar dinero o seguir nuestra pasión y hacernos a la idea de que seremos pobres. Todavía hay gente en el mundo que cree que es muy raro que alguien ame su trabajo, pero eso a mí me parece una estupidez. Si logramos entender el ambiente digital de hoy, nuestras opciones y oportunidades pueden ser infinitas; sólo tenemos que reunir el valor suficiente para salir y elegir. Vas a escuchar historias de personas que, como tú, también estaban asustadas y tenían muchas obligaciones; personas a las que les dijeron que estaban siendo tontas, imprudentes, irresponsables o inmaduras, pero que de todas maneras se atrevieron a hacer lo que querían y luego cosecharon el fruto. Si este libro debería enseñarte algo, es que lo único que te impide tener una carrera satisfactoria y duradera, y felicidad en la vida, eres tú.

1

¡EMOCIÓNATE!

1

EL CAMINO ES TODO TUYO

Un empresario es alguien que encuentra la manera.
—SHAUN "SHONDURAS" MCBRIDE

La promesa que hice en *Crush It!*, mi primer libro de negocios, fue que les enseñaría a los empresarios a monetizar su pasión a través del uso de las redes sociales para la construcción de una marca personal sólida que les permitiera atraer clientes y anunciantes a sus sitios de internet, y que los transformaría en expertos confiables o en figuras del entretenimiento a quienes las otras marcas y proveedores les pagarían por dar conferencias, ofrecer asesorías o asistir a eventos. Dicho de otra forma, el objetivo era construir una marca personal suficientemente fuerte alrededor de tu negocio para convertirte en una persona con gran autoridad, es decir, en un influencer. Esta palabra, sin embargo, no aparece ni una sola vez en *Crush It!* porque la multimillonaria industria del marketing de los influencers seguía siendo tan nueva en esa época, que el concepto aún no se cristalizaba en 2009, año en que se publicó el libro. Hoy en día, en cambio, este tipo de marketing está en posición de devorar una buena rebanada del festín del marketing tradicional. Los consumidores más jóvenes invierten cada vez menos tiempo en los medios tradicionales, y consumen más contenidos de internet.

⦿ Mientras el público de la televisión decae año con año, las visitas diarias a YouTube se acercan cada vez más a los 1250 millones de horas al día que todavía se ven en televisión.

- Uno de cada cinco minutos que se invierten en el celular, se pasan en las aplicaciones y los servicios de Facebook.
- Cada minuto se publican 65 900 videos y fotos en Instagram.
- Cada día se generan más de 3 000 millones de fotos o snaps en Snapchat, y más de 60% de los anuncios que se abren en esta aplicación son vistos con el audio encendido.

En consecuencia, desde 2009 las marcas han triplicado la cantidad de dinero que invierten en las redes sociales. Con el estallido en el número de redes disponibles para cualquier persona que desee amasar una audiencia, y con las vastas sumas de dinero que están siendo redirigidas a esas redes, el marketing de influencers se ha convertido en una estrategia legítima de monetización para cualquiera que esté construyendo un perfil en internet, lo que en realidad equivale a prácticamente toda la gente que tiene un negocio.

¿Pero qué tan legítima es la estrategia? En 2016, los youtubers que más ingresos generan, produjeron una ganancia combinada de 70 millones de dólares. Muchos coinciden con cierto tipo, es decir, muchos son jugadores, por ejemplo. Sin embargo, Lilly Singh es una rapera comediante que presenta la cultura Punjabi en sus videos; Rosanna Pansino es cocinera; y Tyler Oakley es activista LGBTQ. En el pasado, la lista de los que más ingresos generaban incluía a la bailarina y violinista Lindsey Stirling y a la artista del maquillaje Michelle Phan. Tan sólo gracias a su trabajo en redes sociales, los más populares instagrammers pueden llegar a ganar cifras de siete dígitos al año. Incluso con nada más 1 000 seguidores, un instagrammer de nivel elemental podría ganar cerca de 5 000 dólares al año haciendo dos publicaciones a la semana; y 10 000 seguidores podrían representarle casi 20 000 dólares, también con solamente dos publicaciones semanales. Imagina las ganancias si publicara con más frecuencia. Pensemos en eso. El salario promedio de los empleados estadounidenses es de cerca de 51 000 dólares, pero puedes ganar eso siendo gerente de una oficina o dirigiendo un negocio propio construido a partir de lo que más amas en el mundo. ¿Quieres jugar a la segura? Entonces puedes trabajar como gerente en una oficina, regresar a casa y luego ganar 10 000 dólares adicionales en Twitch por dejar a la gente verte jugar y hacer comentarios sobre tu juego favorito de video porque eres verdaderamente bueno jugándolo. Si no, usa YouTube para compartir experimentos científicos estúpidamente divertidos o publica en Instagram fotografías de tus puercoespines usando unos sombreritos. Gracias a la proliferación de las plataformas y de la migración de las audiencias televisivas y los lectores de revistas hacia internet, ahora hay espacio para que muchos, muchísimos más expertos y personalidades diseñen un sistema lucrativo y sustentable que promueva y les ayude a hacer crecer sus negocios, o incluso un negocio paralelo a su trabajo.

Ahora, por ejemplo, es un gran momento para ser modelo. Hubo un tiempo en que sólo había espacio suficiente para que un puñado de superestrellas apareciera en los desplegados a doble página de las revistas y en las pasarelas. En medio tal vez había unas 1 000 modelos con trabajo constante en publicaciones impresas y televisión, y debajo de todas ellas, el resto sólo se las iba arreglando con fotografías para catálogos y trabajo promocional. internet abrió una compuerta de oportunidades para cualquier persona que esté dispuesta a ponerse las pilas y hacer crecer una base de admiradores a través de blogs y canales de video, con la que atraerán a cientos de miles de marcas ansiosas por invertir dinero y apoyar a gente popular, con apariencia espectacular y que esté de moda, a cambio de contenidos exclusivos y publicidad. Y no sólo eso: aquellos afortunados que nacieron con apariencia de modelo o incluso quienes fueron bendecidos con intuición para elegir su mejor ángulo y sus filtros, ni siquiera tienen que ser modelos para que les paguen. Esta gran migración de la atención hacia las redes sociales permite que la gente hermosa ya no tenga que comprometerse con revistas, agencias de talentos ni representantes para hacer dinero gracias a su apariencia. Estas personas pueden verse fabulosas todos los días en sus propias plataformas, generar una audiencia que crezca constantemente y lograr que las marcas vengan a rogarles que les permitan involucrarse para ganar exposición. Sólo pregúntale a Brittany Xavier al respecto (ver página 260).

Con frecuencia definimos al influencer como alguien que reúne a un público tan nutrido en las redes sociales, que las marcas le ofrecen pagarle para que asista a eventos, para que se tome selfies con productos o para que hable sobre servicios. Las marcas le han pagado a gente famosa de internet miles de millones de dólares para que las respalden, para que patrocinen, promuevan la marca y para que coloquen y muestren sus productos. La colocación de un producto o *product placement* es una actividad que, por su naturaleza, va muy bien con las multitudes de YouTube e Instagram, pero puede hacer que los blogueros que escriben sobre los reyes del motociclismo o las reinas de las mermeladas de frambuesa que hacen podcasts —es decir, aquellos que no se sienten suficientemente fotogénicos o carismáticos para tomarse selfies o hacer videos todo el tiempo— sientan que las opciones que tienen para hacer crecer su influencia y desarrollar un flujo de ingresos se limitan a vender espacio para anuncios. Sin embargo, yo estoy aquí para decirte que no es así, sólo tienes que ser inteligente y pensar estratégicamente cómo usar tus contenidos. Mira, a mí me pagan por escribir libros y por dar charlas en escenarios nacionales e internacionales, y he ganado lo suficiente para hacer el tipo de inversiones que podrían darme rendimientos durante generaciones completas. No obstante, nunca he ganado ni un centavo de dólar porque una empresa de bebidas energéticas me haya pagado por decir: "Éste es mi secreto para trabajar dieciocho horas al día".

Soy un empresario que construyó una empresa de medios de 150 millones de dólares gracias a, en parte, mi marca personal. Sin embargo, esta marca la pude desarrollar porque primero generé contenidos valiosos que hicieron crecer mi influencia. Ésta es una de las maneras en las que la puedes hacerla en grande, pero por favor, de todas formas aprovecha y gana dinero a través de los anuncios. A medida que te acerques al estrellato, podrías llegar a recibir 10 000 dólares por colocar una barra de chocolate en tu escritorio mientras trabajas, pero por el amor de Dios, no te detengas ahí porque ése es sólo el principio. No dejes dinero sobre la mesa nada más porque no te das cuenta de cuánto más puedes crecer. ¿Qué tanto? internet es una ostra para el empresario y tú puedes aprovechar sus perladas plataformas para construir una marca personal tan fuerte que el mundo no sólo esté dispuesto a pagarte por tus productos o servicios, o por promover los de otras personas, sino también por simplemente ser tú. En mi opinión, así es como te conviertes en un verdadero influencer. Con las alturas que ha alcanzado, el marketing de influencers es el equivalente a la televisión de realidad 2.0. Por eso quiero que te consideres la más nueva estrella del mañana.

Tú, el empresario, en realidad eres igual a la marca de macarrones con queso orgánico que se extiende hacia las galletitas con queso cheddar y la sopa de tallarines con pollo. La importancia de la marca nunca tuvo que ver con los macarrones con queso orgánico, sino con la comida orgánica para consolarse. Tú eres la madre embarazada que concibe un podcast sobre el embarazo y luego escribe un libro acerca de cómo criar a niños que sufren de ansiedad; eres el cocinero de comida casera con un hermoso flujo de publicaciones en Instagram que empieza a producir un podcast sobre cómo enlatar y luego recibe una invitación para escribir una columna de jardinería urbana en una revista nacional. Eres el chico que inició un blog de vino que en realidad no tenía que ver con esta bebida sino con el objetivo de hacerse de un nombre propio y ser esa persona que les puede enseñar a los otros negocios mejores maneras de comunicar y vender. El Instagram de la cocinera hogareña no tiene que ver con la comida sino con fortalecer su influencia en el área de la salud y el estilo de vida. El podcast sobre el embarazo de la madre que mencioné es sólo la carnita en la hamburguesa de la crianza y la familia.

Tu marca personal puede proveerte todos los elementos adicionales que quieras. Su desbordada influencia en el mundo actual de los negocios ha permitido que el estrellato ya no se limite a la gente más bonita o telegénica: el campo está abierto para muchos, muchos más jugadores. Esto también significa que la mayoría de los empresarios todavía tiene la oportunidad de ajustar y fortalecer sus acciones para convertirse en influencers. Empresarios: los estoy viendo desde aquí, y me asombra la forma en que muchos quedan atrapados en trampas que ustedes mismos crean a pesar de que ahora tienen muchísima más fuerza que antes.

Digamos, por ejemplo, que estás arrasando en Twitter, pero ¿qué vas a hacer el día que te des cuenta de que estás cansado de esa plataforma? ¿Qué vas a hacer si desaparece? ¿Qué tal si eres el apicultor predilecto del país y de pronto desarrollas una alergia mortal a las abejas? Pensar más allá de tu éxito actual y buscar constantemente maneras de tener nuevos logros para que nunca tengas que limitarte a ninguna plataforma, o ni siquiera a un solo tema, se ha vuelto una cuestión de supervivencia. ¿Cómo lograrlo? Creando una marca personal tan fuerte que trascienda plataformas, productos e incluso el tema que te apasiona.

Pensemos, por ejemplo, en el ícono cultural Julie Andrews,* la estrella de mejillas rosadas que ha aparecido en una enorme cantidad de obras maestras de Broadway y Hollywood, como *Camelot*, *La novicia rebelde* y *Mary Poppins*. Toda su carrera, vaya, toda su identidad, se construyó con base en la etérea voz de soprano que la convirtió en una estrella reconocida. "Pensé… que mi voz era lo que soy." Pero hace veinte años Andrews tuvo que someterse a una operación para que le quitaran varios quistes precancerosos de las cuerdas vocales. Cuando despertó, los quistes se habían ido, pero también su voz. Sin embargo, como estamos hablando de Julie Andrews, imaginarás que ése no

----

* Apuesto que no sabías que me encanta Broadway.

fue el final de su carrera. Desde su operación, la otrora cantante ha escrito montones de libros para niños; fue la estrella de la exitosísima serie de películas *El diario de la princesa*; y más recientemente, en colaboración con Jim Henson Company, produjo y actuó en una serie de Netflix que les enseña a los niños de preescolar a apreciar el arte.

Oprah no ha sido nada más la anfitriona de un programa de entrevistas o *talk show*; Mohammed Alí no fue solamente un boxeador; y La Roca no es simplemente un luchador. Una marca personal sólida es tu boleto para alcanzar una libertad personal y profesional absoluta. Quiero que te conviertas en la Julie Andrews o el Mohammed Alí de tu industria. Efectivamente, para que esto funcione tienes que comenzar por tener un talento fenomenal, pero a diferencia de las celebridades que mencioné, no necesitarás un agente para lograr que la gente correcta te ponga atención ni para empezar a hacer dinero. En 2009, un comediante amasó miles de seguidores contando chistes en Twitter, pero sólo empezó a hacer dinero en serio cuando firmó con la agencia Creative Artists y consiguió un "empleo de verdad" escribiendo chistes para David Letterman. Hoy en día, sin embargo, no necesitas escribir chistes para otros, ya que el fabricante de M&M's o Mars te puede pagar 10 000 dólares por tuitear tu propio chiste de M&M's. Tampoco necesitas venderle tu material a una cadena televisiva para conseguir un trato lucrativo. Recordemos que en 2009 la gente todavía usaba su celular *como teléfono* porque seguíamos recurriendo a cámaras con pantalla para filmar videos y porque nuestros teléfonos no habían sufrido la metamorfosis que los convirtió en televisiones y pantallas de cine. Todo eso cambió. internet se volvió el intermediario más importante y ahora les permite a todas las industrias llegar de manera directa a sus consumidores: desde la de la música hasta la de la hotelería, pasando por la industria editorial y la de los taxis. Snapchat, Instagram y Facebook son las NBC, ABC y CBS de nuestra época, y tu público te está esperando. Lo único que necesitas hacer es averiguar cómo te vas a convertir en el siguiente *Imperio*.

En 2009 yo estaba tratando de hacerte entender que podías ganar algo de dinero en el mundo de internet o usarlo para catapultarte hacia la cultura dominante, si acaso ése era tu objetivo final. Actualmente internet *es* la cultura dominante. Ahora tú tienes el control absoluto de cómo te ve el mundo, con qué frecuencia y en qué contexto. John Ostrovsky, "El judío gordo", es un fenómeno de las redes sociales, pero llevaba muchos años en el circuito del entretenimiento. Primero firmó con un sello disquero cuando estaba en la universidad, y luego fue el anfitrión de un programa de entrevistas a celebridades en *E!*, pero no fue sino hasta que amasó medio millón de seguidores en Instagram que por fin pudo aprovechar su arte en la comedia y la interpretación para conseguir un contrato para escribir un libro, lanzar una marca de vino y presentarse en programas de televisión de realidad, lo que, por cierto, lo llevó a conseguir 10 millones de seguidores en dicha plataforma. El director superestrella Casey Neistat empezó a hacer películas en internet desde 2003, pero lo que fijó su marca personal en la mente y el corazón de 8 millones de seguidores fueron los cortos de alta calidad y el creativo vlog cotidiano que publicaba en YouTube. Con una audiencia de estas dimensiones Neistat pudo venderle su empresa a CNN por 25 millones de dólares; iniciar un nuevo proyecto que tiene como objetivo eliminar la "colosal división" entre su público más bien juvenil y los medios noticiosos populares; y convertirse en el rostro de un comercial de Samsung que se transmitió durante la ceremonia de los Oscares de 2017.

Las marcas personales son para todos

Como lo muestra el alto número de fotógrafos, artistas visuales y músicos que me ofrecieron compartir sus anécdotas en este libro cuando lancé la convocatoria, desarrollar estratégicamente una marca personal a través de las redes sociales es una estrategia excelente para los creativos. Sin embargo, también puede funcionar perfectamente para cualquier persona de cualquier industria que esté dispuesta a someterse al ajetreo. Hoy en día ya no tienes que matarte trabajando de incógnito detrás del nombre o el logo de alguien más hasta generar suficiente credibilidad para moverte por tu cuenta. Por supuesto, antes de dar el salto empresarial puedes hacer lo que muchos: fortalecer tu conocimiento, experiencia de vida y tus cuentas de ahorros. Varias de las personas que fueron entrevistadas para este libro dijeron que la experiencia y las habilidades que adquirieron en sus empleos anteriores, incluso en los que detestaban, les resultaron esenciales para convertirse en los empresarios que son ahora. Pensemos, por ejemplo, en Dan Markham, quien es coanfitrión del canal que tiene con su hijo Lincoln en YouTube, What's Inside?.

Extrañamente, cuando fui representante de ventas aprendí a convencer a los doctores de usar ciertos medicamentos, y eso me enseñó a ser youtuber. Practicaba con los otros representantes; practicábamos, practicábamos y practicábamos. Yo nunca había estado frente a una cámara, pero siento que sólo es como hablarle a alguno de esos representantes o como estar frente a un médico. Así pues, mi empleo en verdad me ayudó. Yo sabía que quería ser empresario, sabía que quería tener mi propio negocio, pero tenía demasiadas cosas que hacer porque iba a la universidad, iba al trabajo que tenía durante el día y aprendía todo lo posible respecto a lo que implicaba ser representante de ventas. También estaba haciendo otras cositas aquí y allá, fracasando y teniendo éxito. Ya sabes, al final, todo empezó a tomar forma.

Tengo 37 años y he trabajado desde los 19 en mi desarrollo personal. Me tomó todos estos años, pero ahora por fin siento que estoy donde quería estar desde entonces; es una locura que haya terminado aquí, pero me encanta.

¿No te parece genial que no haya una ruta prescrita? Por ejemplo, si eres director de proyecto, pero preferirías ser apicultor mañana, sí *mañana*, podrías lanzar un podcast enfocado en la naturaleza y empezar a bloguear contenidos perspicaces, creativos y llenos de humor para amplificar tu voz en todos los ámbitos más allá del de las abejas. Luego podrías producir videos tutoriales o escribir un libro sobre cómo iniciarse en el negocio, y de esa forma te asegurarías de que tu conocimiento le llegue a la nueva generación de apicultores. Así compartirías información importante y harías crecer tu marca personal al mismo tiempo; y luego, tal vez alguien te podría pedir que fueras el anfitrión de un especial de Animal Planet, o quizá National Geographic te llame para decirte que quieren que hagas un reportaje especial. A medida que crezca tu marca, podrías desarrollar una receta para un nuevo dulce, un bálsamo para labios, una tableta para el dolor de garganta o yogur. ¡Todo con sabor a miel! Podrías crear un aerosol contra insectos o un sistema de cuidado para la piel; o diseñar bolsos enormes o artículos de jardinería con motivos de abejas. O tal vez te podría llegar un mensaje directo en Instagram de la modelo Karlie Kloss que, casualmente, está súper interesada en la cultura de las abejas, y luego la selfie que te tomes con ella aumentaría las ventas de tu libro, de 300 a 30 000 copias y, de paso, impulsaría el siguiente capítulo de tu carrera. Esto realmente está sucediendo. Usa las plataformas de las redes sociales de hoy para desarrollar tu marca y extender tu influencia; así construirás un negocio que podría seguir creciendo incluso si no vuelves a tocar jamás un panal en tu vida.

Éste es solamente un ejemplo hipotético, pero en las páginas por venir leerás muchos más que son reales. Este libro es una celebración de toda la gente que aplicó los principios de *Crush It!* y que, a cambio, tuvo un éxito extraordinario. Lo que yo quiero es que aprendas de su ejemplo. Algunos de los participantes son amigos míos, pero muchos sólo son gente común y corriente que, cuando tuvo la oportunidad, ofreció compartir su experiencia contigo. Fue muy difícil elegir entre todas las historias inspiradoras que escuchamos, nos habría gustado incluir a toda la gente que nos contactó a mí y a mi personal, pero no había espacio suficiente.* Escuchamos historias geniales de artistas, profesionales del ejercicio, gente que bloguea sobre moda y, por supuesto, asesores de marketing —gente que siempre te esperas que la haga en grande en las redes sociales—; sin embargo, también nos contactó un dentista, un asesor financiero, un entrenador de perros, un organizador de convenciones de LEGO y el dueño de un taller especializado en cambios de aceite y lubricación rápidos, entre muchos otros. Muchos comenzaron siendo jóvenes y solteros, pero otros ya tenían hijos cuando decidieron doblar la apuesta y hacerla en grande; y claro, varios renunciaron a empleos lucrativos para dedicarse de lleno a su pasión. Lo que te quiero decir con esto es que si no la estás haciendo en grande no es porque seas muy viejo o pobre, o porque tengas demasiadas responsabilidades, sino porque no te has comprometido de lleno a dar el salto. Estás dando excusas como: "Gary hace que parezca muy sencillo, pero la verdad es que es casi imposible". No es imposible, pero lo que definitivamente no puedes hacer es "medio intentarlo". Este salto exige correr riesgos grandes, va a requerir que inviertas toda tu capacidad mental, tu tiempo y tus descansos. **Vas a comer mierda por un buen rato**, pero te prometo que todos los sacrificios valdrán la pena. También te juro que en cuanto hayas desarrollado una marca personal robusta serás capaz de disfrutar de tiempo libre tanto como desees porque tendrás el control absoluto de tu vida.

No busques en este libro un programa de nueve pasos para alcanzar el éxito porque no puedo darte eso. Los principios son universales y el camino es todo tuyo. Te daré ejemplos de cómo usar las plataformas de la misma manera que lo hará la gente que compartió sus historias con nosotros, pero recuerda que solamente son ejemplos, no órdenes. Puedes hacerlo a mi manera o a la tuya; al menos

* Por eso hicimos una página en Medium llamada Crushing It. En ella publicamos historias y celebramos a la gente que está aplicando los principios de *Crush It!* para alcanzar el éxito personal y profesional. Visítala en la siguiente dirección: <//medium.com/crushingit>.

diseña tu recorrido bajo el espíritu de *Crush It!*, o si puedes, sigue las instrucciones al pie de la letra. Sólo tienes que tomar la decisión de hacerlo en verdad. Estoy harto de las excusas, ¿por qué no probar algo nuevo para variar? Sé optimista, muestra paciencia, cállate la boca y lleva a cabo las acciones necesarias.

Lo más emocionante del mundo de los negocios en el que vivimos es que todavía se encuentra en pañales, así que hay muchas oportunidades de triunfar en él. Lo creas o no, muchos de ustedes todavía se resisten a experimentar con las plataformas nuevas que están surgiendo. Tal vez no quieren desperdiciar su tiempo y creen que podría tratarse de otra tendencia que morirá pronto, pero luego se preguntan por qué los influencers como los que están a punto de conocer tienen mucho más éxito que ustedes. Esta desconexión es lo que les da la ventaja a los empresarios como tú en una etapa todavía incipiente. Ahora hay incluso más oportunidad que antes de capitalizar tu pasión, así que toma tu lugar, deja tu huella y comienza a vivir en el universo de *Crush It!*

CÓMO LA ESTOY HACIENDO EN GRANDE

Amy Schmittauer, Savvy Sexy Social
I: @SCHMITTASTIC

Amy Schmittauer se convirtió en una sensación de internet porque fue la última en ser elegida como dama de honor. Era 2007, y aunque fue la última elegida, quería ser la favorita, así que se puso a pensar en qué podría hacer para que la novia se sintiera especial y se le ocurrió la idea de hacer un video con otra de las damas. Se divirtió mucho al filmarlo y estaba segura de que la novia apreciaría el gesto, pero no fue sino hasta que lo presentó en la cena del ensayo que descubrió el poder de este medio. La novia no fue la única que lloró al verlo, ¡todos quedaron conmovidos hasta las lágrimas!

"Quedé enganchada de inmediato. Me encantaba la idea de contar una historia y de tener control emocional sobre la audiencia porque eso involucra el uso de todos los sentidos al mismo tiempo."

El video que hizo Amy para la boda lo digitalizaron en un DVD, pero a ella le emocionó descubrir que había plataformas a las que podía subir videos para compartirlos. Empezó a grabar fragmentos de su vida, aprendió a editar por sí misma y luego mostró los resultados en YouTube. El proceso se convirtió en una puerta de salida para su creatividad.

Luego, al mismo tiempo que se especializaba en Ciencias Políticas en la Universidad Estatal de Ohio con la idea de que entraría a la Facultad de Leyes, consiguió un empleo soñado en un bufete de abogados en donde tiempo después se involucraría en cabildeo, recolección de fondos y políticas públicas. No obstante, Amy también se popularizó como la persona que sabía cómo editar videos y que podía ayudarte a entender la configuración de privacidad de tu página de Facebook, lo que tal vez en aquel tiempo no era algo notorio en Silicon Valley, pero sí causaba cierto asombro en Ohio. Unos amigos suyos que vivían en la Costa Oeste le informaron que el manejo de redes sociales era un empleo real, y entonces pensó: ¿alguien podría pagarme por hacer esto?

Ahí fue cuando empezó su negocio alternativo. Cuando llegaba a casa de su trabajo en el bufete, a veces ya a las 7:00 p.m., se entregaba de lleno al trabajo como profesionista independiente o *freelance*. Los primeros negocios a los que contactó eran pequeños, pero ya se sentían abrumados por todos los contenidos que tenían que generar para Facebook y Twitter. ¿Y luego llega esta jovencita a decirles que también tienen que hacer videos? Claro que no querían saber nada al respecto. Amy se dio cuenta de que la única forma en que lograría que las pequeñas empresas la tomaran en serio sería mostrándoles por qué las redes sociales eran importantes. Entonces consiguió su primer cliente, una revista local de alimentos sustentables. ¿Cómo lo hizo? Les envió un correo explicándoles que, aunque no tenía experiencia formal en redes sociales, estaba segura de que podía ayudarles a desarrollar su marca. ¡Oh, **y además estaba dispuesta a hacerlo gratis!** Así no fue difícil convencerlos de que la contrataran como su gestora en redes sociales.

Amy llevaba unos tres meses trabajando simultáneamente en su empleo de tiempo completo en el bufete de abogados y en su proyecto alternativo cuando Lewis Howes, un hombre que también era de Ohio y que para ese momento ya se estaba haciendo de un nombre gracias a LinkedIn (ver página 50), le sugirió que se conocieran. Él no la encontró a través del trabajo que estaba realizando para la revista de alimentos sustentables, más bien notó las fotografías y su blogueo con videos en YouTube y en otros sitios de redes sociales, y entonces quiso saber más sobre lo que estaba haciendo. En la primavera de 2010 se reunieron para comer hamburguesas y Howes le dio dos consejos por si quería empezar a tener clientes que pagaran:

- Ve a Las Vegas y asiste a BlogWorld, la conferencia de nuevos medios. Ahí se reúnen los líderes del ámbito del blogueo, los podcasts y la creación de contenidos en video para hablar de su oficio y sus negocios.
- No había problema, la revista ya le había ayudado a comprar su gafete de entrada.
- Lee *Crush It!* de Gary Vaynerchuk.
- Eso también fue sencillo. Amy fue a la biblioteca y pidió una copia. La leyó y entonces supo que no sería abogada, después de todo.

Me habría encantado seguir haciendo esto como un empleo alternativo por siempre, pero no sabía que podía reunir la fuerza suficiente para triunfar. *Crush It!* me permitió visualizar cómo podría ser mi futuro. Llevaba tiempo pensando que primero tendría que crear una empresa prestigiosa para que otros negocios me contrataran, y no me pareció importante el hecho de que ya me estuvieran observando, que a veces me solicitaran asesoría, que confiaran en mí y que me consideraran una modesta líder de opinión gracias a la marca personal que había desarrollado con los videos sobre mi vida.

Esto me hizo comprender lo importante que es la marca personal para desarrollar un negocio y, en especial, que yo ya la estaba desarrollando sin siquiera darme cuenta. ¡Entonces tal vez había llegado más lejos de lo que creía! Quizá podría convertir eso que ya llevaba a cabo por diversión, en algo más; sólo tendría que apalancar lo que realmente sabía hacer bien —o sea, cómo usar los videos y hablarle a la cámara como si fuera una persona—, y luego adaptar los mensajes a un tipo específico de persona. Ésa fue la única señal que realmente necesité para tocar base mientras avanzaba porque, para ese momento, ya sabía qué hacer.

Ahora Amy sabía que el manejo de las redes sociales no sería su sector en el mundo de internet. Mejor construiría un vlog, ofrecería asesoría de marca personal y solicitaría un pago que estuviera de acuerdo con su valor.

Evidentemente, trabajar a cambio de nada es una forma de devaluarse a uno mismo, pero también creo que habría tenido que mantener precios muy bajos porque, al principio, esta industria tenía muy poco valor. *Crush It!* me permitió convencerme de que mis habilidades eran un recurso verdaderamente valioso para los negocios, tanto en el sector del marketing como en el de servicio a clientes. Eso me dio mucha más confianza para definir mis precios y para monetizar bajo mis propios términos; y a su vez, la confianza que gané y que me hizo comprender que valía más de lo que pensaba, me sirvió para cobrar mucho, mucho más a lo largo de mi carrera. Ahora sólo sigo arriesgándome porque sé que desde el principio hice un buen trabajo.

Amy inauguró su vlog Savvy Sexy Social, "para dar fin a los dolores de cabeza que sufrían los pequeños negocios". Cuando renunció a su empleo, a principios de 2011, ya tenía algunos clientes a los que les facturaba, pero el salto de empleada asalariada a profesional independiente seguía siendo un riesgo enorme. La nueva empresaria se mudó al departamento de su novio, se deshizo de su automóvil e hizo todo lo necesario para mantener sus gastos al mínimo. Se preparó porque sabía que pasarían meses antes de que llegaran nuevos clientes, pero todo el trabajo que había hecho mientras todavía tenía su empleo, como hablar de su proyecto para darse a conocer entre la gente y hacer que confiaran en ella, asistir a BlogWorld; darle seguimiento a su red, y ser diligente en la construcción de sus relaciones, rindió fruto. En pocas semanas consiguió clientes que estuvieron dispuestos a pagarle, pero para asegurarse de que sería firme respecto a sus precios, por algún tiempo generó un asistente virtual de correo electrónico independiente y negoció los contratos bajo otra identidad.

Al mismo tiempo que siguió impartiendo conocimiento y experiencia en Savvy Sexy Social, sitio que cuenta con más de 75 000 suscriptores y ha recibido más de 5 millones de visitas, Amy también escribió un bestseller; diseñó una serie de cursos en línea para aprender a vloguear dirigido a negocios, echó a andar otro exitoso negocio de marketing a través de video, y continuó dando conferencias en todo el mundo. Amy se acaba de casar (¡Hola, señora Landino!), tiene un perro lindo y un negocio próspero. Desde cualquier perspectiva, creo que la está haciendo en grande, pero sigue renuente a felicitarse a sí misma.

Me cuesta mucho trabajo apreciar del todo lo que he logrado. Entiendo que tengo el control absoluto, y eso me abruma porque significa que uno siempre podría estar trabajando más, que tal vez no estás haciendo lo suficiente. Suceden cosas maravillosas, pero luego una mañana me levanto, tengo un mal día y pienso: *Estoy fracasando*. Nunca estuve ni cerca de renunciar a mi proyecto, pero sí hubo días que pensé: ¿De verdad tienes lo necesario para hacer esto? Yo misma fui mi más grande desafío porque no me tomaba el tiempo para sentirme agradecida y ofrecerme el respeto que me había ganado por haber llegado tan lejos. Tal vez suene cursi, pero tuve que empezar a sentarme cada día, cada semana y cada mes a reflexionar sobre lo que había hecho bien, sentirme feliz con ello y recordarlo a la mañana siguiente porque sabía que todos los días serían difíciles. A pesar de que en muchas ocasiones desperté sabiendo que llegarían desafíos, y a pesar de que luego tuve que enfrentarlos, de todas formas no cambiaría nada del pasado aunque pudiera. Sé que elegí el camino correcto y me encanta seguir en él sin que nada más importe.

La historia de Amy es genial, ¿no crees? Me encanta lo que logró cuando se puso a trabajar para resolver un problema personal, me encanta el éxito que tuvo cuando canalizó toda su energía en el desarrollo de una marca increíble, y que a pesar de haber logrado tanto, siga navegando y no baje la guardia ni por un segundo. Amy, al igual que todos los otros empresarios que aparecen en este libro, es la encarnación de la paciencia y la tenacidad. ¡Me muero de ganas por que los conozcas a todos!

2

LO QUE (TODAVÍA) IMPORTA

Antes de explorar qué plataforma debes elegir como base para tu pilar de contenidos, quiero recordarte que hasta el pilar mejor diseñado se desplomará si la base no es sólida. Lo que normalmente paraliza a los empresarios no son solamente los errores que cometen al ejecutar su visión, sino los que cometen antes de comenzar siquiera. Señalar qué fue lo que hicieron algunos influencers para construir marcas personales lucrativas y atractivas que triunfaron espectacularmente puede resultar difícil; en cambio, imaginar por qué muchos de los que también lo intentan fracasan es bastante más sencillo. En general se debe a que invierten su energía en tareas que no deben hacer. Muchos se preocupan, pero no lo suficiente por las cosas que de verdad deberían importar a pesar de que la lista es muy corta: propósito, autenticidad, pasión, paciencia, velocidad, trabajo y atención.

Propósito

Naturalmente, en los negocios es importante el cómo, pero el porqué es igual de relevante o tal vez más. ¿Por qué quieres ser empresario?

¿Para compartir tu conocimiento?

¿Para ayudarle a la gente?

¿Para construir algo que luego sea un legado?

¿Para ganar ingresos suficientes para que tú y tu familia tengan seguridad financiera y tranquilidad?

¿Para tener una válvula de escape para tu creatividad y poder divertirte?

¿Para formar una comunidad?

Todas estas razones para echar a andar un negocio y convertirte en influencer son geniales, ¿pero ya notaste qué no aparece en la lista?

Ahora que la actividad empresarial se ha puesto tan de moda, muchos que en realidad no lo son, se dan el lujo de autodenominarse empresarios. Creo que en lugar de eso se deberían llamar *quierenserempresarios*, y me gustaría que comenzaran a hacerlo antes de arruinar la reputación de quienes verdaderamente lo son, de la misma forma en que algunos individuos sin escrúpulos arruinaron la imagen que se tenía de los agentes de bienes raíces; o de la forma en que muchos de los cazadores de ambulancias y de los sabuesos de los medios de comunicación mancharon la opinión que teníamos de los reporteros. Asimismo, me gustaría que dejaran de llamarse empresarios antes de gastar demasiado tiempo y, tal vez, dinero. Te puedo asegurar que entrar a este juego sólo para ganar dinero es la forma más eficaz de fracasar a la larga. Si tu propósito es producto de un sentimiento incorrecto, tal vez habrá algunos clientes que, aunque cada vez sea más raro, hagan negocios contigo si no tienen otra opción. Sin embargo, esos clientes les dirán a otros que no negocien contigo. Por definición, el influencer engendra recomendaciones positivas a través de la información que pasa de boca en boca, pero si no te interesa lo suficiente instar a otros a hablar apasionadamente de ti, lo único que estarás haciendo será ocupar el lugar de alguien a quien sí le importe, y al final, esa persona entrará bailando y te desplazará.

En este libro se presentan empresarios de todos los niveles de éxito financiero y en todas las etapas de influencia, pero los que actualmente se encuentran en el pináculo de ambos campos comparten tres características:

- Compromiso con el servicio
- Deseo de ofrecer valor
- Amor por enseñar

Varios se sintieron inspirados a crear sus productos porque los buscaron infructuosamente y no los encontraron. Entonces se convencieron de que si ellos los habían tenido que buscar, seguramente otras personas también los necesitaban. Empezaron a enseñar porque cuando buscaron un mentor o inspiración, lo único que encontraron fueron cursos caros en internet que quitaban el tiempo pero no ofrecían nada realmente útil. Cuando generaron sus contenidos juraron que abordarían el problema exactamente de la manera opuesta, y que ofrecerían información sólida y valor real. Muchos admiten que cuando comenzaron no eran ni expertos en su campo ni los profesionistas más pulidos. Sin embargo, la experiencia de la que carecían la compensaron con seriedad, honestidad y humor. Sus podcasts, fotografías, videos y publicaciones de blog mejoraron día con día. Estos empresarios dieron, dieron, dieron, dieron y dieron todavía más, y en muchos casos, gratuitamente. Entonces los clientes regresaron una y otra vez. ¿Sería porque les gustaba conseguir cosas gratis? Claro, ¿a quién no le agrada? Sin embargo, si un producto es una porquería, ni siquiera el hecho de que lo regalen puede compensar la desilusión del cliente. Además, un producto malo elimina cualquier posibilidad de que te ganes la confianza y la lealtad de tus clientes porque nadie regresa por más productos o asesorías que no sirven.

Ahora bien, yo soy la persona menos superficial que conocerás jamás. Algunos tal vez hasta me odien por decir esto, pero no creo que esta gente ofrezca tanto gratis porque sea súper generosa. Finalmente, son humanos y eso significa que, al igual que todos los demás, tienen sus propios deseos y necesidades. No obstante, creo que son humanos que entran en este 51%, es decir, si tu naturaleza es 51% altruista y sólo 49% egoísta, tienes una verdadera oportunidad de escapar porque la mayoría de la gente es entre 70 a 99% egoísta. ¿Podrías usar el altruismo como una táctica? Por supuesto, pero el altruismo no es el tipo de cualidad que puedas fingir que tienes por mucho tiempo. Toda la gente que conozco que ha tratado de hacer esto, sólo pudo crecer hasta cierto punto antes de terminar en la ruina financiera y/o emocional. Te apuesto que algunas de las personas mencionadas en este libro empezaron usando el altruismo como una táctica y les funcionó porque era algo que tenían de manera natural. Luego notaron que los consumidores pueden reaccionar de una forma muy negativa si sienten que no te importan, y eso los motivó a desplegar esa característica de sí mismos, en lugar de luchar contra ella, que es lo que nos enseñaron a hacer a casi todos los que fuimos criados bajo el manto del capitalismo. Yo llegué adonde estoy porque rompí la primera regla del capitalismo, y es que a mí jamás me ha importado el dinero. Lo que sí me importa muchísimo, a un punto casi obsesivo, es mi legado. Quiero que cuando el mundo esté de luto porque morí, no sólo me lloren porque fui un ser humano decente, sino también porque construí algo tremendo y porque predije cuál sería el futuro de los negocios. Y luego de eso, quiero gozar a lo grande en el más allá. Ser bueno y generoso, y que la gente me importe, son las únicas cosas que me permitirán cumplir cualquiera de esas metas. A tres de cada diez personas no les simpatizo la primera vez que me ven en internet o que me oyen dar una charla porque creen que digo puras mentiras y que mi hábito de regalar tantas cosas —ya sea tiempo, asesorías o enseñanzas— es sólo una artimaña para hacer dinero. Simplemente no creen que haya alguien a quien en verdad le importe tanto la gente y nuestro mundo. Sin embargo, yo sí soy así, y por eso cuando las personas que me detestan —mis *haters*—, se dan la oportunidad de escucharme hablar y explicarme, la mayoría cambia de forma de pensar respecto a mí.

Hay una cantidad escalofriante de personas que dicen que están echando a andar su negocio porque quieren que el mundo sea un mejor lugar, pero en cuanto responden una o dos preguntas directas respecto a su modelo de negocio, terminan mostrando que son hipócritas y falsas. También hay una escalofriante cantidad de personas que son tan cínicas que no pueden creer que haya alguien que haga las cosas sin esperar algo a cambio. Reconozco la dualidad de la naturaleza humana, empezando por la mía. Sé que me encantaría comprar a los Jets de Nueva York porque, seré honesto, ya me hice adicto al proceso de tratar de comprar este equipo y por eso hago lo necesario para amasar una gran fortuna. Al mismo tiempo, me encanta la sensación que da causar un impacto positivo en la vida de la gente, y por eso hago lo necesario para ayudar a otros empresarios a tener éxito. Reconocer estas dos verdades y combinarlas en mis acciones diarias es lo que permite que las cosas me salgan bien. También es por eso que con frecuencia renuncio a escandalosas cantidades de dinero. Muchos de los influencers, incluso algunos de los que conocerás aquí, venden cursos por internet. Los cursos pueden ofrecerte un considerable flujo de ingresos, y si haces las cosas de la manera correcta, se pueden convertir en un recurso increíble, sin embargo, yo he elegido no darlos porque me preocupa que, una vez que le asigne un valor monetario a lo que sé, me vea obligado a reservar mis mejores contenidos para la gente que esté dispuesta a pagar. Esto provocaría un conflicto de intereses que iría en contra de todo lo que quiero que mi marca represente. Yo publico libros, pero fuera de alguna anécdota ocasional, en ellos no hay información que no haya discutido ya en público, en foros gratuitos o en otros lugares. Cualquiera que tenga el tiempo y la disposición necesarios para cavar un poco en internet, descubrirá que la información está ahí disponible para quien quiera tomarla, aunque a veces aparezca en un formato menos expansivo o detallado. Estos libros existen para ahorrarle tiempo a la gente y para proveer una fuente portátil a la que pueda recurrir con facilidad.

En todas las decisiones que tomo, considero el equilibrio que estoy dispuesto a mantener entre el egoísmo y la generosidad, y normalmente a mi lado egoísta le asigno poco valor en el corto plazo porque no tengo ningún problema en esperar algunos años más antes de comprar a los Jets si eso significa que podré vivir con la conciencia tranquila y sabiendo que no sacrifiqué mi legado. Tú podrías tomar una DECISIÓN distinta; la verdad es que no tienes que ser tan altruista como yo para que te vaya bien porque vivimos en un mundo en que el estándar del altruismo equivale prácticamente a nada, y uno sólo tiene que ser ligeramente amable. Pero créeme que si cada una de tus transacciones e interacciones se basa en lo que crees que vas a sacar de provecho, nada de lo que hay escrito en este libro te servirá. Considérate advertido.

En el otro extremo del espectro, resulta interesante ver la frecuencia con que, para muchos de los exitosos empresarios entrevistados para este libro, el producto parece irrelevante. Su pasión no está completamente vinculada a la proteína en polvo, a la técnica de entrenamiento ni a los productos de belleza. Tomaré prestadas las palabras de la instructora de diseño gráfico y de branding Jenna Soard (I: @youcanbrand), fundadora de You Can Brand, para explicar que, en el caso de muchos de estos empresarios, "el más grande regalo es ver la expresión de la gente cuando su mente dice 'iajá!'". Estos empresarios se sienten bien cuando ven cómo su producto o servicio hace sentir a otros, cuando ayudan a sus clientes a resolver sus problemas, a lograr más o a sentirse mejor respecto a sí mismos. En resumen, su éxito radica en lo mucho que LES IMPORTAN LOS OTROS.

Y ésta sigue siendo la mejor estrategia de marketing que existe.

CÓMO LA ESTOY HACIENDO EN GRANDE

Lewis Howes, School of Greatness
I: @LEWISHOWES

Lewis Howes sabe cómo suena un sueño cuando se rompe. En su caso sonó como el crujido que hizo su muñeca cuando chocó contra un muro durante su segundo juego como jugador profesional de futbol americano. Lewis era un típico jugador y decatleta estadounidense. Al principio se negó a aceptar que su lesión le impediría volver a practicar cualquier deporte a nivel profesional. En los seis meses que pasó recostado en el sofá de su hermana en Ohio, recuperándose de una difícil operación y con el brazo totalmente envuelto en yeso, siempre tuvo la esperanza de que se rehabilitaría lo suficiente para continuar con su carrera atlética. Pero después de un año más de intentos y fracasos por recuperar la fuerza que alguna vez tuvo en el brazo, tuvo que aceptar que era imposible. Para mucha gente, ese momento se habría sentido como el fin de todo. Lewis ya había sobrevivido al abuso sexual en la infancia, y al maltrato al que lo sometieron sus compañeros en la escuela, donde siempre le costó trabajo mantenerse al día debido a la dislexia. Por todo lo anterior, los deportes fueron su refugio y salvación, e incluso abandonó la universidad para probar suerte en la NFL. Ahora, a pesar de todo su esfuerzo, se encontraba sin nada: sin título, sin habilidades y sin dinero. Para colmo, era 2008, un año en el que ni siquiera la gente que tenía estas tres ventajas en abundancia podía encontrar empleo.

Gracias a su entrenamiento deportivo, lo que Lewis sí tenía era fe en sí mismo, así que empezó a preguntarse: "Si hubiera algo que pudiera crear en el mundo, ¿qué sería?". El exatleta ya sabía lo que se sentía que le pagaran por hacer algo que amaba, así que tomar el primer empleo corporativo que consiguiera, quedaba descartado. Pero de todas formas tenía que hacer *algo*, porque después de pasar tantos meses en aquel sofá sin pagar renta, su hermana se había empezado a impacientar.

Un mentor le sugirió que abriera una cuenta en LinkedIn y Lewis se percató de que la plataforma le daba acceso directo a mucha gente exitosa que podría conducirlo a oportunidades, o al menos, explicarle qué había hecho para triunfar.

"Lo único que siempre deseé fue estar cerca de gente inspiradora de la que pudiera aprender algo." A lo largo del siguiente año, Lewis pasó aproximadamente ocho horas diarias conectándose con líderes de negocios locales, invitándolos a comer y llevando a cabo entrevistas informativas para aprender más sobre cómo habían alcanzado el éxito. Como le parecía que por sus antecedentes podría conseguir un empleo en el mundo de los deportes, al principio se puso en contacto con varios ejecutivos del mismo. Su círculo se fue ensanchando porque una persona lo conectaba con otra, y luego ésta le sugería que se reuniera con una tercera. A medida que fue aprendiendo más sobre las posibilidades de LinkedIn, también optimizó su perfil, y eso le sirvió para que influencers más y más importantes aceptaran reunirse con él. Para finales de 2009 ya tenía 35 000 contactos.

En aquel tiempo, las reuniones que empezaron a organizar los usuarios de Twitter para trabajar en torno a una causa común se estaban popularizando por lo propicias que eran para el trabajo en redes.

"Fui a un par de reuniones y pensé: *Mmmhh, yo estoy construyendo una red como ésta en LinkedIn, así que, ¿por qué no organizo una reunión de esa plataforma?*" Así pues, Lewis organizó una reunión o *meetup* en San Luis, en donde alguna vez estuvo inscrito en un internado privado. Asistieron 350 personas, y gracias a que vendió algunas mesas a patrocinadores, ganó cerca de mil dólares.

"Entonces pensé: *Mmmhh, ¿por qué no veo si puedo organizar otro evento y cobrar cinco dólares por asistente?*" Lewis organizó el evento y así ganó dinero por la cuota de entrada y también por los patrocinios.

"Y luego pensé: *Mmmhh, ya estoy construyendo una relación con estos lugares. ¿Qué tal si solicitara 10% de comisión por la venta de alimentos y bebidas en mis eventos de networking?*" Y los dueños de los lugares aceptaron.

Poco después, Lewis ya estaba ganando un par de miles de dólares al mes, suficiente para por fin abandonar el sofá de su hermana y mudarse a su propio departamento. El más económico que encontró fue uno pequeñito de una recámara cuya renta era de 495 dólares al mes, en Columbus, Ohio.

La gente estaba asombrada. ¿Cómo estaba logrando esto? No tenía un empleo real ni un título universitario, y a pesar de eso, estaba reuniendo a importantes influencers de todo el país y aceptando invitaciones para dar conferencias, y todo a través de LinkedIn. Además, algunas personas empezaron a preguntarle si podría enseñarles a usar la plataforma para sus negocios, y Lewis pensó: *Mmmhh…*

El otrora jugador les enseñó a otros empresarios y gente de negocios a optimizar su perfil y a acercarse a posibles clientes, inversionistas o a cualquier otra persona que necesitaran.

"Creo que atraía oportunidades porque llegaba con energía y pasión. Atraía a la gente y la hacía asistir a los eventos. Me apasioné por la enseñanza porque nadie más estaba hablando de LinkedIn de la forma que yo lo estaba haciendo. Convertí esta plataforma en algo divertido a pesar de que a muchos les resultaba aburrida."

Poco después se enteró de que un empresario llamado Gary Vaynerchuk ofrecería una firma de libros en la presentación de *Crush It!*, en San Luis. Lewis se puso en contacto y ofreció ayuda para promover el evento en LinkedIn.* Como me iba a ayudar a promover el libro, resultaba lógico que lo leyera, pero eso fue hace ya mucho tiempo, y Lewis no recuerda muchos de los detalles, excepto los de un capítulo: Atención.

....

* Más adelante lo mencionó en su blog, en una publicación que escribió sobre cómo debería yo mejorar mi desempeño en LinkedIn: <https://lewishowes.com/featured-articles/13-ways-gary-vaynerchuk-should-be-crushing-it-on-linkedin>.

Nunca me sentí inteligente. Nunca sentí que tuviera ni la inteligencia, ni las habilidades ni la experiencia ni los estudios necesarios. No tenía nada de eso. Así que cuando leí esa palabra, dije: ¡Sí! ¡Necesitaba seguir incrementando mi nivel de atención y generosidad! Cuando me reunía con los influencers, nunca les pedía consejos, sólo les decía: "Me gustaría escuchar la historia de cómo te volviste exitoso". Y al final, añadía: "¿Cuál es el mayor desafío que estás enfrentando en tu negocio, tu carrera o tu vida justo en este momento?", luego escuchaba y ellos me decían todo lo que necesitaban. "¿Necesitas un vendedor? Tengo a los tres mejores justo aquí. ¿Necesitas un programador? Conozco a esta persona. ¿Te hace falta un diseñador? Conocí uno la semana pasada y me pareció genial." Sólo me convertí en un vínculo entre las personas más exitosas. Nunca solicité un empleo ni la oportunidad de hacer negocios. Ese capítulo me confirmó que cuando nos presentamos en un lugar, le añadimos valor a la situación y nos interesamos legítimamente, más tarde podemos aprender a hacer dinero a partir de ese encuentro. Pero lo primero es presentarse y añadir valor; así fue como construí los últimos diez años de mi vida.

Lewis ya estaba aprendiendo por sí solo a comportarse como empresario y a ganar algo de dinero, pero en cuanto se sintió inspirado, le metió velocidad al asunto. *Crush It!* decía que tenías que elegir un nicho y él decidió que no sería "el chico de las redes sociales" como lo eran todos los demás en 2008-2009. Él sería el chico de LinkedIn. *Crush It!* decía que trabajaras entre quince y dieciséis horas al día, y eso fue lo que él hizo. "Estaba trabajando como bestia." Lewis aumentó su nivel como experto hasta que absolutamente todos los organizadores de conferencias de redes sociales lo contrataron como orador especializado en LinkedIn. También se puso creativo.

Comencé a acercarme a lugares, principalmente a restaurantes y bares, y me hacía amigo del gerente o del dueño. Luego
me ponía a pensar de qué manera podría crear un evento
valioso para ellos; ¿de qué manera podría ocuparme y atender
sus mayores necesidades y desafíos? Entonces les empecé a
preguntar: "¿Qué noche de la semana sacan menos dinero?".
Me respondían: "El martes por la noche" o "el miércoles por la
noche", o lo que fuera, y entonces yo decía: "De acuerdo, voy
a traerte quinientas personas ese día de la semana porque
quiero que todas las noches sean rentables para ti, no sólo las
del sábado y el domingo. Y voy a traer líderes de negocios: un
nuevo público para tu lugar, conformado por gente de calidad".

Cuando Lewis hacía eso, lo que antes era la peor noche de cada
uno de estos lugares, se convertía en la noche más concurrida.
A partir de entonces la gente estuvo dispuesta a permitirle que
fuera el anfitrión de los eventos siempre que así lo solicitaba. El
otrora jugador también empezó a correr riesgos más grandes.

"Decidí lanzarme de lleno y pedir lo que quería aun cuando
me parecía que me lo negarían. Comencé pidiendo 20%, en vez de
10% de comisión sobre la venta de los alimentos y el bar. En lugar
de cinco dólares, cobré veinte dólares en la entrada y también
empecé a cobrar más por los patrocinios."

Como Lewis estaba agregando mucho valor a los lugares, los
patrocinadores e incluso a los asistentes a los eventos estuvieron
más que dispuestos a pagar más por sus servicios. En un año realizó veinte eventos en todo el país.

Luego se expandió hacia otros productos de servicio, y dos
años después, la empresa estaba recibiendo más de 2.5 millones
de dólares por concepto de ventas. A pesar de su gran éxito, algunos años después Lewis ya estaba listo para hacer algo nuevo. "Se
me quitó un poco lo apasionado. Hay un límite a lo que puedo

decir respecto a subir la fotografía correcta y cómo optimizar tu perfil de LinkedIn." Lewis vendió su negocio y dio inicio a School of Greatness, su nuevo proyecto. Se trata de un podcast en el que comparte historias inspiradoras, mensajes y consejos prácticos de algunos de los atletas, celebridades y hombres de negocios más influyentes del mundo.

Desde que fue creado en 2013, School of Greatness ha sido descargado decenas de millones de veces, y aparece con regularidad en el Top 50 de los podcasts de iTunes. En 2015 Lewis publicó el libro *School of Greatness*, el cual se sumó a la lista de bestsellers de *The New York Times*. Actualmente sigue desempeñándose como *coach*, participa como orador en eventos y escribe artículos para plataformas importantes de medios. Y aunque todavía adora LinkedIn y lo sigue usando, ha enfocado su esfuerzo en otras plataformas que tienen más tráfico, descargas y ventas, y que le ayudan a seguir robusteciendo su audiencia. En este momento, lo único que lo detiene es que trabaja solo, pero ya formó un equipo estelar para que lo ayude a dirigir todos los aspectos del negocio, desde la edición de los podcasts hasta la atención a clientes, pasando por los anuncios en Facebook.

Me siento el tipo más afortunado del mundo. Tuve que adquirir las habilidades necesarias y desarrollar mi capacidad lo suficiente para ponerla a la par de mi confianza; pero lo que más me sorprende es que entendí que no se trata de cuánto sabes, sino de cuánto te importan los otros y la atención que le pongas a todo. Si contamos con la pasión, la energía, la disposición a movernos y el compromiso con nuestra visión, podemos crear cualquier cosa que deseemos. Si yo me hubiera comportado como un imbécil y no me hubiera preocupado por la gente, jamás habría logrado esto. Si te presentas todos los días con esa misma energía e intensidad, sucederán cosas buenas.

Autenticidad

La intención se reflejará en tu autenticidad. Si te despiertas ansioso por compartir y crear algo porque crees que el mundo lo disfrutará y no porque supones que eso es lo que necesitas para convertirte en celebridad de Instagram, serás mil veces más exitoso. Para los consumidores que viven en una sociedad en la que constantemente sienten que se aprovechan de ellos o que sólo les cuentan una parte de la historia, la autenticidad es una bocanada de aire fresco. Pero no trates de fingirla porque tarde o temprano sabrán quién eres en verdad. Mejor averigua cómo usar las plataformas modernas como Instagram, Snapchat, YouTube y todas las otras que analizaremos en este libro, para regalarle al mundo lo bueno de ti, sin importar si se trata de tu increíble noción de la moda, tu divertido tipo de comedia, las innovadoras estrategias para formar equipos o tus asombrosas ideas para hacer arreglos florales. Investiga cuáles son las mejores plataformas para mostrar tu verdadero yo, tu oficio, tu gozo y tu amor por lo que haces. Entre más auténtico seas, más gente estará dispuesta a perdonar los tropezones y los errores que inevitablemente cometerás.

Antes mencioné que buena parte de mi público lo conforman conversos, es decir, gente que pensaba que yo sólo era un fanfarrón, pero luego se dio cuenta de que mi mensaje era consistente y que, una vez tras otra, demostraba que tenía razón. Incluso si no le agrado a la gente, muy pocos dudan de mi legitimidad. En este sentido, tengo tres cosas a mi favor. En primer lugar, en verdad me importa un comino lo que la gente piense, y eso me da total libertad para hacer y decir lo que quiera. En segundo lugar, me importa muchísimo lo que piensa la gente y por eso soy capaz de pasar una tremenda cantidad de tiempo respondiéndoles a los escépticos que se toman la molestia de tuitear o de compartir sus críticas, para ayudarles a ver qué es lo que hay detrás de mí. Y por último, que tal vez sea más importante que todo lo anterior, siempre respeto a mi público. Yo creo en la intuición de la gente y me parece que la mayoría es muy buena para detectar la hipocresía y el oportunismo. Explotar a los consumidores porque crees que son estúpidos —como es el caso cuando les vendes un curso caro que está hecho principalmente de paja y datos superficiales—, vaya, pues es una idiotez. Puedes aprovechar la ignorancia de la gente para hacer mucho dinero a corto plazo, pero en cuanto tus clientes descubran que te estás aprovechando de ellos, estarás en graves problemas. Esto aplica tanto a las corporaciones como a las marcas personales. Lo único que se necesita para exhibir las retorcidas políticas de una empresa es un video viral de un cliente siendo bajado a rastras de un avión. Cuando le faltas el respeto a tu cliente, basta una publicación en redes sociales para que todo tu negocio se desmorone a tu alrededor. A mí no me interesa correr ese tipo de riesgo, y a ti tampoco debería interesarte.

CÓMO LA ESTOY HACIENDO EN GRANDE

Lauryn Evarts, The Skinny Confidential
I: @THESKINNYCONFIDENTIAL

Lauryn es la esbelta, pícara y despampanante chica detrás y al frente del sitio de estilo de vida The Skinny Confidential. Cuando le pides que hable de lo que le apasiona, te dice que lo único que quiere es construir una comunidad y unir a las mujeres, pero lo cierto es que la pregunta le irrita un poco.

No soporto cuando la gente se enfoca en la pasión, la pasión, la pasión. Se tiene que hacer mucho más que sólo ser apasionado. Tienes que ejecutar. Veo a mucha gente de mi generación que habla de ideas y que te dice lo que va a hacer, pero creo que, en el año que construí The Skinny Confidential, no lo mencioné ni una sola vez sino hasta que estuvo hecho. Porque a mí lo que me gusta es mostrar las cosas.

Tal vez por eso a su padre, que también es empresario, se le ocurrió darle un ejemplar de *Crush It!* como regalo de Navidad, el año que se publicó. En aquel tiempo Lauryn todavía estaba especializándose en las áreas de transmisiones televisivas y teatro, en la Universidad Estatal de San Diego. Trabajaba como mesera en un bar, daba clases de Pure Barre y de Pilates, iba a clases y se aburría como loca. Lauryn tiene un espíritu creativo e independiente, y sentía que estar en la universidad era un desperdicio de tiempo, pero como no se le ocurría otra alternativa, supuso que tendría que hacer lo que se esperaba de ella: obtener un título. Después de leer *Crush It!*, sin embargo, notó algo que despertó su curiosidad, y con la información del libro aún fresca en su cabeza, se le ocurrió una idea.

En internet no había muchas plataformas que inspiraran a las mujeres a tratarse a sí mismas sin pena ni remordimientos. Hay muchos hombres como Gary y Tony Robbins, y como Tim Ferris, hombres fuertes y asombrosos, pero no veía yo a una mujer en esa área y por eso quise proponer una. Sin embargo, no sólo se trataría de mí, o de mí y de la ropa que usara. Sería un espacio en el que reuniría a modelos, madres y mujeres ordinarias para que pudieran relacionarse entre sí y compartir sus secretos. Quería ofrecer valor, y eso es algo que definitivamente aprendí en *Crush It!*

Lauryn usó las notas de su iPhone y una carpeta para recolectar una enorme lista de ideas para los contenidos. Luego, aunque estaba en bancarrota absoluta, contrató a un desarrollador de páginas web y le hizo diez pagos de 50 dólares cada uno. A lo largo de todo un año refinó su oficio y trabajó en su credibilidad al mismo tiempo que daba clases y estudiaba en internet para obtener su licencia como especialista en fitness y nutrición. "Otra de las cosas que leí en *Crush It!*, y que me causaron impacto, fue: 'Siempre vuelve a meter tu dinero en tu negocio'. Así que trabajé, trabajé y trabajé en el bar e invertí las propinas en The Skinny Confidential. Luego trabajé, trabajé y trabajé por más propinas, y las volví a invertir en The Skinny Confidential. Durante un periodo que me pareció una eternidad, no tuve ni un dólar en mi cuenta bancaria."

Cuando por fin hizo el lanzamiento de su sitio, Lauryn presentó contenidos enfocados exclusivamente en temas relacionados con la salud. "Encuentra el nicho en donde eres bueno y sigue la corriente, síguela hasta que puedas empezar a expandirte poco a poco." Viéndolo en retrospectiva, Lauryn bien habría podido diversificar su marca a los tres meses del lanzamiento, pero los brutales horarios que manejaba se lo habrían dificultado.

> Tomaba todas mis fotografías de 2:00 p.m. a 3:30 p.m., trabajaba en el bar de las 4:00 p.m. a la medianoche, regresaba a casa, escribía mi publicación para el blog de 12:00 a.m. a 2:00 a.m., despertaba, daba clases de Pure Barre, daba clases de Pilates, iba a la escuela, me bañaba y repetía todo, de lunes a viernes. Luego, los fines de semana me enfocaba en Instagram, Twitter, Facebook, los correos electrónicos y todas las otras cositas adicionales.

Lenta y metódicamente, Lauryn empezó a extender el alcance de su marca a otras categorías: bienestar, belleza, decoración interior y moda. Sin embargo, no ganó ni un centavo en dos años y medio. "El mayor error que he visto a los influencers cometer es el de trabajar con todas las marcas del planeta. Todo tiene que ver con la cantidad de marcas con las que pueden trabajar, y no con la audiencia ni con los lectores. No le veo la longevidad a ese tipo de labor. Yo me enfoco más en construir mi propia marca, que en construir las de otros."

Lauryn por fin pudo monetizar su sitio cuando se le acercó la gente de otra marca que ella de todas maneras usaba todo el tiempo, y gracias a eso, ahora gana "definitivamente una muy buena cantidad", lo que se traduce en recursos suficientes para llevar una vida cómoda, contratar un diseñador gráfico, un asistente, un gerente de proyecto, un editor, un fotógrafo y un desarrollador de soporte para que le ayuden con las operaciones cotidianas del negocio. No obstante, sigue rechazando marcas todos los días. Incluso ha rechazado ofertas de entre 10 000 y 15 000 dólares por colaborar en una sola publicación.

En el sitio The Skinny Confidential no había temas prohibidos: "Contar historias está sumamente infravalorado". Lauryn escribía sobre esencias en aceite y consejos para bajar de peso, pero también sobre cirugías estéticas de senos y de bótox. Empezó a presentar a nuevos personajes de su vida y a aprovechar las relaciones que tenía para producir contenidos más profundos e historias frescas que luego compartía con sus lectores. Su adorada abuela, conocida como The Nanz, se convirtió en un personaje permanente en el sitio y le dio a Lauryn la manera de ofrecer una perspectiva inesperada sobre los temas que elegía. Cuando se comprometió con Michael, su novio, también lo presentó, y ahora el blog tiene todo un espacio dedicado a Michael llamado Him ("Él"). Lauryn y su novio producen el podcast juntos.

Naturalmente, los lectores estuvieron informados de todos los detalles del compromiso y la boda, pero también los invitaron a compartir los momentos más oscuros. La triste y tierna oda a The Nanz que compartió Lauryn cuando la matriarca falleció inesperadamente y el blog recibió una oleada de mensajes de empatía. Asimismo, la bloguera admite que, hasta antes de que una operación de la mandíbula le dejara el rostro inflamado dos años, había "progresado gracias a mi apariencia", y después de eso mostró fotografías y abordó el tema de cómo la desfiguración facial había afectado su autoestima. Los lectores también se apresuraron a reconfortarla cuando relató lo mucho que sufrió y se sorprendió cuando, tras sostener una conferencia telefónica de negocios que le había parecido prometedora, los dos ejecutivos con los que habló se burlaron de ella y la ridiculizaron sin saber que todavía estaba conectada a la llamada y los seguía escuchando. Ese momento también le dio la oportunidad de explorar el tema de la hipocresía de las marcas que aseguraban empoderar y ayudar a triunfar a las mujeres, pero sólo mientras éstas se ajustaran a ciertos moldes.

Tomé todo mi dolor, lo inyecté a la publicación que hice en mi blog, y la respuesta fue increíble. Mujeres de todo el mundo escribieron historias en las que contaban que habían escuchado a alguien hablar mal de ellas, que alguien las maltrató o las acosó, o que se atrevieron a hacer algo y luego la gente las atacó por ello. Fue genial servir como punto de enlace y que todas nos animáramos entre nosotras.

La gente te dice que te atrevas a salir y a hacer algo, y que seas auténtica. Pero si tu auténtica personalidad no les agrada, se retractan. Fue una experiencia muy extraña, pero en vez de guardar silencio voy a seguir saliendo y voy a hacer más cosas. Espero haber respondido de la manera correcta y haber sido un buen ejemplo a seguir, en especial para las chicas más jóvenes, si es que alguna vez llegan a encontrarse en una situación similar. Si puedo hacer cambiar de opinión a alguien y evitar que hable malintencionadamente, si puedo usar la plataforma para señalar ese problema y explicar que ser mezquino no está nada bien, independientemente de si se trata de *cyberbulling*, de acoso o de difamación, creo que habré logrado algo positivo.

Aunque es una lástima que Lauryn no haya documentado el primer año que pasó acumulando ideas y diseñando estrategias para la trayectoria de su negocio, parece que en su caso el proceso agudizó su pensamiento, y eso le permitió desperdiciar menos tiempo y actuar con más certeza respecto a sus propósitos en cuanto dio a conocer el sitio. Esta chica es un admirable modelo de velocidad y paciencia.

He trabajado en esto durante seis años, todos los días de la semana. No me he tomado un solo día libre. Si estoy de vacaciones, trabajo, y aun así, todavía me queda mucho por hacer. Sólo seguí el consejo de Gary en *Crush It!*: me entregué a esto constantemente, día tras día, sin renunciar al objetivo, sin dejar que me ganaran, enfocándome sólo en mis asuntos, y presionándome, en verdad presionándome hasta el límite de mis capacidades. *Crush It!* y sus otros libros me permitieron ser quien verdaderamente soy, y sin sentirme mal al respecto.

Pasión

Conozco mucha gente que tiene un empleo que le deja carretadas de dinero, y aun así no es feliz. Sin embargo, no conozco a nadie que trabaje en algo relacionado con el campo que le apasiona y que no adore la vida. Como mencioné anteriormente, yo podría tomar algunos atajos para ganar más dinero y así recortar la espera para comprar a los Jets, pero prefiero no hacerlo porque sé que no me hará feliz. Mejor voy a esperar y a llegar adonde quiero bajo mis propias condiciones. El tiempo en esta tierra es limitado y la mayor parte de nuestros días la pasamos trabajando, por eso vale la pena hacer lo necesario para asegurarnos de que esas horas sean lo más gratificantes, productivas y disfrutables posible.

Absolutamente todas las personas que fueron entrevistadas para este libro estuvieron de acuerdo en que no tiene sentido tratar de ser empresario si no te apasiona. Tu negocio no puede ser nada más un empleo, tiene que ser un llamado. Andy Frisella, fundador de las marcas de nutrición y fitness Supplement Superstores y 1st Phorm, lo explicó mejor que yo:

> Vas a atravesar un periodo en el que no vas a ganar nada de dinero, y no será una semana, ni un mes ni un año. Serán años, y en ese tiempo, si no amas lo que haces, va a ser muy difícil que te mantengas en la lucha. Esto es algo que la gente no entiende cuando escucha: "Obedece a tu pasión". Sólo visualizan arcoíris, unicornios y esas estupideces, pero la verdad es que es importante porque si no disfrutas lo que estás haciendo, es mucho más probable que renuncies cuando las cosas se pongan endiabladamente difíciles.

No importa si se trata de un método de ventas o de juguetes antiguos: si lo que le ofreces al mundo te apasiona, lo más probable es que la calidad de tu producto y tus contenidos sean justo lo que necesites para que la gente te note, te valore y hable de ti. Resulta interesante que muchos de los empresarios que entrevistamos señalaron que ni siquiera tiene que apasionarte el producto o el servicio, pero sí es imperativo que te apasione dar, y eso fue precisamente lo que descubrió Shaun "Shonduras" McBride. Antes de desarrollar su increíblemente exitosa marca personal en Snapchat, vendía joyería en internet. Shaun practicaba el patinaje con patineta y con snowboard, y la joyería en sí misma no le interesaba mucho, sin embargo, después de leer *Crush It!* en la universidad decidió vender este tipo de productos para poner a prueba los principios del libro y confirmar lo que sus instintos le decían que era cierto: comprometerse con los clientes e involucrarlos en el desarrollo de su marca le pagaría dividendos sin importar lo que vendiera. Como verás más adelante, estaba en lo cierto.

Por último, la mayoría de los empresarios te dirá que la pasión te protegerá y te animará cuando el estrés y la frustración, subproductos naturales de la actividad empresarial, estén a punto de abrumarte. **La pasión es tu generador de respaldo cuando todas las otras fuentes empiezan a chisporrotear**. Además, la pasión te mantiene feliz. Cuando amas lo que haces, todas las decisiones se vuelven más sencillas. Cuando decides seguir trabajando en ese odioso horario de 9:00 a.m. a 5:00 p.m. porque necesitarás las prestaciones laborales hasta que tu negocio despegue, cuando estás dispuesto a trabajar por menos dinero del que quieres porque sabes que la experiencia te compensará más adelante, cuando soportas todo tipo de vejaciones... la pasión hace que todo sea más sencillo.

CÓMO LA ESTOY HACIENDO EN GRANDE

Brian Wampler, Wampler Pedals
T: @WAMPLERPEDALS

Los padres de Brian Wampler eran representantes de ventas a comisión y tenían una inclinación más empresarial que el papá y la mamá promedio, pero criaron a Brian para que tratara de ganar dinero y tener un empleo que le pagara: "Independientemente de que te apasione o no". Por eso, cuando Brian se graduó de la preparatoria (por un pelito de rana calva), entró a trabajar directamente al área de la construcción. Algunos años después, cuando tenía 22, empezó a trabajar por su cuenta como subcontratista de remodelaciones. No era lo que le apasionaba, pero era mejor que trabajar para alguien más, aunque claro, *mejor* era un término relativo porque ya *odiaba* lo que estaba haciendo.

Su verdadera pasión era la guitarra y le gustaba en especial tratar de hacerla sonar como la escuchaba en las canciones populares. Sin embargo, ese sonido se produce a través de los pedales: pequeñas cajas electrónicas que los guitarristas manipulan para generar distintos efectos de sonido y tonos. Un amigo le enseñó a Brian un foro en internet de gente interesada en personalizar pedales de guitarra ya existentes, y él se lanzó de lleno a ese mundo.

En los años que siguieron, seguí trabajando todo el día y llegando a casa como a las 5:00 p.m. Cenaba, pasaba un rato con la familia y luego me dedicaba a aprender todo lo posible sobre electrónica a través de lecturas y experimentación. Eso lo hacía todas las noches y no me detenía sino hasta las 3:00 o 4:00 a.m. A veces me quedaba despierto toda la noche y luego me iba a trabajar y empezaba de nuevo.

En muchos de esos foros, la mayoría de las preguntas las hacían personas que no tenían experiencia en electrónica, y casi toda la gente que contestaba se dedicaba a la ingeniería o hablaba de una forma demasiado técnica para quien hacía las preguntas. Y cuando alguien solicitaba que simplificaran la respuesta, se burlaban de él o ella. Básicamente, había individuos interesados en la música que hacían preguntas, e ingenieros delirantes que se negaban a simplificar sus respuestas para los "no iniciados". Muy al principio, yo fui de esos individuos "interesados en la música", así que en cuanto logré descifrar y entender todo por mi cuenta, sólo me aseguré de explicarles las cosas a los otros de una forma sencilla y digerible para facilitarles el aprendizaje.

(Que, por cierto, es exactamente lo que yo hice en el área de la enología.)

Brian también empezó a vender sus propios pedales modificados para guitarra en internet, lo cual propició que sus clientes hicieran preguntas. Entonces Brian pasó más y más horas respondiendo comentarios y contestando correos electrónicos e incluso llamadas telefónicas. Finalmente publicó una serie de libros electrónicos (e-books) para consolidar toda la información que estaba diseminando y luego empezó a vender estuches con componentes e instrucciones para que los compradores pudieran modificar pedales específicos. Luego los clientes y los distribuidores le pidieron que les construyera y vendiera pedales personalizados, y él creó su propia línea. Así nació Wampler Pedals. Brian dejó la industria de la construcción, empezó a ganarse la vida vendiendo estos productos y la demanda siguió aumentando.

El joven se dio cuenta de que no sería capaz de mantener ese paso e invertir la misma cantidad de tiempo en todos sus productos, así que tendría que decidir sus prioridades. A principios de 2010, mientras estaba tratando de decidir qué dirección seguiría, encontró *Crush It!* Las lecciones que aprendió cambiaron de forma radical la forma en que dirigía su negocio y le ayudaron a desarrollarlo.

1. Acepta tu ADN: "Posiblemente le debo mi matrimonio a esta idea. Antes de leer el libro, mi esposa y yo estábamos tratando de hacer todo al mismo tiempo: diseñar productos nuevos, construirlos, comercializarlos, encontrar nuevos distribuidores a nivel doméstico e internacional, seguirle el paso a nuestro servicio al cliente, enviar todo a tiempo, dirigir a los empleados, en fin. Esto produjo mucha fricción porque, en realidad, yo era malo para todo excepto para diseñar nuevos productos, crear contenidos y hablar con clientes nuevos y clientes potenciales. Después de leer el libro, ella y yo decidimos subcontratar todo o contratar gente que tuviera las capacidades de las que nosotros carecíamos".

Su epifanía también le ayudó a averiguar en qué área del negocio debía concentrarse.

"Comprendí que no era ingeniero. Los libros que escribía contenían nociones de ingeniería eléctrica bastante complejas, y yo las estaba simplificando para un público que las necesitaba, pero eso no me agradaba tanto como crear cosas nuevas, algo que inspirara a otros artistas a usar mis productos como una herramienta para hacer *su* arte, y crear algo que llevara mi nombre, algo que mis biznietos pudieran ver algún día y decir: 'Ése era mi bisabuelo'. Entonces dejé de vender todos los productos para que la gente hiciera sus propios pedales, y me concentré sólo en lo que me interesaba."

1. Cuenta historias: "En ese tiempo, muchas de las otras empresas carecían de un rostro. Yo sólo empecé a ser yo mismo de una forma muy auténtica y me convertí en el primer presidente de una empresa de instrumentos musicales que hacía sus propias demostraciones de productos. A las otras empresas les parecía muy extraño, sin embargo, ¡a nuestros clientes les encantaba! Se daban cuenta de que yo era un verdadero guitarrista que simplemente hacía pedales, y no un ingeniero que, por casualidad, podía medio rasgar las cuerdas de una guitarra. Aunque esta diferencia podría parecer poco importante, para nosotros fue algo tremendo y se convirtió en la clave de nuestro éxito".

2. Ve a lo profundo, no a lo ancho: "El análisis de los datos no te cuenta todo lo que sucede. En resumen, decidí dejar de revisar los números y enfocarme más en crear contenidos valiosos para nuestros clientes. Tener mil vistas y cien comentarios es mucho mejor que diez mil vistas y un comentario".

3. Todos necesitan convertirse en una marca: "Insistí en que todas las personas que trabajaban para mí formaran par-

te del rostro de la empresa como yo lo estaba haciendo. La gente tuvo que entender que todo lo que publicaba en internet era reflejo de la marca. Otro aspecto que me interesaba de igual manera era que mis colaboradores entendieran que, en esencia, todos somos una marca. De esta manera, si decidían hacer otro negocio ajeno a mi empresa, tendrían una ventaja".

4. Tienes que ser tú mismo: "Me metí de lleno en esto, estaba convencido de que si obedecía a mi pasión con un vigor extremo, algo sucedería en algún lugar... Sólo tenía que ser paciente y trabajar con más ahínco que cualquier otra persona en mi nicho".

Paciencia

Resulta interesante que la pasión y la paciencia vayan de la mano. Es probable que para que tu vida coincida con tu pasión necesites ir más lento de lo que te gustaría. Esto definitivamente significa que tendrás que decir "no", más veces de las que dirás "sí". Tómate tu tiempo, cada vez que haces un trato sin desear participar en él, te estás abaratando. Recuerda que sólo podrás hacerla en grande si logras vivir completamente bajo tus propios términos.

Si construyes un negocio con el único objetivo de volverte rico, no será difícil que consigas mucho dinero en poco tiempo, sin embargo, los empresarios que se vuelven ricos rápido sacrifican la oportunidad de obtener riqueza a largo plazo. Cuando yo comencé a desarrollar mi negocio familiar, mis amigos que se graduaron de la universidad más o menos por ese tiempo, también empezaban a trabajar. Comenzaron a ganar dinero y a gastarlo en viajes a Las Vegas, en salir con chicas guapísimas y en comprarse relojes bonitos. ¿Y yo? Yo también estaba ganando dinero. En los primeros cinco o seis años hice crecer el negocio hasta alcanzar los 45 millones de dólares, y sólo algunos años después, mi imperio del vino ya ascendía a 60 millones. Cuando un individuo común y corriente de 26 años construye un negocio de 60 millones, lo aprovecha para adquirir las cosas que quieren los varones veinteañeros. Sin embargo, yo vivía en un departamento de una recámara en Springfield, Nueva Jersey, y manejaba un Jeep Grand Cherokee. No tenía relojes, ni trajes, ni objetos llamativos. Pude haberme pagado cientos de miles de dólares al año, pero lo máximo que tomaba eran 60 000 dólares. Mantuve la cabeza agachada como buey de carga con yunta; casi cada centavo que ganaba lo volvía a invertir en el negocio y enfoqué toda mi energía en construir mi marca personal alrededor de un servicio al cliente sin parangón, tanto en la tienda física como en la virtual. Cuando no estaba conversando con los clientes, era el ser humano más aburrido del planeta, pero ahora, al igual que todos los otros empresarios que aparecen en este libro, no sólo tengo todo lo que siempre deseé (excepto los Jets): también me estoy divirtiendo como nunca en la vida. Algunos alcanzaron el éxito en un periodo relativamente breve, pero casi todos trabajaron como bestias por años, antes de que alguien se enterara de quiénes eran.

No tienes ninguna razón para empezar a actuar como si fueras especial hasta que no tengas en verdad algo que demuestre que lo eres, e incluso entonces, no actúes de esa manera porque, en cuanto lo hagas, empezarás a moverte en la dirección contraria. Escucha mi consejo: soporta todo lo terrible que te suceda durante el mayor tiempo posible. Esto significa que tendrás que ser mejor persona —mejor hombre o mejor mujer—, que cualquiera de los que te rodean. Significa que el cliente siempre tiene la razón, que tus empleados están por encima de ti, que por años no tendrás muchas vacaciones y que el único tiempo libre que podrás tomarte será para celebrar las ocasiones importantes y para estar disponible para tu familia o para los amigos que funjan como ésta. Sé paciente, sé metódico, paga tus deudas. A menos de que tu marca sea glamorosa, vive de una manera modesta, e incluso en ese contexto sé práctico y calculador. En cuanto hayas cumplido las metas de tu marca y tu negocio, *entonces* podrás empezar a disfrutar de la vida. ¡Pero sin endeudarte porque eso sería una locura!

CÓMO LA ESTOY HACIENDO EN GRANDE

Alex "Nemo" Hanse, Foolies Limited Clothing Company I: @FOOLIES

Alex "Nemo" Hanse acababa de cumplir 30 años el día anterior y se encontraba en Nueva Orleans tratando de conocer algunas mujeres.

Sin embargo, no se trabaja de cualquier grupo de mujeres, sino de las estrellas enlistadas en su camiseta, como Taraji P. Henson y Ava DuVernay, quienes estaban en la ciudad para asistir al Festival Essence, una magna celebración de cuatro días de la cultura negra, en general, y de las mujeres negras, en particular. La camiseta fue lo que puso en el mapa a su marca de ropa, Foolies Limited Clothing Company, pero lo que resulta realmente interesante de su presencia en la reunión es la manera en que llegó ahí.

Con el pretexto de su cumpleaños, sus admiradores y clientes le regalaron dinero para pagar el viaje. Literalmente le enviaron lo suficiente para que se comprara un boleto de avión y asistiera al festival para conocer gente que le ayudara a desarrollar su marca.

Lo que hicieron los clientes fue una muestra tan espectacular de amor y lealtad, que me parece obvio que Alex había estado haciendo bien las cosas.

Este joven siempre tuvo un espíritu empresarial muy fuerte. Su madre falleció cuando él estaba en quinto grado, y como no tenía una figura paterna, un amigo de la familia que ya tenía doce hijos propios se hizo cargo de él. Alex se sentía agradecido de tener un techo, pero se cansó de que en la escuela se burlaran de él por su ropa y sus zapatos andrajosos, así que empezó a llevar consigo todo el tiempo un saco marinero repleto de frituras, barras de chocolate y juguitos Capri Sun para venderlos y poder ganar algo de dinero. También empezó a trabajar después de clases lavando coches en un servicio de lavado en el que le tenían que pagar "por debajo del agua" porque era menor de edad. "Sólo estaba tratando de sobrevivir."

Para 2005 ya estudiaba en la Universidad de Florida y era rapero. "Forjando churros y aspirando líneas de fuego... o al menos, eso era lo que hacía en mi imaginación." Un día hizo una búsqueda en Google: "Cómo crear una marca de rapero", y encontró un artículo que decía que los raperos tenían que diseñar una identidad para sus fanáticos, así que Alex y Billy, su "hermano de otro color" que apoyaba vigorosamente su música, trabajaron para crear una frase pegajosa y empezaron a jugar con la palabra tonto, que en inglés se dice *fool*. "Estábamos sentados diciendo cosas como: '¡Hombre, esta idea suena tonta! Qué tontos somos'. Empezamos a decir '*Yeah, we're Foolies*', y luego nos preguntamos: '¿Qué es un *Foolie*?'. Entonces dije: '*What's a Foolie?*' y añadí: 'Supongo que es alguien suficientemente tonto para intentar algo y resolver sus problemas al final'".

En 2009 Alex se graduó y obtuvo un título en medicina del deporte, pero como no conseguía empleo, siguió concentrado en su música al mismo tiempo que trabajaba en una tienda de AT&T. Luego él y Billy llegaron a la conclusión de que los raperos necesitaban una línea de ropa, y como no tenían dinero, plancharon calcomanías con la palabra FOOLIES en una camiseta blanca sucia. Hicieron lo que Alex llama el "efecto Daymond John": "Se la pones a una persona y le tomas una foto, luego se la pones a alguien más y tomas otra foto, y así sucesivamente porque no tienes dinero para darle camisetas a todo mundo, pero sí puedes subir fotografías a Facebook y a Twitter y hacer que parezca que todos tienen una, y entonces también otros querrán una camiseta. Eso fue lo que empezó a suceder con nosotros poco a poco".

Las camisetas las hicieron para que la gente le prestara atención a la música de Alex, pero poco después se convirtieron en su principal producto. Al joven se le ocurrieron maneras originales de ofrecerles una experiencia original a sus clientes. Cuando tenía una venta especial, a los que habían comprado una camiseta les enviaba un vínculo a un video de YouTube en el que aparecía él cantando un rap con el nombre de cada cliente o con un mensaje personal. Enviaba las camisetas dentro de latas miniatura de pintura porque la idea era que cuando abrieras la lata liberaras tus sueños. También le enviaba a cada cliente una carta escrita a mano acompañada de un diario de sueños, "porque es importantísimo y la gente no lo hace. No escribe sus metas y por eso éstas nunca se manifiestan ni se vuelven realidad".

En cuanto los clientes recibían la orden publicaban la foto en redes sociales. Lo interesante es que, en ocasiones, no publicaban la foto de la camiseta, sino de la carta, la lata o el diario. Le agradecían a Alex y le decían que habían pasado muchos años desde la última vez que alguien les escribió una carta. Algunos pegaban la suya en el refrigerador o en la pared de su baño.

La empresa racionó las existencias, y mientras tanto, Alex seguía en su empleo de día, ofrecía tutorías, fungía como mentor en clubes de chicos y chicas y rentaba su casa en el servicio Couch-surfing. Fue difícil mantener ese paso, pero continuó así hasta que en 2015 leyó *Crush It!* y "confirmé que no me había vuelto loco. A veces iba a dar discursos de ventas y los falsos inversionistas me preguntaban en tono agresivo: '¿Y cómo vas a hacer que esto crezca? ¿Por qué les escribes cartas a todos los clientes?'. Entonces empecé a leer el libro y pensé: *Hombre, por fin encuentro a alguien que me entiende.* Fue como reencontrar a un amigo al que no has visto en años o como conocer al gemelo del que te separaron al nacer y que no sabías ni que existía".

Alex también comprendió que su problema era que no estaba generando suficientes contenidos. "Me puse en un *mood* totalmente motivacional y empecé a retacar Facebook con mis publicaciones".

En septiembre de 2015 vio en televisión a Viola Davis ganando su primer Emmy, y esa misma noche, Regina King hizo lo mismo. "Estaba hecho un mar de lágrimas. Mi marca nunca se ha enfocado deliberadamente en las mujeres negras, pero ellas siempre me han apoyado, así que pensé: 'Hombre, necesitamos hacer algo motivacional con base en las cosas increíbles que están haciendo estas chicas'. Entonces hicimos una lista de frases con elementos gráficos homogéneos".

El gráfico incluía una lista de las maneras en que la gente podía imitar a las poderosas mujeres negras de nuestra era: ESCRIBE COMO SHONDA. HABLA COMO VIOLA. CAMINA COMO KERRY [WASHINGTON]. SÉ VALIENTE COMO TARAJI. SÉ FUERTE COMO REGINA. SÉ LÍDER COMO AVA.

"Publiqué los gráficos justo antes de entrar a trabajar, como a las 8:30 a.m., y tal vez como a las 10:15 a.m. mi celular empezó a vibrar. Entré a mi página de Facebook y vi más de 40 *shares*. Anteriormente ya habían compartido mis publicaciones, pero esta cifra era rarísima e iba en aumento. ¿Qué estaba pasando?"

El celular de Alex no dejaba de vibrar porque Luvvie Ajayi, también conocida como Awesomely Luvvie —autora de bestsellers, conferencista y estratega digital— publicó el gráfico en su página. Luvvie le envió un mensaje a Alex y le dijo que necesitaba poner esos nombres en una camiseta. "Ella ni siquiera sabía que yo tenía una empresa de camisetas, sólo pensó que era un tipo equis. Es una locura cómo opera Dios y cómo las cosas simplemente se alinean."

Luego Ava DuVernay publicó el gráfico en Twitter.

"Comenzó a dispersarse de una manera demencial." Alex añadió rápidamente algunos nombres más al gráfico —LUPITA [NYONG'O], UZO [ADUBA], ANGELA [BASSETT] Y QUEEN [LATIFAH]—, y lo convirtió en una camiseta con el logo de Foolies en la parte trasera.

Ese detalle de la ubicación del logo es importante para lo que sucedió luego.

Un miércoles, algunos meses después, Alex recibió un correo electrónico de Essence solicitando camisetas para un coro de jóvenes que querían usarlas en un evento llamado Black Women in Hollywood. Las necesitaban para el domingo, a tiempo para hacer un video del espectáculo días después, esa misma semana.

"Era una misión como para encomendarse a la virgen María." Imprimir camisetas normalmente tomaba semanas, y para colmo, Alex acababa de cambiar la empresa a la que le encargaba este trabajo porque con frecuencia le quedaba mal. La nueva empresa logró entregarle en un periodo aceptable, y luego Alex envió las camisetas a tiempo para el evento.

Cuando el concierto tuvo lugar no se grabó el video, pero poco después Alex recibió una alerta de Instagram. Era una fotografía de las chicas usando sus camisetas, y junto a ellas estaba Oprah Winfrey abrazándolas.

Él no tenía idea de que el evento había sido patrocinado por Oprah Winfrey Network (OWN).

Alex y Kim, su directora de operaciones, empezaron a exhibir las camisetas en todos los lugares posibles. Luego, cuando se transmitió el espectáculo en OWN, el coro no salió y Alex pensó que habían cortado el segmento, pero justo después de los comerciales aparecieron las chicas.

Las camisetas se veían fantásticas, pero Alex se dio cuenta de que poner el logo en la parte trasera en lugar de en el frente no había sido buena idea. "Queríamos que la atención se centrara en el gráfico de la camiseta, no en nuestra empresa, y también deseábamos asegurarnos de que nuestros clientes supieran que siempre los *respaldaríamos*. Una jugada inteligente, genial".

Esa noche Shonda Rhimes tuiteó una fotografía de la camiseta en la que etiquetó a Foolies, también la publicó en Instagram. "Nunca había recibido tantas notificaciones en mi vida", cuenta Alex.

Desde entonces, todo el dinero que ha ganado el rapero lo ha vuelto a invertir en el negocio o en camisetas que les regala a los influencers. Ya hay algunas versiones nuevas de la camiseta en las que aparece una lista con diferentes actores. Alex trata de ir a todas las conferencias que puede porque sabe que en ellas conocerá a otros influencers, y casi siempre asiste a través de un intercambio por trabajo voluntario porque sabe que no puede pagar el boleto de entrada. Hace poco, alguien le envió un boleto de cortesía para la conferencia BlogHer porque lo había escuchado dar una charla sobre Foolies en otro evento varios meses antes y quería asegurarse de que fuera a éste.

Alex está comprometido con motivar a la gente para que cumpla sus metas, pero esto va más allá de una camiseta. "No sólo quiero venderte camisetas porque, ¿qué pasa si no te compras una? ¿Ya no recibirás motivación? ¿Por qué no sólo servir por servir?" Con este propósito, Alex lanzó un podcast llamado Dream Without Limits Radio, en el cual presenta historias de soñadores, gente que cambió el juego y que vive para cumplir su propósito.

Las cifras del podcast son interesantes. Creo que, en total, me sigue más gente que la que escucha el podcast. La atención a los episodios fluctúa, así que tal vez veamos entre 200 y 300, o entre 45 y 50. Yo estoy contento con esas cifras por la respuesta que recibo y por la gente: a fin de cuentas, ésos son los 50 o los 200 que realmente quieren escucharlo. No suena muy cool porque no tengo decenas de miles de escuchas, pero sé que esos 50 o 200 en verdad están asimilando la información y haciendo algo con ella, y lo prefiero así porque esos escuchas serán los que luego me den 2000, 3000 o 4000 después.

Aquí logro traer a gente de color y a mujeres, que es el tipo de personas que no reciben suficiente atención; por eso en el programa escuchas a todas estas mujeres increíbles que están logrando cosas. También me simpatizan mucho los chicos, pero conozco mi mercado y mi nicho. La gente me dice: "Necesitas expandirte y hablar con toda esta gente". Y yo sólo pienso: "Gary sí me entiende".

Alex ha sido mentor de muchos estudiantes en la Universidad de Florida y continúa visitando secundarias y preparatorias para hablar sobre la actividad empresarial y sobre cómo escapar del barrio. Cuando sus marcas empezaron a despegar, varios de sus antiguos protegidos le dijeron que resultaba perfectamente lógico que ésta fuera su vocación. "Es lo que siempre has hecho, sólo que ahora lo haces a través de una empresa de ropa."

Velocidad

Me encantan las buenas contradicciones, pero ésta no es una de ellas. La paciencia es para el largo plazo; la velocidad es para el corto, y la presión que se crea entre ellas es lo que produce el diamante.

La velocidad es una de mis dos o tres obsesiones en el campo de los negocios. Siempre tiendo a acercarme a todo lo que me permita vivir la vida con más eficiencia y hacer mi labor rápidamente. Ésta es una de las razones por las que estoy tan contento de que existan los asistentes controlados por voz como Google Home y Amazon Echo (ver más en la página 279). Sabemos que a los empresarios —¡demonios, a todos los humanos!— les preocupa el tiempo y la conveniencia, y claro, es más rápido escupir la pasta de dientes y decir: "Bien, Google, recuérdame comprar más pasta", que tomar tu teléfono y escribir "pasta de dientes" en tu lista de compras. Si apenas vas empezando, vas a sudar sangre tú solo durante mucho tiempo antes de que puedas contratar un asistente que te ayude a organizar tu tiempo, así que mientras tanto, aprovecha todas las herramientas que puedas para mantenerte en movimiento a lo largo del día y para usar tu tiempo de una forma sabia y eficiente.

Necesitas estar constantemente en el modo "activo". Ya te veo allá en casa pensando demasiado tus contenidos y agonizando al tomar decisiones porque te toma siglos decidirte. Tu confianza en ti mismo está por los suelos y te preocupa que la gente te diga que eres un perdedor si tomas la decisión equivocada, pero tienes que reponerte de eso ya. A mí me encanta cometer errores porque aprendo muchísimo. No creas que no hablo mucho de mis fracasos porque esté tratando de esconder algo, es porque en cuanto veo que cometí un error, en mi mente eso ya pasó. Debo admitir que me equivoqué en 2010 porque la aplicación de chat Yobongo basada en la ubicación, no iba a ser la siguiente estrella de las start ups. ¿Pero de qué me sirve que no haya funcionado? Prefiero mirar hacia el futuro y enfocarme en el siguiente proyecto cuyo éxito me parece inminente, y mi historial habla por sí mismo. No tener miedo de cometer errores me facilita todo. No preocuparte por lo que la gente pueda pensar te libera y te permite actuar, y actuar te permite tener éxito o aprender de tus pérdidas, lo que significa que siempre saldrás ganando pase lo que pase. Escúchame bien: es mucho mejor que te equivoques diez veces y que estés en lo correcto tres, que si nada más intentas hacer algo tres veces y todo te sale bien en las tres ocasiones.

CÓMO LA ESTOY HACIENDO EN GRANDE

Timothy Roman, Imperial Kitchen & Bath
I: @IMPERIALKB

Timothy Roman se las arregló con un poquito de ayuda de sus amigos… en cuanto se deshizo de los viejos, claro.

Timothy es hijo de una pareja de inmigrantes rusos que lo trajeron a Estados Unidos hace 19 años, cuando tenía once. Sus padres estaban muy ocupados haciendo lo que hacen los inmigrantes: trabajar, tratar de salir adelante y ajustarse al nuevo país, el nuevo idioma y el nuevo estilo de vida. Por eso esperaban que Timothy sólo hiciera lo que le correspondía, es decir, esforzarse en la escuela y entrar a la universidad.

El problema era que Timothy detestaba la escuela. "Fracasé rotundamente en todo. No podía concentrarme, tenía la cabeza en las nubes. Siempre estaba garabateando algo como planes, ideas o sueños, o contando mis ganancias. No recuerdo haber recibido una educación formal."

Las ganancias a las que se refiere Timothy eran las que percibía a través de una entrada doble de ingresos que tenía porque había puesto en uso sus tendencias empresariales. Para cuando entró a la preparatoria ya estaba trabajando como DJ y vendiendo mezclas musicales; también vendía mariguana. Cuando estaba en décimo grado se dio cuenta de que ganaba lo mismo que sus maestros y le dijo a su madre que dejaría la escuela y que sólo obtendría el GED (Evaluación de Desarrollo Educativo General, por sus siglas en inglés). Su madre creyó que iba a abandonar la escuela para dedicarse a ser DJ, y sí, ése era el plan original porque se suponía que la venta de drogas sería sólo un ingreso suplementario. No obstante, las cosas cambiaron poco después y este negocio fue parte de la vida de Timothy durante casi diez años.

"Vivía en un barrio pobre donde nadie tenía ni conocimiento ni nada para influir en ti lo suficiente y decirte: 'Oye, ¿sabes?, tal vez podrías hacer algo legal y tratar de volverte empresario, echar a andar un negocito y trabajar con muchas ganas, y sólo intentarlo'. Ya sabes, esas opciones ni siquiera formaban parte de la conversación."

Timothy continuó en las drogas hasta que terminó en la cárcel, y así fue como se enteró su madre de lo que realmente hacía su hijo para ganarse la vida.

Un mes después, cuando salió de prisión, el joven estaba decidido a cambiar, así que se deshizo de todos sus viejos amigos y se dispuso a conocer a gente nueva.

"Uno de ellos se dedicaba al desarrollo de páginas web y a la Optimización de Motores de Búsqueda [SEO, por sus siglas en inglés]. Otro vendía bienes raíces de lujo; uno más vendía mobiliario, también de lujo. Sin embargo, todos habían propiciado esas situaciones por sí mismos y pensaban de manera similar. Hicimos clic de inmediato. Ellos me respetaban y yo estaba ansioso por aprender cómo se suponía que se debían hacer las cosas".

El amigo que vendía bienes raíces dejó que Timothy viviera en su casa y durmiera en el sofá; y también le presentó a su padre, quien era dueño de una empresa de construcción. El padre de su amigo le ofreció un empleo, el cual aceptó, pero como ya había pensado que tal vez le gustaría ser diseñador de páginas web, mientras trabajaba también pasaba mucho tiempo aprendiendo de forma autodidacta en YouTube. Así fue como encontró uno de los videos de Gary Vee. "Me enteré de que era ruso y que sus padres eran inmigrantes, y reconocí de inmediato esta increíble conexión y me involucré de lleno. Me enganchó por completo." Timothy estudió todo el material en video que encontró y cuando se dio cuenta de que la única forma de conseguir más información era a través de *Crush It!*, también lo leyó a pesar de que hasta ese momento sólo había leído un libro en su vida —*Delivering Happiness* de Tony Hsieh— porque le costaba demasiado trabajo.

Nunca había tenido apoyo, no había nadie que me dijera: "Oye, tú puedes hacer esto, ¿sabes? Sal y hazlo". El mensaje de *Crush It!* era: no importa dónde estés, quién seas, cuál sea el color de tu piel, de dónde vengas, qué talla seas, qué forma tengas ni nada de eso; si en verdad sientes que eres bueno para algo y si trabajas lo suficiente, te garantizo que llegarás a algún lugar. Ya sabes que es difícil convencerte cuando no tienes experiencia, pero creo que asimilé la información y la seguí al pie de la letra.

Eso fue a finales de 2012, pero después de trabajar entre seis y ocho meses con el padre de su amigo, Timothy ya había decidido que quería echar a andar su propia empresa y que se especializaría en ser contratista para la construcción de cocinas y baños. En dos años y medio pasó de presionar a clientes para cerrar proyectos, a ser el brazo derecho del dueño. Pero eso sólo era en el día porque, desde que salía de trabajar, hasta las 2:00 a.m. o 3:00 a.m., se enfocaba en estudiar.

Aprendía todo lo que podía respecto a la industria de la construcción. Leía revistas y memorizaba los nombres de los arquitectos. Quería tener toda la información posible desde el primer día que mi negocio iniciara operaciones para poder ofrecerles a los clientes un servicio valioso cada vez que conversáramos. Estaba tratando de aprender todo sobre el producto para que la gente no percibiera ni mi edad ni mi falta de experiencia como un punto débil, y que sólo pasara ese detalle por alto en cuanto le dijera todo lo que sabía.

Como sabía bastante de computadoras y tenía algunas habilidades básicas, trabajé en el sitio de internet. Trataba de escribir contenidos porque los contratistas no tenían material adecuado de marketing, y mucho menos capacidad para la optimización de motores de búsqueda. Las empresas que tenían sitios de internet eran las verdaderamente grandes, las que contaban con diez camiones. Los que se dedicaban a cocinas y baños, en cambio, tenían 40, 50 o 70 y tantos años y llevaban 20 o 30 en el negocio. Habían establecido tantas relaciones

que algunos literalmente conseguían trabajo gracias a la recomendación de boca en boca. Sabía que me tomaría muchos
años establecer este tipo de publicidad de la forma tradicional;
yo estaba haciendo cosas que los otros contratistas ni siquiera
entendían, pero me quitaban demasiado tiempo porque en ese
entonces no teníamos todas las aplicaciones que hay ahora y
que pueden automatizar tareas.

Gracias al empleo con el padre de su amigo, Timothy había desarrollado relaciones con subcontratistas; y además, en cuanto su jefe
le dio autorización, todo el tiempo que no trabajaba para él lo empezó a invertir en plantar las semillas de su propia empresa a través
de Facebook y YouTube. Poco a poco la gente comenzó a leer sus
contenidos. Si a alguien le gustaba una fotografía, Timothy le enviaba
un mensaje de agradecimiento; si alguien le enviaba un correo electrónico solicitando un estimado y dejaba su dirección, Timothy le
enviaba una nota de agradecimiento y un pequeño obsequio en la
época de las fiestas de fin de año. Para mediados de 2015 empezó
a conseguir sus primeros proyectos, y como afortunadamente no
tenía que llegar a trabajar a la empresa del papá de su amigo sino
hasta las 9:30 a.m., tenía varias horas libres para enfocarse en sus
proyectos antes de que su día siquiera comenzara oficialmente. Esto
significaba que para la hora del almuerzo podía ir corriendo a revisar el trabajo de sus subcontratistas, y que las noches las tenía libres
para enviar correos electrónicos y hacer trabajo de ventas.

En cuanto tuvo tres proyectos confirmados, le informó a su jefe
que estaba listo para renunciar, pero sus horarios no se relajaron, sólo
llenó las horas libres con más trabajo, más interacción en las redes y
más creación de contenidos. Timothy usa Snapchat Stories e Instagram Stories para que la gente pueda echar un vistazo tras bambalinas a sus proyectos, y ahora que tiene un salón de exhibiciones le
resulta más fácil presentar los productos nuevos cuando llegan.

Dos años después de que comenzó a trabajar por su cuenta, la empresa de Timothy rebasó la marca de ventas de 1 millón de dólares con proyecciones que indicaban que para finales de 2017 alcanzaría entre 2.5 millones y 3.0 millones de dólares.

"¿Sabes?, todos los días hago sacrificios y tomo decisiones locas, y sé que las cosas van a funcionar. Ahora ya todo es rutina. Tener tu propio negocio suena de verdad muy atemorizante y, en realidad, es mucha responsabilidad, pero Gary decía: '¿Qué es lo peor que puede pasar? Arriésgate. El mercado te dirá si tienes lo necesario o no'".

Por cierto, la mamá de Timothy está increíblemente orgullosa. "Mi mamá rompe en llanto cada vez que le cuento de algún nuevo logro o proyecto que he hecho, o sobre algún obstáculo que superé. Esto ha sido verdaderamente genial."

Trabajo

A lo largo de los años he analizado el trabajo de personas que, a primera vista, estaban haciendo todo bien. Habían establecido un buen nicho, tenían personalidad definida y eran interesantes, sus contenidos eran precisos y valiosos, pero de todas formas me expresaban su frustración porque no estaban cumpliendo sus metas de negocios. Cuando inspeccionaba la situación con más detenimiento veía que seguían jugando golf o tuiteando sobre el episodio de *The Walking Dead* de la noche anterior, así que permíteme dejar esto lo más claro posible:

Si quieres hacerla en grande, **cuando comienzas, no hay tiempo para descansar.** No hay tiempo para ver videos en YouTube, ni para pasar el rato a gusto en el salón de descanso ni para tomarse hora y media para comer. Ésta es la razón por la que a menudo se considera que la actividad empresarial es sólo para la gente joven, porque se necesita demasiada energía para hacer despegar una marca personal o un negocio. Efectivamente, *es* muchísimo más fácil dedicarle todo tu tiempo a un nuevo proyecto de negocios cuando tienes 25 años, eres soltero y no tienes que responderle a nadie más que a ti mismo. No obstante, 95% de la gente que lee este libro, incluso los jóvenes, seguramente tiene algún tipo de obligación: un préstamo estudiantil (porque muchos tal vez sigan estudiando), hipotecas, pensión para manutención de los hijos, padres ancianos o familias dependientes. Lo más probable es que ya tengan un trabajo. Tal vez tengas un horario flexible porque manejas para una empresa de viajes compartidos o porque trabajas medio tiempo o sólo por las noches. Sin embargo, la mayoría de los lectores trabajan de 9:00 a.m. a 5:00 p.m. o incluso de 8:00 a.m. a 6:00 p.m. Por todo lo anterior, lo único que puedes hacer para algún día vivir la vida al estilo *Crush It!* es desarrollar una cantidad escandalosa de trabajo entre las 7:00 p.m. y las 2:00 a.m. de lunes a viernes, además de aprovechar todo el sábado y el domingo. Idealmente estarás construyendo tu negocio con base en una actividad que te encante hacer para divertirte y relajarte, así que no sentirás que estás perdiendo tu tiempo libre. Lo único para lo que tendrás tiempo será para tu familia porque ellos merecen que les des lo mejor de ti, así que asegúrate de no permitir que el trabajo se extienda al tiempo que pasas con ellos, a menos de que puedas hacerlos parte del mismo, lo cual sería maravilloso. ¡Invítalos a participar en esta aventura contigo! Mucha de la gente a la que entrevistamos para el libro lo ha hecho. Rodrigo Tasca contrató a su hermana para que le ayudara a construir su negocio de producción de video y ambos trabajaron desde la habitación de él en la casa de sus padres. Jared Polin y Lauryn Evarts con frecuencia presentaban a sus abuelas en sus blogs. En los videos de Rich Roll aparecen constantemente sus hijos y su esposa Julie, y los nombres de la pareja aparecen como coautores en su primer libro de cocina. Cada vez que Brittany Xavier reserva una sesión fotográfica o una oportunidad de branding para madre e hija el Día de las Madres, siempre deposita una parte de los honorarios en una cuenta aparte para su hija porque, sin ella, estas oportunidades de negocio no existirían. Desde que cumplió nueve años, Jordyn, la hija de Chad Collins, ha dirigido los eventos de trivia de Brick Fest Live, el evento de LEGO a nivel nacional que surgió a partir del canal de YouTube sobre esta marca que construyeron juntos. Y con eso, acabo de describir cómo pueden ser los negocios familiares hoy en día.*

Tienes que decidir cómo vas a invertir tu tiempo. Empieza bloqueando las horas que necesitas para tus obligaciones como tu empleo, tus hijos, tu cónyuge y tu anciana madre. Si eres serio respecto a hacerla en grande, cada minuto que no uses en estas actividades, deberás ocuparlos en generar contenidos y distribuirlos, en involucrarte con tu comunidad o en involucrarte en el desarrollo de tu negocio. Antes de convertirse en TheSalonGuy en su canal de YouTube —uno de los más importantes de la plataforma sobre el manejo profesional del cabello—, Stephen Marinaro (I: @TheSalonGuy) fue estilista, DJ, bombero y agente de recuperación de fugitivos, y siempre mantuvo una actitud implacable en el proceso de construcción de su marca. "Si te quedas echado todo el día en el sillón esperando que las cosas lleguen a ti, no sucederá nada." Stephen era solamente un vloguero que hacía videos de sí mismo demostrando técnicas para cortar el cabello, pero su persistencia lo llevó a presentarse en episodios de programas de realidad virtual, a aparecer en *Good Morning America* y Fox News, a cubrir los Oscares y a participar permanentemente en los eventos de la Semana de la Moda en Nueva York, donde ha entrevistado a celebridades y diseñadores. Pasó de ganar un total de veinte mil dólares hace cuatro años, a cobrar miles de dólares al mes por ofrecerles a las marcas servicios de medios.

....

*A pesar de que comparto muchas cosas de mi vida cotidiana, mi esposa y mis hijos no forman parte de mi información pública. Cuando los niños sean mayores y puedan decidir por sí mismos si desean tener una presencia pública conectada con mi marca, volveremos a discutir el asunto, pero ésta es una decisión que Lizzie y yo tomamos por nuestra familia, pero por supuesto, apoyo totalmente a cualquier persona que decida hacer las cosas de manera distinta.

¡Haz cosas! Genera contenidos y desarrolla tu negocio todos los días. Cada día reúnete con dos o tres personas que te ayuden a conseguir notoriedad, distribución o ventas, es decir, que de alguna manera te acerquen más a tus metas. Envíales mensajes directos a las personas en Instagram para ofrecerles una colaboración (instrucciones en la página 253). Deberías estar haciendo todo esto entre 12 y 15 horas al día. Si tienes otro empleo, trata de llevar a cabo la mayor cantidad posible de trabajo en las tres o cuatro horas que tienes para ti cuando regresas a casa en la tarde (o durante el día, si es que trabajas de noche). Y no olvides dormir, porque recuerda que la mayoría de la gente necesita entre seis y ocho horas diarias, pero aprovecha cada minuto de las dieciséis o dieciocho que te restan en el día.

¿Te parece que este tipo de ética laboral incesante suena poco saludable? ¿Te parece que es demasiado? Presta atención a esos sentimientos porque estar consciente de uno mismo es sumamente importante. Hacerla en grande significa vivir bajo tus propios términos, estar satisfecho con tus ingresos y tu vida en la misma medida. Si tus metas son modestas, no te juzgaré porque, aunque tengo una ambición enfermiza, no creo que todos deban hacer lo mismo que yo y tampoco quiero que piensen que tengo un molde y que espero que todos los que lean esto se fuercen a ajustarse a él. Sin embargo, si no estás dispuesto a hacer el trabajo necesario, te voy a suplicar que, por el amor de Dios, no te quejes cuando veas que tu negocio no crece tanto ni tan rápido como quieres. Tal vez decidas pasar dos horas a la semana haciendo trabajo voluntario en un refugio para animales o en el banco de alimentos, o tal vez quieras unirte a un club ciclista. Seguramente vas al cine o juegas con tu celular cuando estás en los aviones, ¡y está bien! Tal vez eso te haga mejor persona. Pero entonces admite que tus ambiciones son más modestas de lo que imaginaste en un principio y siéntete bien con ello. No toda la gente debería tratar de construir un negocio con el plan de que crezca desmedidamente. La verdad es que no puedes hacer todo, así que tendrás que elegir y ser práctico porque para mantenerte en el camino al éxito, sea como sea que lo definas, es crucial que cobres mayor conciencia de ti mismo y que sofoques cualquier tipo de autoengaño en el que hayas caído.

Hacerla en grande implica obedecer las leyes de la termodinámica: cualquier cantidad de energía que le apliques a algo, se manifestará en la misma cantidad cuando emerja. A veces esa energía resultante la puedes controlar para mover tus músculos o maquinaria; otras veces, si no se usa, se disipa en el éter. El empresario exitoso es el que aplica suficiente energía para mover la palanca y ejecuta sus acciones de tal forma que el trabajo no se desperdicie.

CÓMO LA ESTOY HACIENDO EN GRANDE

Deon Graham, Arquitecto digital
I: @DEON

Deon Graham era jugador profesional de tenis, pero ahora es el director digital de Diddy.

Sólo tiene 31 años, pero es el poseedor de uno de los empleos más codiciados en el mundo del marketing.

Eso es lo que el branding personal puede hacer por alguien. Esta historia comienza en 2008, en Miami. Deon daba clases de tenis durante el día y en las noches gastaba demasiado dinero en los clubes y "haciendo cosas que hace la gente joven", pero de pronto notó un vacío en el mercado. Los clubes sólo querían venderle a cierto tipo de gente —blanca, latina, etcétera—, y aunque les gustaba organizar fiestas de hip-hop porque obtenían buenos ingresos, no querían proyectar una imagen que le hiciera creer a la gente que su audiencia hip-hop era demasiado grande. Ninguna empresa de marketing se estaba enfocando en los clubes que atendían al público urbano o hip-hop, así que Deon decidió que él lo haría.

Así creó City Never Sleeps, un sitio sobre la vida nocturna. Al ofrecerle al mercado las marcas de clubes que aparecían en su sitio, eludió la renuencia de los propietarios a comercializar principalmente sus noches hip-hop. La gente que iba a las fiestas tuvo acceso a las fotos y los dueños de los clubes tuvieron acceso a los clientes. Como la gente adoró el sitio, Deon se dio cuenta de que había dado con algo, pero no veía la manera de hacer dinero con ello.

Él, sin embargo, dice que fue su culpa hasta cierto punto. "Sólo estaba tratando de hacer negocio y algunos movimientos para ganar algo, en realidad no había tratado de construir una marca. No estaba comprometido con ese proceso, lo único que me interesaba era hacer dinero."

No fue sino hasta que se lanzó de lleno a los principios de *Crush It!* y se enfocó en construir una marca a largo plazo cuando las cosas empezaron a cambiar. Deon empezó a ser más selecto respecto al calibre de los clubes con los que trabajaba y a rechazar dinero si no le parecía que un club coincidía con la marca y lo llevaría a clientes más importantes. "Mi forma de tomar decisiones cambió por completo. También cambiaron las reacciones que obtenía de la gente y, aunque no por coincidencia, los cheques empezaron a tener más dígitos."

Deon se había estado involucrando con la gente a través de Twitter y Facebook, pero no tanto como hubiera debido. Entonces empezó a ver a Gary Vee. "Este individuo tiene muchos seguidores y parece que dirige un negocio más exitoso que el mío, pero todos los días está en las redes sociales hablando con la gente, dándole consejos y ofreciendo contenidos nuevos gratuitos. ¿Por qué yo no estoy haciendo lo mismo?"

Deon duplicó su compromiso. "Trabajaba 24/7. Literalmente me metía a las redes cada vez que alguien mencionaba cualquier cosa; me unía a las conversaciones y le contestaba a todo mundo. Si eran las 2:00 a.m. y había una fiesta haciendo ruido en algún lugar, nos involucrábamos en esas conversaciones y compartía con la gente información sobre otras fiestas en la ciudad. No había tiempo para hacer nada más." Después de conseguir un contrato con un importante grupo concentrado en actividades para la vida nocturna, Deon se sintió suficientemente seguro para dejar su trabajo de día.

La popularidad del sitio aumentó rápidamente hasta que se convirtió en la plataforma más grande al servicio del mercado urbano y hip-hop. Entonces Blue Flame Agency, el equipo de marketing del vodka Cîroc, se acercó a Deon.

—Me preguntaron: '¿Tú construiste este sitio?'

—Ajá.

—Nosotros le hemos pagado a la gente 75 000 para construir un sitio.

—Entonces contesté: 'Yo lo haría por 10 000'. Lo único que quería era conseguir acceso a su edificio.

Deon consiguió el acceso. Blue Flame Agency lo contrató, y a partir de entonces siempre estuvo ocupado en un proyecto tras otro. Durante dos años y medio consiguió tratos con Hennessy, LVMH (Louis Vuitton Moët Hennessy), y cualquier marca que se te ocurra a la que le gustaría llegar al consumidor urbano que disfruta de la vida nocturna.

En 2015, Aubrey Flynn de Combs Enterprises le ofreció el puesto de director digital de la empresa. Trabajaría con ocho marcas distintas, incluyendo un tequila, una cadena televisiva y un sello disquero.

Es una vida ajetreada. Deon tiene familia, así que buena parte de su trabajo la realiza entre el momento que ya todos se fueron a dormir y el instante en que despiertan. Desde que lo mencionaron en la edición de mayo de 2017 de la revista *Entrepreneur*, su bandeja de correos ha estado repleta de solicitudes para que participe como orador en eventos.

Deon tiene una ambición gigantesca y nada se interpondrá en su camino.

Definitivamente voy a tener una agencia digital parecida a la que dirige Gary. Lo haré a través del trabajo que realizo para Sean Combs con muchas marcas y celebridades.

A veces voy a ciertas reuniones en las que me miran de una forma un tanto peculiar sólo porque soy un hombre joven y negro. Eso ha sido lo más difícil, que el mundo corporativo me tome en serio. Por eso me agrada coincidir con alguien como Sean Combs que lucha contra este obstáculo. Sin embargo, cuando entro a una sala de juntas la conversación es definitivamente distinta a la que encontraría Gary, por ejemplo. Entro y, sin duda, me sorprendo porque de inmediato me doy cuenta de que estaban pensando en, o buscando a alguien más. Es sólo una dificultad con la que tengo que lidiar porque no la pienso usar como excusa para no hacer las cosas.

Lo más importante es estar comprometido por completo y bloquear todo el ruido que hace la gente porque le inquieta que estés tratando de hacer lo que nadie más ha intentado nunca, y la única manera de lograrlo es tapándote los ojos como caballo y seguir avanzando.

Atención

¿Adónde van las miradas? ¿De qué están hablando tus clientes? ¿Cuáles son las tendencias más actuales en tu campo? ¿Cuáles son las controversias más fuertes? Tienes que prestarle atención a todo. Una de mis mayores ventajas es la habilidad que tengo para ver adónde se mueve la atención mientras mis competidores miran en otra dirección que, usualmente, es hacia atrás. Saber cómo detectar la atención infravalorada es una habilidad fundamental del influencer. La gente siempre ha descartado o subestimado lo nuevo, desde el radio a la televisión, y desde el internet hasta las redes sociales. Es la misma gente que cree que las más grandes estrellas todavía se incuban en Hollywood en lugar de YouTube o Instagram, pero como te lo podrá decir cualquier persona de menos de 25 años, quienes creen eso se equivocan.

Es importante que el hecho de sentirte cómodo en una plataforma no te lleve al punto en que dejes de invertir tiempo para desarrollar habilidades sólidas en las otras. Tampoco te aferres a tu favorita cuando pierda la eficacia y se vuelva demasiado cara. Continúa experimentando incluso cuando sientas que ya estás haciendo todo bien. Tu disposición a arriesgarte, a sentirte incómodo, será lo que te salve a largo plazo. Hace cinco años, muchos de los competidores de mis lectores ya estaban aprendiendo a manejar Instagram como expertos, sólo en caso de que se volviera una plataforma verdaderamente fuerte, y mientras tanto, mis propios lectores seguían debatiendo si valía la pena abrir una cuenta o no. No vuelvas a cometer ese error.

CÓMO LA ESTOY HACIENDO EN GRANDE

Andrew Nguyen, Brand with Drew
I: @BRANDWITHDREW

"Mi mercado comenzó en Facebook y luego saltó a Twitter. Después los clientes se alejaron de Facebook y saltaron a Instagram. Se alejaron de Twitter y regresaron a Facebook y a Snapchat también." Andrew Nguyen va adonde va la atención.

Andrew sigue las miradas, pero siempre ha marchado a su propio ritmo. A los diecisiete años trató de seguir un camino tradicional y complacer a sus padres, que eran inmigrantes. Por eso aceptó una beca para estudiar en una escuelita en Hampton, Virginia, con la intención de llegar a ser farmacéutico. Para cuando terminó el primer semestre, iba reprobando casi todas las clases. Entonces pensó que sería mejor cambiarse a un programa de maestría de cinco años.

Sólo que no les dijo nada a sus padres.

El verano llegó y el joven finalmente confesó sus planes. Naturalmente, sus padres se pusieron lívidos, pero le dijeron que si sólo quería estudiar ese programa de maestría, tal vez podría ir a una escuela en Maryland, el estado donde vivían, y así obtendría su título sin gastar tanto dinero. Sin embargo, Andrew no estaba dispuesto a dejar Hampton porque ya había empezado a hacerse de un nombre ahí como barbero. Andrew aprendió a cortarse solo el cabello gracias a su padre, quien estudió en una escuela para barberos cuando llegó a Estados Unidos de Vietnam. Cuando Andrew comprendió que vivía en un dormitorio lleno de hombres que necesitaban corte de cabello, detectó una oportunidad, así que colgó un letrero en su puerta. El negocio iba bien, a veces hacía diez o más cortes al día. También se estaba ganando una buena reputación como DJ. El chico notó que el DJ más popular en el campus ya era un estudiante de nivel superior, así que alguien tendría que ocupar su lugar cuando se graduara. Pensó: *¿Por qué no ocuparlo yo?* Andrew usó el dinero que había ganado como barbero para comprar unas bocinas y algo de equipo de DJ y pidió que entregaran todo en su dormitorio. Empezó a hacer algunos eventos gratuitamente para, una vez más, construir su marca. Luego el DJ reinante notó su potencial, lo acogió y le presentó a suficiente gente para que contara con clientes buenos que estuvieran dispuestos a pagarle. "En verdad sentía que era algo que tenía que hacer. Tenía que quedarme en esa escuela, involucrarme con la gente que iba a conocer y desarrollar esos negocios. Llegó un momento en que, en cuanto me di cuenta de que en verdad creía en esa visión, estuve dispuesto a hacer lo que fuera por alcanzar mis objetivos."

Los padres de Andrew no estuvieron de acuerdo y prácticamente lo desconocieron. Estaba solo y ni siquiera tenía suficiente dinero para pagar su alojamiento, por lo que terminó viviendo en su automóvil y trabajando en la cafetería de la escuela para tener acceso a alimentos. Luego se enlistó como reservista en el Cuerpo de la Marina de Estados Unidos para poder pagar su colegiatura, pero tiempo después consolidó su marca de DJ hasta convertirla en un negocio de seis dígitos que atendía a clientes en el campus y la ciudad. Tiempo después, Taylor Austin James, su predecesor y mentor, llegaría a ser mejor conocido como DJ Tay James, el DJ oficial de Justin Bieber.

Andrew ya no tuvo que seguir cortando cabello, pero la experiencia de pasar varios meses sin tener siquiera dónde vivir lo dejó muy marcado, y por eso ahorrar dinero se convirtió en su prioridad. Decidió usar su maestría para obtener un empleo que le permitiera construir una base financiera y aprender la logística del mundo corporativo. De hecho consiguió un empleo de ventas y marketing en Pepsi, y decidió iniciar su propio negocio al mismo tiempo: la O Agency.

"Mi pasión no era ser barbero ni DJ, mi pasión era hacer branding personal para convertirme en este DJ, en esta fachada, en esta marca. El branding y el marketing tienen una cualidad psicológica que a veces es difícil cuantificar; tienes que preocuparte por los otros y mostrarle a la gente tu calidad como persona y la calidad de lo que haces."

Para poner a prueba su conocimiento y habilidades, también decidió desarrollar un plan de comercialización para su amigo Bakari Taylor, un entrenador que había alcanzado cierta notoriedad local para su marca, Body by Bakari, a través de una serie de talleres o *boot camps* que llevó a cabo en el área de Washington

D.C., el verano anterior. Taylor tenía las habilidades y el carisma, y Andrew tenía los antecedentes de negocios y de marketing. Juntos lanzaron una enorme iniciativa de branding para ayudar a concientizar a la gente respecto a la construcción de marcas: la gira No Excuses, en la Costa Este.

La gira tuvo un éxito tremendo, pero casi dejó a Andrew en la ruina. "Fue el año más difícil de mi vida, incluso superó el haber dormido en mi automóvil y tener que enrolarme en el Cuerpo de Marina. Sabía que la mayoría de los negocios fracasaban, que las probabilidades estaban en mi contra y que se suponía que no tendría éxito; por eso me despertaba a las 4:00 a.m. o 5:00 a.m. para trabajar doce horas para Pepsi, y luego trabajaba de 6:00 p.m. a las 2:00 a.m. para O Agency y Bakari. También seguía haciendo eventos como DJ."

Gracias a Dios, Pepsi hacía bebidas energéticas y Andrew podía consumirlas sin pagar.

En un año, terminó. Dejó su negocio de DJ y avisó en Pepsi que renunciaría dos semanas después. Antes de que se cumplieran seis meses del lanzamiento de O Agency, consiguió su primer cliente de la NFL, y actualmente trabaja con marcas como 7-Eleven y Sotheby's.

Andrew leyó *Crush It!* apenas hace dos años, pero la información confirmó que estaba haciendo lo correcto. "Escuchar que alguien que estaba a años luz de mí decía cosas que yo ya había pensado… Vaya, en general, lo que me emociona es su mentalidad. Hubo muchos elementos que me confirmaron que estaba haciendo lo correcto."

Hasta hace poco Andrew había priorizado la marca de O Agency porque prefería esperar hasta tener algo que mostrara el fruto de su trabajo antes de impulsar su marca personal.

"Puedes trabajar en tu marca todo lo que quieras, pero si no tienes credibilidad o si no has hecho nada, casi no sirve de nada. Sólo puedes vender algo verdaderamente bueno."

Ahora que Andrew logró "liberarse" del negocio, empezó a construir su marca personal @BrandwithDrew.

En este momento me encuentro en un punto en el que veo que tal vez nunca volveré a estar en la ruina. Por fin encontré mi pasión, y una de las cosas que en verdad quiero hacer es ayudar a mucha gente que está perdida, en especial, al mercado millennial. Incluso iría más allá y diría que quiero ayudar al mercado de la minoría porque ése es el nicho que realmente me interesa y por el que quisiera estar en una posición que me permita ayudar a la gente. No se trata del dinero; en realidad hago muchas cosas sin cobrar porque me importa más el impacto que el aspecto monetario.

Ya ni siquiera considero que lo que estoy haciendo sea trabajo porque lo disfruto demasiado. Quiero seguir dando conferencias, construyendo mi marca personal, escribiendo libros y organizando eventos que le ayuden a la gente. Me gustaría hacer eso el resto de mi vida.

Éstos son los primeros siete elementos esenciales para construir una marca personal sólida. Espero que a quienes leyeron el *Crush It!* original les suenen conocidos. Es imposible repetir estos elementos demasiado, ¿y sabes por qué estoy tan seguro de ello? Porque por la cantidad de veces que me repito esto cada año, debería haber miles y miles más de lectores como tú alcanzando sus sueños. La única explicación para que un porcentaje mayor de lectores no lo esté haciendo, es que no están siguiendo mis recomendaciones. Cuando escribo exagero mucho para hacer énfasis y para que la lectura sea entretenida, pero no bromeo cuando te digo que si escatimas en una o más de estas bases de la construcción, vas a fracasar. Te lo aseguro.

Hay un octavo elemento esencial. Es el único que ha tenido un desarrollo significativo con el paso de los años y es tan importante que necesita todo un capítulo propio.

3

EL OCTAVO ELEMENTO ESENCIAL - CONTENIDOS

Para monetizar tu marca personal y convertirla en negocio a través del uso de las redes de marketing social, necesitas establecer dos pilares: producto y contenido.
—*CRUSH IT!*, CAPÍTULO 5

Sigue siendo cierto que el producto y el contenido correctos son la clave para construir una marca personal vibrante, y eso no va a cambiar. Lo que sí ha sufrido modificaciones es la forma en que tienes que desarrollar tus contenidos e incrementar su alcance. En *Crush It!* recomendé dar salida a los contenidos simultáneamente a través de todos los canales con un servicio de internet de redes sociales (¿alguien recuerda a Ping.fm?). No obstante, tiempo después comprendí que hubo otro malentendido porque debí especificar que no se trataba de dar salida a los *mismos* contenidos en las distintas plataformas, sino de desarrollar microcontenidos nativos de alta calidad. Para quienes son nuevos en esto, debo aclarar que me refiero a contenidos diseñados específicamente para ajustarse a la perfección a la plataforma que estés usando para divulgarlos. La audiencia de Twitter no busca el mismo tipo de contenidos que los seguidores de Instagram. Una publicación de Facebook tendrá más impacto si es algo más que un texto recortado y pegado de tu blog o que un video de diez minutos que en realidad deberías estar impulsando en YouTube. Incluso si tu audiencia se empalma a lo ancho de las varias plataformas, la gente tiene una mentalidad totalmente distinta cuando visita una que cuando visita otra. Si está en Twitter, lo más probable es que esté tratando de mantenerse al día con las noticias actuales; si está en Facebook, tal vez se esté poniendo al día con sus amigos y su familia. Tal vez vaya a Snapchat para consumir un ratito de entretenimiento a la hora de la comida, pero si tiene ganas de pasar la tarde viendo videos extensos de la misma manera que las generaciones anteriores veían televisión, entonces irá a YouTube. Necesitas planear bien de qué manera adaptarás tus contenidos para que sean atractivos en todas las plataformas que tu audiencia visite en cualquier momento dado.

Generar todos esos contenidos puede parecer abrumador, pero puedes manejarlo mucho mejor si te enfocas en crear una gran pieza de contenido base que luego puedas fragmentar en contenidos más breves. Me refiero a generar contenidos que puedan reproducirse como conejos, si prefieres verlo de esa forma. Este concepto lo hemos ilustrado con una gráfica que hicimos mi equipo y yo para VaynerTalent, una división de Vayner-Media que establecí para los influencers que hicieron crecer su marca personal lo más posible por cuenta propia, pero que luego necesitan ayuda adicional para seguir creciendo. Es un servicio para un 1% del 1 por ciento. Si estás leyendo este libro, es muy probable que no hayas llegado a ese punto todavía, pero espero enseñarte lo necesario para que, si te vuelves lo suficientemente bueno, algún día llegues a necesitarnos. En fin, esta gráfica la usamos para ilustrar nuestra estrategia para la generación de interminables fragmentos de microcontenido a partir de una pieza "pilar":

Tú estás aquí para averiguar cómo se verán en realidad esos contenidos y las plataformas que elijas usar, pero hablaré más de eso en la segunda parte. En *Crush It!* también dejé claro que los mejores contenidos eran producto de la suma de la pasión y la pericia o *expertise*. Aunque se han multiplicado las posibilidades de que alguien se convierta en estrella en varias plataformas de redes sociales, para siquiera soñar en llegar a ser el octogésimo octavo mejor Instagrammer de whiskey, vas a tener que asegurarte de actualizar constantemente tus conocimientos y ofrecer información y reflexiones que la gente no encuentre con facilidad en otros sitios. Además, tendrás que hacerlo con un estilo personal único y memorable porque no hay otra forma, créeme, tus contenidos tienen que ser fabulosos. Para algunas personas la realidad puede ser tan paralizante como una mordedura de serpiente, pero te voy a dar el antídoto: para echar a andar un negocio no tienes que esperar hasta ser un experto o hasta haber diseñado un sitio perfecto o escrito tres publicaciones de blog perfectas. Al contrario.

No generes contenidos, documenta

En 2009 sólo le dediqué tres renglones a la idea de que "en tus contenidos puedes incluir todo, incluso el proceso de aprendizaje". En ese entonces era algo adicional, una solución posible si eras muy joven o todavía estabas fortaleciendo tu credibilidad, pero tiempo después comprendí que, en realidad, el proceso de aprendizaje debía formar parte del contenido, lo que significa que no hay problema si tu pasión es mayor que tu experiencia. Nuestros íconos más amados no son los que nacieron en un palacete y se quedaron ahí, sino los que empezaron dando tumbos en su sótano, los que vendían productos que transportaban y exhibían en la cajuela de su auto, los que despegaron, cayeron y volvieron a levantarse. Los únicos a los que no podemos perdonar son a los que no están dispuestos a admitir sus imperfecciones y sus propios errores.

Es cierto que los mejores contenidos dependen de una gran capacidad para narrar historias, y que todas las historias del universo ya fueron contadas... pero las contó alguien más. Tú eres único y puedes proveer una perspectiva, matices y detalles originales; y eso significa que no sólo tienes la habilidad de generar piezas únicas de creatividad, sino que *tú* mismo eres una pieza única. No te empeñes en captar la atención de la gente con un video poético en YouTube o con cuatro versiones de una rápida publicación de tu estatus en Facebook. Mejor utiliza todas las plataformas posibles para documentar tu vida actual y para contar tu verdad. Permite que la gente se entere de quién eres, y luego deja que observe cómo te desarrollas y te conviertes en lo que deseas.

A finales de 2015, DRrock, mi videógrafo, empezó a seguirme con una cámara de video por todos lados y a todas horas. Los únicos momentos en que apagaba la cámara eran cuando yo tenía una entrevista importante o cuando iba al sanitario. Quería que la gente viera cómo era en realidad el ajetreo del profesional independiente, cómo trataba yo de alcanzar la máxima productividad minuto a minuto, e incluso probar que ni siquiera cuando "ya la hiciste" y eres "importante" tienes que actuar como un imbécil arrogante con la gente con que interactúas todos los días y, en particular, con las personas que desempeñan labores de servicio. Para mí era fundamental abordar la frecuente especulación que empezó a aparecer en mis redes sociales: que estaba exagerando la cantidad de horas que trabajaba al día. Quería que la gente viera que cuando decía que trabajaba de lunes a viernes, de 6:00 a.m. a 10 p.m., realmente hablaba en serio. Por si fuera poco, llevo casi diez años trabajando con esos horarios.

Lo más importante, sin embargo, era que quería ofrecerle una herramienta de aprendizaje a la gente que tenía un perfil parecido al mío. Para empezar, yo aprendo observando, no haciendo algo ni leyendo. No es raro que me llegue un mensaje de alguien diciendo que aprendió algo valioso al verme interactuar con gente a través de una pantalla, o cuando me vio despotricando desde el asiento trasero de un auto. En la mayoría de los casos estoy seguro de que ese momento no significó nada para nadie más, pero escuchar que ese día fui capaz de ayudar a una persona, es lo mejor que me puede pasar en la vida. No estoy en posición de reunirme con cada una de las personas que solicita mi asesoría, pero sí de enseñar con el ejemplo y dejar que la gente aprenda de eso. Nadie puede predecir con toda seguridad lo que nos sucederá; tal vez nos reunamos con quien planeamos, pero también es posible que tengamos encuentros azarosos. Quizá tengamos las conversaciones que programamos, pero ¿adónde nos conducirán? Documentar tu vida te garantiza que capturarás cada encuentro y cada interacción, y en mi caso, significa que nunca me agarrarán desprevenido en un momento que tal vez resulte valioso para mis seguidores. Documentar me ha liberado de la presión de tener que estar creando contenidos todo el tiempo.

Unas tres, cuatro o cinco veces al día, usa Snapchat, Instagram Stories, videos de YouTube y Facebook Live para compartir cómo se ve el mundo a través de tu mirada. Permite que tus espectadores conozcan a tu malhumorado tío, deja que vean qué vas a comer, permíteles seguirte mientras sudas la gota gorda en esa sesión de entrenamiento que te causa sentimientos encontrados. Invítalos a estar presentes cuando te mudes a ese nuevo departamento tras tu divorcio o cuando llegues a tu dormitorio universitario. Llévalos contigo en tus vacaciones y viajes de negocios. Piensa que eres la estrella de este espectáculo, pero *también*, la compañía de producción.

¿Todo lo que sucede en tu vida diaria es inherentemente interesante y novedoso? ¡Sí! En las manos correctas, lo es. Sé que no es fácil hacer un documental personal, pero es mucho más sencillo que tratar de producir *Modern Family*. Además, ¿qué crees que te lleve menos tiempo? ¿Cuál será el costo? Vale la pena que lo intentes. Tal vez odies documentar —a mí me tomó varios meses acostumbrarme a traer una cámara detrás de mí adonde quiera que iba—, y es posible que fracases. Pero quizá también reúnas un público que te permita ganar 80 000 dólares al año, o tal vez 380 000 a través de anuncios, afiliaciones, conferencias, libros, tratos con patrocinadores y otras oportunidades derivadas del hecho de tener una marca personal sólida. Nunca sabes si uno de tus contenidos inspirará a alguien importante a contactarte, además, la gente que vea tu trabajo se acercará a ti con ideas, ofrecimientos y posibilidades para asociarte con ella. Si les cuentas la historia adecuada, comprarán tu concepto, o como mínimo, si no te conviertes en el o la siguiente Kardashian, probablemente descubras que puedes complementar tus ingresos actuales haciendo algo que te resulta interesante y divertido.

Documentar para construir una marca personal es una táctica particularmente buena si ya estás trabajando en algo que quieres dejar algún día. Construye tu marca y gana terreno en tu nicho antes de que necesites generar dinero, porque de esa manera, cuando estés listo para abandonar tu empleo actual, tu marca estará ahí para sostenerte y llevarte hasta tu siguiente oportunidad.

Ahora bien, esta táctica solamente resuelve el problema de cómo construir tu credibilidad cuando no la tienes, pero no te servirá de nada si tus contenidos son una porquería. Lo siento, pero no puedo andarme por las ramas, cualquier éxito que logres tendrá que ver directamente con la calidad de tus contenidos, así que no creas que puedes lanzar videos o blogs mediocres y conseguir algo que no sea un resultado mediocre, de la misma manera que si nada más te esfuerzas a medias, sólo llegarás a la mitad del camino al lugar donde quieres estar. Dicho lo anterior, el hecho de que lo que estés haciendo ahora sea una porquería, no quiere decir que siempre será así. Muchos de los empresarios con quienes hablamos no tenían idea de lo que estaban haciendo cuando empezaron a vloguear o a producir podcasts, y eso era evidente. Sin embargo, trabajaron todos los días en ello, analizaron sus contenidos, se involucraron con su audiencia para ver a qué respondía y a qué no, y estudiaron otras marcas personales para identificar las estrategias que podían adaptar a la suya. Practicaron el oficio con la misma intensidad y apego a lo metódico que un cirujano residente practica sus suturas o que un jugador profesional de basquetbol practica sus tiros bajo el aro.

Documentar te permitirá seguir siendo honesto. A mí me da mucha risa cuando veo a chicos de diecinueve años o recién graduados de la universidad que se presentan en sus perfiles de Instagram como "empresarios expertos" o *coach* de vida en redes sociales". ¡Sí, cómo no! Muy, pero muy pocos se han ganado el derecho a ostentar esos títulos. Las jovencitas hacen perfiles en los que se anuncian como expertas de belleza, pero no, lo que son es "opinadoras" de belleza. No puedes decir que eres un experto hasta que no hayas trabajado lo necesario, y además, eso lo decide el mercado, no tú. Cuando yo era niño me sentaba al lado de mi padre en el auto y le decía que iba a ser experto en vinos y que construiría la licorería más grande del mundo, pero no podía ni beber, así que hasta antes de cumplir 21 años, me pasé la vida probando todas las cosas a las que los críticos y las etiquetas decían que sabía el vino: hierba, polvo, cereza, tabaco. Y eso lo hice para desarrollar mi paladar mientras iba aprendiendo el negocio. No fue sino hasta que fui mayor de edad y estuve seguro de que tenía algo real y valioso que ofrecerles a los clientes, que me atreví a mostrarme en público y a empezar a construir una marca relacionada con mi capacidad como experto. Tenía 30 años y llevaba por lo menos 10 de probar cientos de vinos a la semana.

Si pudiera darle un consejo al chico que era a los 17 años, le diría que encendiera la videograbadora y capturara cada minuto de su entrenamiento. ¿No sería fantástico compartir con la gente esa primera vez que probé la tierra? Podría haberme filmado probando 35 merlots diferentes y diciéndole al público: "Algún día seré capaz de decirles cuál es cuál con los ojos tapados", y luego, tres años después, me habría filmado con los ojos tapados catando una serie de vinos tintos e identificando esos merlots. Después habría generado contenidos para empalmarlos con esos dos videos y le habría mostrado a la gente lo lejos que había llegado. No sólo habría sido un contenido honesto, también habría sido una narrativa genial. A los 26 años iba a ser quien soy ahora; es una lástima que se haya perdido todo el proceso de cómo llegué hasta aquí. Por supuesto, he contado mi historia en libros y en conferencias, pero imagina lo detalladas que habrían sido mis lecciones, los errores que la gente me habría visto cometer, la curva de aprendizaje que habría mostrado, si tan sólo se me hubiera ocurrido documentar mi vida en ese momento. Las chicas que quieren ser expertas de belleza podrían hacer lo mismo, en lugar de ir a una tienda departamental para solicitar la ayuda de las representantes en los mostradores de cosméticos y luego filmarse a sí mismas regurgitando la información como si fuera propia, podrían filmarse haciendo preguntas en los mostradores y educando a su público al mismo tiempo que ellas aprenden. Luego podrían generar contenidos con ese nuevo conocimiento y revisar ese video una y otra vez.

La documentación no es valiosa porque capture lo interesante o aburrido que eres ahora, sino porque te prepara para la manera en que la gente te verá a diez años de distancia. Cassius Clay sólo tenía 21 años cuando declaró: "Soy el mejor", pero luego se dedicó a probarlo y se convirtió en Mohammed Alí. ¿Por qué no podrías tú hacer lo mismo incluso a un nivel inferior? Piensa en cómo te sientes cuando ves un video de Justin Bieber cantando cuando tenía doce años, o cuando ves videos de Michael Jackson ensayando para el video *Thriller* en un estudio de baile con su coreógrafo. ¿Te imaginas si pudiéramos observar a Vera Wang cortando sus primeros patrones y cosiendo los primeros vestidos de novia? ¿O si pudiéramos introducirnos en los pensamientos que tuvo George Lucas cuando desarrolló las ideas para sus trabajos de cine como estudiante de la Universidad del Sur de California? Y no en la forma en que ahora podemos hacerlo gracias a las biografías y las entrevistas, sino capturados en el momento, palabra por palabra, antes de que fueran sometidos a la edición mental que todos le aplicamos a nuestra memoria con el paso del tiempo. Ver crecer el talento y ser testigo de la evolución de la grandeza es algo asombroso; si capturas tu viaje, algún día podrías ofrecerles ese mismo tipo de inspiración a otros.

Documentar también te permite tener un archivo de trabajo que te ayudará a validar las primeras promesas que hiciste o, como a mí me gusta decir, para callarles la boca a otros. En 2012, por ejemplo, la gente pensó que yo estaba loco porque dije que Facebook le había robado a Instagram al comprarla por 1 000 millones de dólares. Pero ahora que una valuación más reciente arrojó que Instagram valía 50 000 millones —o mucho más, a mi parecer—, publicar esas grabaciones viejas me hace ridículamente feliz. Documentar la evolución de tu negocio te garantiza que tendrás muchas oportunidades de decir: "Se los dije". Hace poco filmé una reunión con Kyle, un rapero que *Rolling Stone* presentó en 2015 como uno de los "10 Nuevos artistas que necesitas conocer". Kyle y yo hablamos de música, de comercialización y de cómo escribir canciones. Fue genial. Dentro de diez años, cuando sea tan conocido como Eminem, sus fanáticos verán ese video miles y miles de veces, y ésa será la primera vez que muchos de ellos se enteren de mi existencia, pero será aún mejor... porque yo los conoceré a ellos ;) .

Muchos pseudoexpertos se justifican diciendo que sólo están siguiendo el viejo consejo de fingir hasta tener éxito, pero ya nadie necesita hacer eso. La única razón por la que muchos necesitaban fingir antes era porque tenían que convencer a los "guardametas" o intermediarios —los agentes, directores, publicistas, productores musicales, buscadores de talentos— de que les dieran la oportunidad que necesitaban para demostrar su valor. Sin embargo, el papel de intermediario ahora lo ocupa internet, e internet no puede impedirte que des a conocer tu trabajo. Sube tus contenidos y ve qué dice el mercado al respecto, si no le gustan a nadie, bájalos o sólo mantenlos como referencia histórica. Cámbialos y vuelve a intentarlo. Arriésgate y aprende de tus fracasos. Daniel Markham de What's Inside?, un canal de YouTube que cuenta con cinco millones de suscriptores, lanzó varios canales antes de llegar al que finalmente captó la atención de la gente. En cuanto empezó a ganar terreno aplicó todo lo que había aprendido de sus fracasos y mejoró la calidad de sus contenidos, la experiencia del usuario y la estrategia de monetización en su canal.

Pero también hay otra razón para no fingir. Las únicas personas que se creerán tus mentiras cuando finjas ser algo que no eres, serán los mismos clientes que no querrás tener en diez años, o ni siquiera en diez meses. Para colmo, al mismo tiempo perderás credibilidad con el fragmento superior de clientes que necesitarás más adelante para desarrollar y sostener tu negocio. En pocas palabras, estás sacrificando tu crecimiento a largo plazo con tal de obtener ganancias inmediatas, lo que en mi opinión coloca a los empresarios en una posición vulnerable a la larga. ¿Quién va a confiar en ti cuando se enteren de que estás dispuesto a engañar a los ignorantes?

Ser novato no tiene nada de malo, pero manipular a la gente sí es incorrecto. Espero que entiendas la diferencia. Creo que es muy emocionante observar cómo alguien se convierte en el profesional que debe ser, a través del crecimiento de su visión, sus estrategias y su inteligencia. Acepta tu inexperiencia porque podría darte ventaja en muchos sentidos. Podrías, por ejemplo, tener ese entusiasmo y energía fresca que muchos de los profesionales más avezados han perdido, y eso siempre resulta interesante. Asimismo, admitir que todavía estás aprendiendo le dará a la gente una razón para seguir de cerca tu progreso; también te permitirá estar mucho más emocionado cuando finalmente puedas decir: "Se los dije". ¿Alguna vez has visto una de esas películas o programas de televisión en los que el chico que solía actuar en todas las obras de teatro de la escuela y decir que algún día triunfaría en Hollywood de repente aparece en la pantalla? ¿Alguna vez has visto en la portada de una revista nacional el rostro de alguien a quien conocías? Es casi imposible no emocionarse. "¡Demonios! ¡Yo conozco a este individuo! ¡Lo logró!" Y a partir de entonces, cada vez que la conversación te lo permita, es probable que comentes discretamente que tú conocías a esa persona cuando nadie más sabía quién era. Ahora bien, si tú estás así de emocionado, imagínate cómo se sentirá ese viejo conocido tuyo al saber que cientos de sus antiguos compañeros de escuela están teniendo la misma reacción, en particular si cuando eran más chicos lo desanimaban o se burlaban de él por atreverse a pensar que tenía suficiente talento o inteligencia para convertirse en estrella. Créeme, se siente bien, y se sentirá aun mejor si has documentado tu viaje hasta ese punto para que la gente PUEDA ver lo mucho que trabajaste para lograrlo. Si muchos de los que estamos en esto empezáramos a documentar todo, podríamos destruir por completo el mito de la gente que tiene éxito de la noche a la mañana.

Comparte tu situación con el público para sentirte comprometido a responder por lo que le prometas. Siempre y cuando sepas que lo que estás haciendo es valioso y cierto, abstente de juzgarte a ti mismo, permite que el mercado sea el que te diga si eres bueno o no. Siempre surge algo nuevo, pero la única manera de sobresalir es siendo honesto, así que sólo produce, conviértete en esa personalidad y apodérate de ella.

Tu talento natural sólo puede llevarte hasta cierto punto, pero si quieres ser el mejor, tendrás que esforzarte y dejar de ser perfeccionista. La perfección no existe, es un concepto totalmente subjetivo. Sólo podemos ganarnos el respeto y la lealtad de la gente si permitimos que nos vea de cerca, que nos vea ensuciándonos las manos. Saber esto debería aclararte por completo que no tienes que comenzar totalmente formado este proceso; recuerda que hubo un tiempo en que Kobe y Beyoncé todavía tenían que usar su apellido.

CÓMO LA ESTOY HACIENDO EN GRANDE

Rich Roll, Rich Roll Enterprises, LLC
I: @RICHROLL

Lo que puso a Rich Roll en el camino para hacerla en grande fueron unas escaleras comunes y corrientes. Era 2006 y este hombre de 39 años lo tenía todo: una carrera lucrativa como abogado en el mundo del entretenimiento, una esposa amorosa que también tenía éxito por su cuenta como diseñadora de moda e interiores, cuatro hijos sanos y una casa fabulosa enclavada a lo ancho de tres acres de Malibu Canyon.

Pero era muy infeliz.

Rich había pasado años persiguiendo ciegamente la promesa del Sueño Americano. Todo le salía bien y había jugado el juego a la perfección. "Fui aceptado en todas las universidades a las que envié una solicitud. Harvard, Princeton… Pero fui a Stanford. Estando en la universidad nadé profesionalmente y ocupé un lugar importante a nivel mundial, me gradué de la Escuela de Derecho de Cornell en 1994, y todo tenía que ver con entrar a la mejor universidad, estudiar arduamente, ser aceptado en la mejor escuela de leyes, conseguir el mejor empleo en un bufete de abogados, trabajar con ahínco, llegar temprano, quedarse a trabajar hasta tarde, impresionar a los jefes, entrar a la carrera para convertirse en socio y comprar un auto bonito."

Rich logró todo esto a pesar de que en secreto luchaba contra una debilitante adicción a las drogas y al alcohol que más adelante casi le arruinaría la vida. A pesar de que tiempo después también pudo dejar el alcohol y conseguir todas las cosas materiales que vienen con el éxito, su felicidad seguía siendo elusiva, y esto lo condujo a una crisis existencial.

Miraba a mi alrededor en el bufete de abogados y no aspiraba a ser como ninguno de los socios que veía. No quería que mi vida fuera como la de ellos, y no porque no los respetara, sino porque no tenían nada que yo quisiera para mí mismo. Esto me generó un problema colosal porque para llegar adonde estaba había invertido demasiado tiempo, dinero y energía, además de años y más años de mi vida; y simplemente no sabía cómo salir de ahí. Nunca me había detenido a pensar: ¿Qué me haría feliz? Ni: ¿Qué es lo que me apasiona? No, esas preguntas nunca fueron parte de la conversación.

Luego, la noche anterior a su cumpleaños número 40, Rich iba subiendo por las escaleras de su casa, empezó a sudar y tuvo que detenerse para recuperar el aliento. Entonces se dio cuenta de que todos esos años de comida rápida y de adicción al trabajo que lo llevaron a sumarle 25 kilos adicionales a su cuerpo le estaban pasando la factura y lanzándolo de lleno hacia la edad mediana, directo a la misma enfermedad cardiaca que había matado a su abuelo siendo muy joven. En ese momento, la combinación de su crisis existencial y su crisis de salud lo obligó a implementar un importante cambio en su estilo de vida.

Literalmente de la noche a la mañana, Rich adoptó una dieta vegetariana y empezó a correr. En menos de dos años, y con ayuda de su esposa, quien ya llevaba una vida saludable y estaba interesada en los sistemas curativos orientales y en la espiritualidad, Rich se volvió vegano y sufrió una notoria transformación: de papa echada en el sofá, a atleta de ultrarresistencia de talla mundial. También dejó el bufete corporativo y empezó a trabajar en su propia boutique.

Esto básicamente revolucionó todas las facetas de mi vida: física, mental y emocional. Perdí muchísimo peso, mi piel se limpió y empecé a sentirme increíble. Tenía más agudeza mental y dormía mejor. El mero hecho de haber cambiado de una forma tan dramática en un periodo tan comprimido, me hizo comprender lo resiliente que es el cuerpo, y eso me llevó a interesarme en probar los límites externos de esa resilencia en mi propia vida. Empecé a pensar: *Si yo pude cambiar de esa forma tan notoria en un periodo tan breve, ¿a qué otra página del libro podría darle la vuelta?*

Aunque Rich se sentía de maravilla por lo mucho que se alejó del estilo de vida que había debilitado su noción de la posibilidad, todavía no estaba seguro hacia dónde se estaba moviendo. Si hubiera podido ganarse la vida como atleta de resistencia, lo habría hecho, pero tenía una familia que mantener y una hipoteca pendiente, y los eventos de alto rendimiento no le aportaban absolutamente nada económicamente.

O al menos eso era lo que él pensaba. En 2008, tras obtener un lugar bastante alto en el Campeonato Mundial Ultraman —un evento doble Ironman de ultrarresistencia, de poco más de 500 kilómetros y tres días de duración celebrado en Hawái— y de convertirse en el primer vegano en terminar la carrera, los medios empezaron a llamarlo para entrevistarlo. Todos querían saber cómo era posible que un hombre de 42 años tuviera un desempeño tan alto a pesar de llevar una dieta basada exclusivamente en plantas. Era algo de verdad inusitado. De pronto Rich se dio cuenta de que lo que estaba haciendo tal vez podría interesarle a alguien más allá de su familia cercana.

Rich tenía una cuenta de MySpace y otra de Facebook, y entró a Twitter relativamente pronto, pero usaba todas estas plataformas "como cualquier ser humano". Sin embargo, ahora que estaba consciente de que a la gente le interesaba saber más sobre su dieta y su régimen de entrenamiento, le sugirió a un amigo que se filmaran a sí mismos mientras entrenaban en un campamento en Hawái para el Campeonato Mundial Ultraman 2009. "Compramos una de esas camaritas con pantalla plegable y empezamos a hacer videos de nuestro entrenamiento diario para esta demencial carrera. Queríamos decirle a la gente: 'Permíteme enseñarte lo que sucede tras bambalinas. Esto es lo que como. Así entreno'. Luego subíamos los videos a YouTube. Eran videos cortos súper caseros y amateur de cinco o diez minutos, ¡pero estaban logrando un par de miles de vistas! No podía creerlo."

Rich leyó *Crush It!* cuando estaba entrenando para Ultraman.

Ya había empezado a ver el resultado de lo que las herramientas de las redes sociales podían hacer por mí, y aunque no sabía de qué manera se podrían convertir en algo parecido a una carrera tangible, empecé a creer en su fuerza. Tenía fe y creía que si seguía incrementando mi devoción por ellas, en algún momento me darían dividendos de alguna manera. [El libro] validó todo lo que se estaba propagando en mi mente y me proveyó una ruta muy práctica y, finalmente, bastante plausible, para continuar avanzando. Tal vez lo más importante es que me tomé muy en serio algo que Gary señaló en el libro y que continúa enfatizando hasta la fecha: necesitas tener una visión a largo plazo.

Yo no estaba tratando de sacar dinero gracias a mis seguidores en Twitter para luego hacer un trato con alguna marca o algo así porque, en realidad, no me importaba sacar dinero de las redes sociales. Lo único que quería era ofrecer contenidos valiosos —entretenimiento e información— que fueran útiles para mis seguidores, y ni siquiera buscaba obtener algo a cambio porque sabía que, en algún momento, posiblemente años después, podría convocarlos y ellos regresarían. Mientras tanto, lo único que me interesaba era cultivar mi parvada de tuiteros y cuidar de ella.

No estaba tratando de hacer crecer la parvada lo más posible, sino asegurarme de que la gente que me estaba prestando atención y que había invertido tiempo en mantenerse al tanto de lo que yo estaba haciendo recibiera algo valioso que tuviera un impacto benéfico en su vida. Abordar esta labor desde un punto de vista profesional y cambiar mi mentalidad para convertirme en un practicante fue algo muy intenso y fortalecedor al mismo tiempo.

Rich se volvió más resuelto respecto a sus propósitos.

En lugar de sólo tomarme las cosas a la ligera y divertirme, en verdad pensé: "De acuerdo, ¿cuál es el propósito de este video o de esta publicación en Facebook? Independientemente de si se trata de una receta de *licuado*, de cierto tipo de estrategia de entrenamiento... o de consejos sobre cómo ser buen padre y entrenar para una carrera demencial como ésta y no terminar divorciado en el intento... ¿lo que estoy mostrando será valioso?"

Al año siguiente, en 2010, Rich terminó el Desafío EPIC5: cinco triatlones con distancia Ironman en cinco islas de Hawái, completados en siete días.

Duplicó su blogueo y su interacción con los seguidores, pero mientras tanto, la gente cercana a él lo regañaba por estar "distraído", por "no estar presente".

La primera oportunidad que tuvo de monetizar lo que hacía surgió de una manera que respalda 100% mi teoría de que la cantidad de seguidores en redes sociales no es tan importante como la calidad de los mismos. Rich llevaba aproximadamente cuatro años blogueando cuando recibió una llamada de Sanjay Gupta, corresponsal médico en jefe de CNN. Resulta que Gupta había estado leyendo el blog y quería visitar a Rich para entrevistarlo. Rich de repente comprendió que tal vez sus días de anonimato llegarían a su fin. "Pensé: *¡Ay, Dios mío! Millones de personas me van a ver en CNN. Debería tener en mi sitio algo disponible para que la gente lo compre si está interesada en saber más sobre la manera en que me he entrenado.* Así que, literalmente, pasé una noche entera sin dormir y armé un libro de cocina en línea, el cual contenía las asombrosas recetas veganas de mi esposa." En 18 horas Rich usó sus rudimentarias habilidades en Photoshop para juntar fotografías y recetas, y diseñó un libro electrónico que luego incluyó en su sitio para su venta en nueve dólares.

La entrevista se hizo viral y la publicación en el blog que escribió para CNN se mantuvo tres días en primer lugar en la página de bienvenida de la cadena. Ese librito electrónico de nueve dólares que Rich editó de la noche a la mañana pagó dos años de la hipoteca familiar.

Poco después le ofrecieron un contrato de 150 000 dólares por su primer libro: *Finding Ultra*.

Me di cuenta de que mi libro se convertiría en el punto de apoyo que apalancaría mi nueva vida por completo, así que no sólo trabajé con un ahínco increíble para que saliera el mejor libro posible: una vez que estuvo listo también dupliqué mi trabajo para comercializarlo porque comprendí que si no le apostaba todo lo que tenía a publicarlo, sólo sería uno más de tantos, y yo tendría que volver a trabajar como abogado, y eso era lo último que quería hacer en la vida.

Rich fue implacable y empezó a escribir publicaciones de blog para cualquier persona que le permitiera contribuir; apareció en todos los podcasts que lo recibieron; aceptó todas las entrevistas que pudo y ofreció conferencias para todo tipo de público, incluso si sólo había cuatro personas en la sala. También reclutó a su comunidad en redes sociales. "Convoqué a mi audiencia y dije: 'De acuerdo, aquí está el libro, ayúdenme a darlo a conocer, sean mis soldados rasos. Ustedes saben cuánta alegría les he dado, así que si alguna vez obtuvieron algo gracias a lo que les di, realmente apreciaría que me ayudaran a dar a conocer el libro.'"

El mismo día que *Finding Ultra* llegó a las librerías en 2012, Rich decidió que ya no practicaría la abogacía. Como estaba seguro de que ahora se encontraba en posición de cobrar muy bien por sus presentaciones, ya no renovó su membresía de la barra de abogados. A pesar de su popularidad, sin embargo, simplemente no había suficiente demanda, y sin sus ingresos como abogado ni otros flujos constantes de efectivo, ni siquiera el dinero que ganaba por el libro y por sus conferencias le permitirían a la pareja ganar lo suficiente para mantener a su familia a largo plazo. Los años que siguieron fueron atemorizantes y austeros.

> Como tengo un título de abogado de Cornell y un título universitario de Stanford, me habría sido muy sencillo echar marcha atrás y volver a conseguir un empleo cómodo y bien pagado, por eso lo más difícil fue negarme a regresar y continuar mi camino incluso cuando estuvimos a 48 horas de que remataran nuestra casa, de que no podía ganar lo suficiente para alimentar a mi familia y de que no pude seguir pagando mi auto y me lo embargaron. Cometí muchos errores y creo que se podría decir que incluso fui imprudente al tomar ciertas decisiones; 2013 fue un año muy difícil. Hubo momentos oscuros en los que toda la gente que conocía me decía que estaba loco y que estaba siendo irresponsable.

Rich consiguió un empleo de corto plazo ayudándole a un amigo a lanzar una plataforma de medios para un nuevo negocio ecológico en Hawái, así que se mudó ahí con su familia. Como era fanático de los podcasts, lanzó el suyo. The Rich Roll Podcast es otra de las plataformas en las que comparte sus reflexiones personales y le da a su audiencia la oportunidad de escucharlo discutir problemáticas e ideas con invitados interesantes. Más adelante el podcast se volvería increíblemente popular y mantendría un lugar constante en el Top 10 de podcasts de iTunes, pero tuvieron que pasar más de dos años antes de que creciera a un punto en que Rich pudiera monetizarlo a través de ingresos por anuncios. Durante todo ese tiempo, siguió publicando contenidos en su blog y en su canal de YouTube. Rich admite que cuando empezó a dudar de sí mismo y a cuestionarse, Julie, su esposa, lo animó a mantenerse en el camino. "Continuaba diciéndome que tenía que hacerlo y me instaba a no perder de vista el panorama completo. Cuando atravesé por esa noche oscura y pensé: *Esto es una locura, ¿qué estoy haciendo?*, ella fue la que dijo: 'Tienes que seguir'. Dormíamos en una yurta en Hawái, y de todas maneras insistía: 'Ya encontraremos la manera'."

La familia se mudó de vuelta a Los Ángeles y las cosas empezaron a cambiar. El banco les permitió renegociar su hipoteca, el público de Rich siguió creciendo y también le empezaron a llegar invitaciones para presentarse en podcasts más importantes. Concretó tratos para dar conferencias más prestigiosas en empresas como Goldman Sachs. También consiguió un contrato para su segundo libro, y *The Plantpower Way* se publicó en la primavera de 2015. Su alcance y su popularidad se han extendido tanto que ahora lo consideran un "influencer de influencers".

La historia de Rich tiene un final feliz, pero él insiste en decir que la única razón por la que llegó adonde se encuentra hoy es porque se lanzó de lleno y porque tiene una esposa que estuvo dispuesta a acompañarlo. El exabogado está profundamente consciente de los sacrificios y las adversidades que su familia tuvo que soportar mientras esperaban que él encontrara el camino.

Tuve que trabajar como loco muchos años para llegar a este punto. Tuve que estar dispuesto a perder la casa con tal de perseguir mi sueño, y a reconfigurar la relación que tenía con las cosas materiales. Pero no lo habría logrado sin Julie, ella siempre tuvo fe en que las cosas funcionarían. Arriesgamos todo para estar aquí. Todo. Y valió la pena, pero no fue sencillo. Hasta la fecha mi hija de 13 años no quiere regresar a Hawái porque asocia el lugar con una etapa traumática. Tengo dos hijos que ahora tienen 21 y 22 años, y aunque fue muy difícil, ellos también pudieron ver a sus padres luchando por lo que amaban y navegando juntos en la adversidad. Creo que algo como esto puede terminar con los matrimonios y las familias, pero en nuestro caso nos unió más y, de hecho, les enseñó a los chicos una lección importante. Miren, la vida es difícil, uno no sólo consigue lo que quiere cuando lo quiere. El hecho de que hayamos sobrevivido y de que lo hayamos logrado juntos fue una enseñanza invaluable para mis hijos, y creo que después de algún tiempo les ha permitido valorar un poquito más lo que tenemos. Al menos eso es lo que nos han dicho. Saber que mi hija asocia Hawái con un suceso traumático me hace sentir endiabladamente culpable, pero creo que ahora soy mejor padre que si hubiera regresado a ser abogado sólo para aferrarme a una casa y para que mi hija no se sintiera incómoda. ¿Qué tipo de ejemplo es ése?

Hice esto porque me encantó hacerlo. Estaba desesperado por encontrar una nueva forma de vida. Adoro hacer mi podcast, adoro escribir estos libros; y ahora, todos los días recibo correos electrónicos que dicen: "Cambiaste mi vida, no tienes idea de cuánto has influido en mí". Estoy seguro de que Gary recibe correos como ése por todos lados, pero para mí, la noción de que ahora me encuentro en cierto lugar, y de que hace no mucho estaba en otro muy distinto, es absolutamente asombrosa y deslumbrante. Y en realidad, todo se le puede atribuir a una disposición a entender de verdad cómo convertirse en el mejor usuario de estas increíblemente poderosas herramientas de las redes sociales que me dieron la vida que jamás imaginé.

Mi mensaje y lo que defiendo tienen que ver con la fuerza de la transformación, con encarnar tu propia historia y aceptarla. Con tener valor para ser vulnerable, con la capacidad innata que todos tenemos para cambiar, pero también para aprovechar las reservas de potencial que yacen dormidas en nosotros. Todo tiene que ver con el desempeño. El hecho de que yo pudiera hacer cinco carreras Ironman en cinco islas de Hawái, en menos de una semana, a los 44 años y comiendo solamente plantas, se relaciona con esta especie de reserva desaprovechada de potencial sobre la que creo que todos estamos sentados. Porque yo, en realidad, no me considero especial, y mi hazaña es sólo una metáfora del tipo de cosas que todos podemos soslayar en nuestra vida, y a las que deberíamos prestarles más atención.

En septiembre de 2017 Rich completó el Campeonato Mundial ÖTILLÖ Swimrun, el cual es considerado uno de los eventos de resistencia más difíciles del mundo. En el ÖTILLÖ, que significa "de isla a isla" en sueco, los competidores nadan y corren 74 kilómetros en 26 islas del archipiélago de Estocolmo. A Rich y a su compañero de equipo les tomó casi 11 horas terminar, y cruzaron la meta tres horas después del equipo ganador. En una entrevista con The New York Times, confesó que la carrera era lo más difícil que había hecho en la vida, pero también señaló que la experiencia validaba uno de los mensajes más importantes que suele compartir con sus seguidores: "Lo principal es entender que incluso si te sientes terrible por algún tiempo, no siempre te sentirás así. Si te sigues moviendo, todo cambia".

4

¿QUÉ TE DETIENE?

Si haces coincidir los ocho elementos esenciales —propósito, autenticidad, pasión, paciencia, velocidad, ética laboral, capacidad de rastrear la atención del consumidor y de manejar las plataformas sociales, y contenido—, entonces tendrás lo más cercano a la fórmula que te puedo ofrecer para hacerla en grande en las redes sociales. No obstante, sé que para algunos de los lectores ni siquiera una fórmula será suficiente para actuar. Todos los días conozco gente que jura que va a empezar su "proyecto personal", pero la mayoría no lo hace. Le pedí a mi equipo que me diera una lista de las razones más comunes para no hacerla en grande que han escuchado, ya fuera en las secciones de comentarios de nuestros contenidos o en las interacciones con otros aspirantes a empresarios, y esto es lo que descubrieron:

- Tengo un empleo de tiempo completo.
- No tengo dinero.
- Tengo hijos.
- No tengo tiempo.
- Mi industria tiene demasiadas reglas estrictas.
- Tengo una idea para crear una aplicación, pero no sé programar.
- Mis padres no lo entienden.
- Mi familia me lo impide.
- Me da miedo que mis amigos avancen más que yo.
- Todavía no he terminado de leer los libros que me asignó mi *coach* de vida.

- Nadie me estaba prestando atención.
- Muy pocas personas me estaban leyendo.
- No sé qué idea explorar.
- No tengo el equipo adecuado.
- No sé por dónde comenzar.
- Soy demasiado viejo.
- Soy artista, no hombre de negocios.
- No hago nada monetizable.
- Me da miedo que la gente haga comentarios negativos.

Todas estas razones son estupideces y algunas incluso pertenecen a la categoría "¿De qué diablos me quieres ver la cara?" De los cientos de finalistas que consideramos antes de acortar la lista de colaboradores que aparecieron en *Crushing It!* para elegir los que aparecerían en este libro, sólo unos cuantos estaban ganando poco más de un ingreso moderado cuando decidieron lanzarse de lleno y hacerla en grande. Muchos estaban en la ruina o apenas si podían mantenerse; varios tenían niños pequeños, y otros tenían edad suficiente para ser abuelos. Varios ya habían tratado de construir negocios y habían fracasado, al menos tres habían estado en prisión. Puedes considerar estos ejemplos como anecdóticos, pero recuerda que recibimos tantas respuestas que no habríamos podido incluir todas. Si cientos de miles de personas son capaces de encontrar la manera de hacerla en grande, ¿no podrías hacerlo tú también? ¿No crees que al menos vale la pena intentarlo?

Respecto a los correos electrónicos con comentarios negativos, sí, hay gente odiosa que está enojada porque no está haciendo un carajo con su vida, y es muy probable que te envíe algo, y como lo señala el fotógrafo Jared Polin, en especial si no tienes éxito. No permitas que te callen. Polin también dice: "Que la gente negativa se vaya al demonio". A veces puede ser difícil y algunas personas recibirán comentarios más hirientes o inapropiados que otras. Las mujeres tendrán una experiencia en las redes sociales distinta a la que tendrá la mayoría de los hombres porque, como seguramente ya sabes, hay muchos, muchos individuos que son pura porquería. También están los típicos insultos que te puede decir cualquiera: eres feo o fea; eres estúpido. Pero no es verdad. ¿Quieres saber cómo lidian con esas tonterías los mejores influencers? Las ignoran o las confrontan. De hecho, no la habrás hecho en grande sino hasta que hayas leído tus correos llenos de comentarios de odio en una publicación. Demonios, Taylor Swift hasta escribió un éxito musical al respecto. Los verdaderos problemas son la misoginia, el racismo y el fanatismo, sin embargo, ninguno de ellos es la razón por la que no has triunfado aún. *La razón por la que no la has hecho en grande todavía, eres tú.* En serio, cuando la gente negativa trate de atacarte, sólo deja que se te resbale lo que diga. Tú sabes que si les sobra tiempo para escupirte su veneno, es porque no la están haciendo en grande. Deberían darte pena. Si en verdad quieres demostrar de qué estás hecho, transforma su ignorancia en contenido fenomenal para tus seguidores.

Ni las redes sociales ni la tecnología han empeorado el mundo porque, en realidad, no nos han cambiado. Sólo nos exhiben, y me parece que eso está bien. Siempre somos más eficientes para luchar contra los demonios que conocemos y podemos identificar, que contra los que se ocultan en la oscuridad. **Todas esas razones que la gente da para justificar que no está haciendo lo que quiere, se resumen en tres tipos de miedo**, y cada uno exige una respuesta distinta.

Miedo al fracaso

Bueno, eso es a lo que la gente dice que le tiene miedo. Creo que en realidad tienen miedo de que los juzguen aquellos cuya opinión les importa.

No voy a minimizar esto porque conozco bien la situación. A mí me importa un comino lo que piense la gente, y de todas formas hay días en que llego a hacer cosas ridículas para cambiar la forma de pensar de alguien que tiene una opinión negativa respecto a mí porque, al igual que otros, también me importa lo que piensan de mí. Créeme, te entiendo, en especial si te preocupa justificarte ante tu familia. Yo tengo una familia que me apoya totalmente, y a pesar de eso a veces se ríen de mí cuando una de mis inversiones fracasa o algo no sale como lo predije, así que entiendo a la perfección lo devastador que puede ser enterarte de que decepcionaste a tu mamá, que te ganaste el desprecio de tus hermanos o que tus amigos más cercanos quieren que te alejes. Sin embargo, vas a tener que encontrar la forma de superarlo. Ve al psicólogo, practica yoga, busca un hipnotista, haz lo que sea necesario para calmar tus nervios, aceptar el momento y dejar de preocuparte por lo que piensan los demás. Comprométete a ignorar cualquier voz que amenace con socavarte. Si es tu mamá, encuentra una manera respetuosa de decirle que quieres que te ame, pero no que opine sobre ti. Si son tus amigos, diles que agradeces su preocupación, pero que tendrán que apoyarte porque, si no, los mandarás al diablo. La única persona a la que no puedes ignorar es tu cónyuge, si acaso lo tienes. La mejor manera de abordar esta situación es trabajar con tu esposo o esposa para crear un plan con el que ambos crean que podrán vivir. Siempre estarás rodeado de gente que te dirá que no hagas las cosas, **pero tienes que permitirte ser tu único juez y jurado**.

Por experiencia sé que la buena comunicación resuelve todas las cosas. A todos los que están en este predicamento les recomiendo que confronten el problema sin miramientos. Siéntate con la gente que más quieres y dile: "Voy a hacer algo que debí hacer hace una eternidad. Lo único que me detenía era el miedo que tenía a lo que pudieras decir, pero necesitas saber que ya lo superé. No necesito tu bendición, pero sí necesito saber que contaré con tu apoyo si fracaso porque eso sucederá. Espero no fracasar espectacularmente, pero sí fracasaré dentro de poco. A la larga, sin embargo, sé que triunfaré, y sería increíble saber que me apoyas, que deseas que triunfe y que no estás esperando que me vaya mal".

Luego, sin importar lo que te respondan, comienza. Así nada más. Te sorprenderá ver lo rápido que puedes trabajar cuando ya no te detiene la tiranía de las opiniones ajenas. Para el deleite de sus competidores, la gente que tiene miedo de fracasar siempre fijará sus metas muy por debajo de lo necesario.

Nadie que haya tenido reservas para actuar la ha hecho en grande. Ésta es *tu* vida, y te juro que las probabilidades de arruinarla, en verdad, son muy bajas. Excepto por los comportamientos autodestructivos o por una falta total de conciencia, hay muy poco en lo que puedas caer sin esperanza de recuperarte. Mira con claridad y sé estratégico, disponte a trabajar con más ahínco y más tiempo de lo que jamás lo has hecho en tu vida, y así no decepcionarás a nadie. De hecho, predigo que sorprenderás a todos.

CÓMO LA ESTOY HACIENDO EN GRANDE

Rodrigo Tasca, Tasca Studios
I: @DRIGO_WHO

Rodrigo Tasca no tiene una vida glamorosa. Tiene 31 años y se mudó de vuelta a casa de sus padres en Florida para ahorrarse la renta. Contrató a su hermana para que le ayudara con el negocio de videografía, y su estudio era su habitación. Ha llegado muy lejos de donde solía vivir en Nueva York, un lugar en el que fotografiaba a modelos y filmaba "videos detrás de las cámaras" para videos y revistas. Sin embargo, sigue creyendo que le fue mejor que a algunos de sus amigos. De hecho, siente pena por ellos.

"Mudarme de nuevo a Florida era un riesgo, pero sabía que tenía que salir de mi zona de confort porque cada vez me hacía más viejo. Sin embargo, estaba dispuesto a empezar desde cero y a trabajar lo que fuera necesario. Todos los días despierto y estoy feliz con lo que estoy haciendo. A veces salgo con amigos y me dicen: 'Dios mío, odio mi trabajo'. Amigo, hoy en día no hay ninguna razón para que hagas [o por la que tendrías que hacer] algo que detestas. El problema es que muchos tienen miedo de fracasar o de cuál será su imagen."

Rodrigo lo entiende. Es difícil impresionar a las mujeres cuando les dices que vives con tus padres. "Tengo 31 años y definitivamente siento que me gustaría sentar cabeza un poco más. Pero si conozco a una chica ahora, tenemos que llegar a un acuerdo porque estoy tratando de crear algo grande y necesito hacer este sacrificio durante un año y medio más para tener una mejor vida, y tal vez una mejor vida para ambos en los próximos cinco. Si no te agrada este plan, entonces no eres la chica que estoy buscando."

Rodrigo empezó en el negocio de los restaurantes, primero con su familia y después trabajando para una gran corporación. Hace siete años, aproximadamente, ganó una cámara personal GoPro en una rifa realizada en una fiesta de las vacaciones de su empresa. Le encantaba jugar con ella y filmar videos, pero no tenía intención de hacer nada más sino hasta que visitó a un amigo que estaba viviendo en Perú. El amigo era agente de bienes raíces y un día que su fotógrafo no se presentó a trabajar, le preguntó a Rodrigo si podría tomar las fotografías. Rodrigo aceptó, pero también le ofreció hacer algunos videos de la propiedad. Pasó los siguientes siete meses filmando y rentando bienes raíces en Perú.

Cuando regresó a Estados Unidos se mudó a Nueva York para ocupar brevemente un puesto en uno de los restaurantes nuevos de su empleador antiguo, luego se ganó la vida trabajando en un club de tenis, y ahí consiguió su siguiente empleo como chef personal de una familia en los Hamptons. Al mismo tiempo, trabajaba como profesionista independiente en una empresa de servicios alimentarios para eventos. Entonces descubrió *Crush It!*, en un evento de Techweek 2015, para el que su empresa cocinó, y donde escuchó a un inmigrante bielorruso contar que cuando era adolescente en Nueva

Jersey ganaba dinero comprando muñequitos de Shaquille O'Neal en las tiendas de dólar que luego "regresaba" al Kmart que estaba al otro lado de la calle para que le hicieran un reembolso completo. Rodrigo conocía este tipo de venta porque su familia se había mudado de Brasil a Estados Unidos cuando era niño, y como tenían poco dinero, cuando sus padres iban a Costco a comprar abarrotes para el restaurante, él compraba una caja de barras de chocolate por seis o siete dólares, y luego les vendía a sus compañeros de la escuela las barras individuales, a un dólar cada una.

Rodrigo escuchó *Crush It!* en el recorrido de una hora en metro que tenía que hacer de su departamento en Crown Heights al Upper East Side para ir a cocinar para la familia de sus clientes. El libro lo convenció de entregarse a su pasión y empezar a filmar, pero como no podía pagar la escuela de cine, tendría que aprender por su cuenta y seguir en su empleo como chef. Empezó con las compañeras con quienes compartía departamento porque eran modelos, y luego se ofreció a hacer una sesión para una empresa de ropa en la que trabajaba un amigo suyo. La empresa publicó la fotografía en Instagram, y ésta captó tanto la atención que lo invitaron a fotografiar otro evento. Ganó poco dinero en ese trabajo pero, de los aproximadamente diez videos que hizo a partir de entonces, fue el único en que le pagaron. Todo era parte de un plan. Rodrigo empezó a tomar tantas clases en Udemy por internet, que la empresa lo contactó para averiguar por qué estaba consumiendo tantos contenidos con esa rapidez y al mismo tiempo, Rodrigo le ofrecía sus servicios gratuitamente a cualquier persona. "Si conocía a alguien que iba a tener un evento, le preguntaba: 'Disculpe, ¿y alguien va a tomar fotografías?', y si me decía que no, me ofrecía a hacerlo. Todo el tiempo me preguntaba, ¿qué puedo hacer para meterme en el negocio? Porque, como no tenía las habilidades técnicas necesarias, imaginé que salir, aprender, hacerme de experiencia en el ramo y conseguir la oportunidad de trabajar con clientes, me iba a beneficiar a largo plazo. Así, cuando por fin estuviera listo para cobrarle a alguien, todo el aprendizaje que hubiera obtenido trabajando gratis, me serviría."

Rodrigo tenía el empleo perfecto para impulsar su entrenamiento. Su familia empleadora en los Hamptons y en Upper East Side lo hacía trabajar unas 40 horas en dos o tres días, y eso le dejaba el resto de la semana libre para enfocarse en su oficio alternativo. "Tienes que empezar a hacer esos contactos. Eso era lo que me impulsaba. Al principio me desanimaba, pero Roma no se construyó en un día."

Unos tres meses después, Rodrigo por fin consiguió que le pagaran 200 dólares por filmar un video detrás de cámaras para una publicación importante. Como estaba ansioso por alejarse de los inviernos neoyorquinos, un día empezó a explorar el mercado de Florida para averiguar el tipo de videos que ahí se hacían, y descubrió que había un vacío. Nadie estaba trabajando en eso allá, así que decidió que él crearía ese mercado.

Rodrigo se mudó de vuelta a Florida en marzo de 2016, pero las cosas no salieron bien.

En Nueva York podía encontrar un cliente y hacerle un proyecto completo: todo el proceso de filmar el video, editarlo y producirlo. Pensé que cuando regresara a Florida sería como la gran estrella recién llegada de Nueva York, pero luego descubrí que a nadie le importaba que hubiera estado ahí. Es de esas cosas que suceden, pero me hizo despertar a la realidad y recordar algo más que había aprendido en *Crush It!*: la necesidad de desarrollar una marca personal. Al principio, llegaba y decía: "Hola, soy Rodrigo Tasca de Rodrigo Tasca Productions", y todos se me quedaban viendo con cara de: "¿Quién?", y me cerraban la puerta, pero cuando cambié el nombre de mi marca a Tasca Studios, la gente estuvo dispuesta a hacer una cita para conocerme, escuchar lo que tenía que decir y enterarse de que, en oposición a los videos del detrás de cámaras que hacían las revistas, existía un negocio de video para pequeños negocios. Cambiar mi marca fue parte de un ajuste para entrar al mercado porque descubrí que, a diferencia de lo que sucedía en Nueva York, donde, si no eras tú el encargado de todos los aspectos, buscaban a alguien más; aquí a la gente no le gustaba contratar a un tipo que hacía todo. En Florida todavía había clientes que apenas acababan de abrir su página de Facebook.

Rodrigo está comprometido a ayudar a sus clientes para que aprendan a comercializar en internet, y a manejar las funciones básicas del marketing en Facebook, Instagram y YouTube, a pesar de que al principio se muestran un poco renuentes. Su persistencia y compromiso lo han recompensado.

Hace un año que empecé, les llamábamos a los negocios y les ofrecíamos videos gratuitos, pero los ejecutivos nos decían: "No, no estamos interesados", o "No, no los necesitamos". Compara eso con el hecho de que ahora les puedo cobrar a los clientes 12 000 dólares por día de filmación. Voy a ir a California y acabo de regresar de filmar un festival musical en Tennessee. Es increíble hasta dónde me ha llevado poco menos de un año de ajetreo y trabajo intenso.

Podría mudarme y vivir solo, pero estoy considerando seguir viviendo con mis padres un año más y luego conseguir un espacio para oficinas. Mi familia nos ha apoyado muchísimo a mi hermana y a mí en este proyecto (ella dejó su empleo y ahora trabaja conmigo de tiempo completo). Nos han dicho: "Todo lo que podamos hacer para ayudarlos, lo haremos. Queremos que esto les funcione, muchachos". Realmente nunca habría llegado tan lejos sin el apoyo de mis amigos y mi familia.

El miedo a perder el tiempo

Si tienes menos de 35 años, esto ni siquiera es un problema. Si eres pésimo en lo que estás haciendo o si lo detestas, siempre puedes regresar al mundo práctico en 24 meses porque la escuela y la rutina de 9:00 a.m. a 5:00 p.m. no se irán a ningún lado.

Vale la pena mencionar que el miedo a perder el tiempo también ha provocado que muchos empresarios mejor establecidos pierdan oportunidades importantes. Hay mucha gente que cedió terreno en Instagram por invertir todo su esfuerzo en Twitter y Facebook; asimismo, la gente que se rio de Snapchat, ahora debe sentirse bastante tonta. Aunque no todas las plataformas te parecerán adecuadas para lo que haces y no todas te darán recompensas, vale la pena invertir en ellas porque no hay manera de averiguar si te funcionarán o no, sino hasta que pases tiempo en cada una y las pruebes. En mi caso, por cada triunfo en Snapchat e Instagram, hubo una pérdida en Socialcam, pero te aseguro que todo lo que aprendí en esa plataforma me hizo mucho mejor usuario en todas las demás.

La gente tiene mucho miedo de perder tiempo en tratar de construir un negocio, aun cuando sus horas no sean valiosas. Si estás sacrificando tiempo que habrías podido pasar con tus seres amados, haciendo algo que le añadiera valor a tu vida o, demonios, ganando 50 000 dólares, entonces sí me parece lógico que te sientas algo arrepentido; pero si sólo estás invirtiendo tu tiempo libre, ese que, de otra manera, habrías desperdiciado en ver *Game of Thrones* o en jugar videojuegos, ¿cómo puedes decir que lo perdiste? Literalmente estás entregando horas vacías a cambio de hacer algo que podría llenar tu vida de alegría, ¿y te preocupa estar desperdiciando el tiempo? Qué estupidez. Si no estás 100% feliz con tu vida actual, créeme que tratar de hacer algo que te haga feliz nunca será un desperdicio de tiempo.

CÓMO LA ESTOY HACIENDO EN GRANDE

Sean O'Shea, The Good Dog
I: @THEGOODDOGTRAINING

Cuando eres joven y tu mayor sueño es convertirte en músico profesional, aceptas que para mantenerte a flote económicamente hasta que lo logres tendrás que desempeñarte en empleos poco prestigiosos, pero con horarios muy flexibles como los que te da ser mesero o *barman*. Todo viene en el mismo paquete y todos tenemos que pagar la cuota. A los 25 e incluso a los 30 años, seguirás estando de acuerdo en esto.

Pero a los 40, no del todo.

Sean O'Shea trabajó 11 años como valet parking en un restaurante y para una empresa que se encargaba de eventos privados para celebridades de Beverly Hills. Sean tocaba la batería desde los tres años y había participado en grabaciones importantes con artistas como Alicia Keys, CeeLo Green, Jennifer Hudson y Ghostface Killah. A pesar de haber tocado en *tracks* importantes, lo que le permitía pagar sus facturas era el empleo como valet, no la música. El futuro no se veía atractivo y el joven baterista estaba en "un mal momento".

Su gran oportunidad llegó gracias a dos perros dementes. Eran dos cachorros rescatados de seis meses de edad: Junior era una mezcla de Chow, y Oakley era un rodesiano. Ambos eran dulces y lindos, y tenían todo lo que uno desea en una mascota pero, como muchos dueños, Sean realmente no sabía en qué se estaba metiendo porque los cachorros requieren mucho entrenamiento constante y disciplina, y ahora admite que hizo todo mal. Al principio los perros sólo eran molestos y maleducados, pero el tiempo pasó y cumplieron dos años y medio. Se volvieron sumamente agresivos y reaccionaban mal en presencia de otros perros. "Éramos una amenaza para el vecindario porque eran enormes. Si íbamos al parque y veían a otro perro, podían jalarme, tirarme de sentón y arrastrarme sobre el pasto húmedo como si estuviera esquiando en agua. Incluso terminé yendo al programa de la *Juez Judy* porque mi perro persiguió al de otra persona."

Sean sabía que los perros no tenían la culpa, que quien había fracasado era él; y también sabía que si quería conservarlos y protegerlos, tendría que encontrar la manera de cambiar la situación radicalmente. Empezó a ver *El encantador de perros con César Millán*, y a estudiar técnicas de entrenamiento canino. También realizó un profundo trabajo de desarrollo personal.

"Para ser honesto, era un completo desastre. Estudié como loco, no con libros tradicionales, sino con material de desarrollo personal que me permitió cambiar mi sistema de creencias y mis valores, así como trabajar en mi carácter y en todo lo que nunca recibí cuando fui niño y adolescente."

Le tomó algunos años, pero para sorpresa y alivio de sus vecinos, sus métodos —conocidos como "técnica de entrenamiento equilibrado"— le ayudaron a transformar a sus perros en un ejemplo de buen comportamiento. La transformación fue tan notable, que en 2006 echó a andar un negocio de sacar a pasear a perros en el vecindario, el cual le permitió complementar sus ingresos como valet y como músico de medio tiempo. Sean se convirtió en el individuo que podía sacar una manada gigante de catorce perros al mismo tiempo, y hacer que pareciera sencillo. Como era de esperarse, la gente empezó a preguntar si también podría entrenar a sus mascotas. Con su trabajo como valet y músico, ganaba cerca de 20 000 dólares, pero en su primer año entrenando y paseando perros, hizo 65 000, cifra que se duplicó al año siguiente.

Sean sintió que un nuevo sueño empezaba a forjarse, pero era un sueño que no incluía salir de gira con una banda. Entonces se hizo evidente que, aunque tenía una habilidad natural para comunicarse con los perros, no había nacido para los negocios. "No sabía absolutamente nada al respecto. No conocía las palabras branding ni marketing; no sabía nada de esos temas." El joven baterista leyó obsesivamente para educarse y aprender por su cuenta, y así fue como encontró *Crush It!*, cuyos consejos siguió al pie de la letra.

"Me metí en esto con una actitud muy trivial, así que al principio hice un montón de videos y publiqué mucho en Facebook. Recuerdo que tenía conversaciones sencillas conmigo mismo: *Si yo fuera el consumidor que está allá afuera, ¿qué me haría regresar una y otra vez a una página de Facebook o a un canal de YouTube?* Y la única respuesta que me venía a la mente era: *Si me ayudara a mejorar mi vida, si tuviera valor en ese sentido, entonces regresaría.* Ésa ha sido mi guía."

A pesar de que no se sentía cómodo siendo filmado, Sean empezó a grabar videos con una cámara económica con pantalla plegable. "Grabamos videos donde enseñábamos a hacer las cosas por uno mismo, un montón de videos didácticos, un montón de videos tipo 'antes y después'. Mostrábamos mucho lo que podíamos hacer, pero también le enseñábamos a la gente cómo iniciar su propio negocio." Otros entrenadores estaban haciendo lo mismo, pero la intensidad con que trabajaba y el hecho de que había comenzado a mostrarse en las plataformas desde muy pronto, le ayudó a Sean a diferenciarse y a elevar su perfil.

Muchos de los entrenadores que en ese tiempo estaban en redes sociales o en otros lugares, se mostraban con arrogancia, como diciendo: "En cuanto salí del vientre materno, supe que tenía este gran don". Mi viaje, en cambio, me hacía decir: "Eché todo a perder, toqué fondo y mis perros también fueron un fracaso. Éste es mi viaje y ésta es la manera en que salí de ahí.

Permítanme compartirlo con ustedes". Fui muy transparente y me esforcé en compartir la información, las herramientas, mi manera de abordar la situación, las técnicas, mi propio mapa para salir y algo de material de desarrollo personal y libros que quería recomendar.

Trabajé obsesivamente. Estudié, estudié y estudié para entender cómo hacer esto bien y cómo construir el negocio. Estaba obsesionado con hacer algo especial y por fin sentía que había llegado mi momento. Mi objetivo más importante era hacer algo que causara un impacto. Tal vez suene cursi, pero así me sentía. Creo que batallé por tanto tiempo sin sentirme así, que cuando llegó la oportunidad sólo me lancé sin dudarlo. Estaba decidido a encontrar mi respuesta, a desarrollarme, a cultivar mis aptitudes para seguir avanzando. También sabía que tenía que trabajar mucho para ponerme al día porque estaba demasiado rezagado.

La cantidad de gente que seguía a Sean aumentó rápidamente, pero él no renunció a su trabajo como valet parking sino hasta que tuvo un exceso de clientes. "Llevaba 11 años trabajando ahí, así que todos me preguntaron: '¿Adónde crees que vas?', y yo respondí: 'Tenemos planes'."

En solamente algunos años Sean se construyó un perfil internacional. De hecho, para hacer la entrevista para este libro tuvo que llamar desde Escocia porque acababa de hablar frente al Parlamento respecto a los entrenamientos balanceados y las ideas que tenía para regular la industria. En 2012 abrió una segunda sucursal en Nueva Orleans y contrató a Laura para que se asociara con él. Laura había trabajado con algunas celebridades importantes en Hollywood y le podía proveer el apoyo administrativo y organizacional que necesitaba. Los otros entrenadores se encargarían de lidiar con las cada vez más numerosas solicitudes del servicio de entrenamiento canino que ofrecía.

Ahora que tiene 49 años, Sean pocas veces entrena perros, sólo se involucra cuando llegan algunos particularmente peligrosos porque prefiere encargarse de ellos hasta que ya no representan un peligro para su equipo de trabajo. La gente le lleva sus mascotas en avión desde muchos lugares del país. Asimismo, muchos entrenadores de todo el mundo viajan para conocerlo a él y a su equipo, y para aprender técnicas de entrenamiento, pero también para aprender a aprovechar las redes sociales en beneficio de sus negocios. Sean pasa aproximadamente seis horas diarias generando contenidos y respondiendo a su comunidad; también escribió un libro, ha producido DVD y dirige un podcast de preguntas y respuestas. "Hay mucha gente en el mundo que tiene problemas serios y no puede llegar a nosotros ni pedir la ayuda de otros entrenadores. Estamos tratando de empoderar a esas personas. Recibimos retroalimentación de propietarios en distintos países, y muchos nos envían fotografías de sus perros sin correa y nos cuentan que los entrenaron a la perfección usando solamente nuestros videos gratuitos. Es genial."

Una de las cosas que Sean no ha hecho es colocar productos. "No quiero abaratar el blog. No puedo decir que no lo haría aun si surgiera algo asombroso, y no me refiero necesariamente al aspecto monetario. Sería increíble recibir el dinero, pero hay demasiados productos cursis fabricados por gente que ni siquiera establece relaciones con otros. Sólo te envían un correo electrónico diciendo: 'Oye, ¿podría poner esto en tu blog?' ¡No!" Sean ha construido todo su negocio con base en las redes sociales y en su marca personal. En 2016 hizo más de 600 000 dólares, pero no deja de pensar en el negocio ni por un instante.

Tengo un poquito de tiempo en el que trabajo menos, pero Instagram Stories, Instagram mismo, Facebook, YouTube, responder a clientes, entrenar perros y dirigir el negocio me deja muy poco tiempo libre. Me parece que por el momento está bien porque es lo que se necesita para poner las cosas en el lugar adecuado y yo estoy completamente dispuesto a hacerlo. Para ser honesto, dado que tenía 40 años [cuando comencé], siento que no tengo tiempo que perder. No es desesperación, no es una especie de pánico o locura, es sólo que pienso: *No tienes tiempo, amigo. Desperdiciaste mucho haciendo cosas que no te sirvieron. Trabajemos duro y veamos qué puedes lograr en el tiempo que te queda.*

Miedo a parecer vano

En 2009 cuando escribí *Crush It!*, recibí una buena cantidad de dolores de cabeza debido a los críticos que me acusaron de glorificar el narcisismo. Ya casi no me molestan porque los consumidores —o sea, el mercado— han demostrado que estoy en lo correcto: desarrollar una marca personal sólida te permite alcanzar el éxito en los negocios. Entonces, que no te preocupe parecer trivial. Acéptalo porque eso fue lo que hicieron todas las demás personas que la están haciendo en grande. Recuerda que a los empresarios inteligentes no les importa lo que piense la demás gente. Si andas por ahí caminando con una cámara apuntando constantemente a tu cara, parecerás un idiota por algún tiempo, **pero recuerda que todos los que se ven como burros, están tratando de hacer algo nuevo.** Hubo una época en que los programas de televisión real o *realities* eran una vacilada, ¿recuerdas? Ahora no puedes mirar alrededor sin toparte con una estrella de televisión real en la portada de una revista, el mostrador de los cosméticos, algunos aparatos de ejercicio o un paquete de comida congelada. **Todo mundo es un imbécil hasta que se convierte en pionero.**

Mentalízate para el triunfo

Lo más emocionante de ser empresario en la actualidad es que aún vivimos en los primeros años, es decir, la alberca está repleta, pero todavía hay bastante lugar para ti. ¡Métete mientras puedas! Mira, te comprendo, yo no aprendí a nadar sino hasta que tuve nueve años porque me daba miedo meter la cara al agua. La única razón por la que finalmente aprendí fue porque un día estaba jugando hockey de aire en la alberca comunitaria y escuché a mi mamá aplaudir y vitorear: mi hermana menor por fin acababa de descifrar cómo hacer la brazada de crol y estaba atravesando la alberca. Entonces me desgarré la camiseta y me lancé al agua antes de que los aplausos de mi mamá dejaran de hacer eco porque por ninguna razón iba a permitir que mi hermana aprendiera a nadar antes que yo.

A veces sólo tienes que lanzarte a la alberca aunque tengas miedo.

Mientras estés reuniendo tus ideas y echando a andar las estrategias, prepárate en el aspecto emocional para triunfar. Encuentra valor y fortalece tu autoestima hasta que te sientas suficientemente valeroso para empezar a hacer ruido y captar la atención de la gente, y luego muéstrales a todos que te importa mucho conservarla.

Varias de las personas que entrevistamos para este libro dijeron que aunque *Crush It!* les pareció inmensamente inspirador, en realidad no los instó a modificar nada en cuanto a la forma en que estaban desarrollando su marca personal o dirigiendo su negocio porque, sencillamente, no se imaginaban operando de ninguna otra manera. Preocuparse por la calidad, el valor y la experiencia del cliente por encima y más allá de todo lo demás, ya les estaba funcionando. Vivimos en un mundo tan acelerado, casual y cínico, que cuando los clientes entran en contacto con alguien cuyo deseo de ayudarles o complacerlos los derriba como si se tratara de un entusiasta San Bernardo, a menudo llegan a sentirse confundidos. Sí, esta actitud positiva puede desorientarlos, pero créeme que también estarán encantados y se volverán adictos. *Crush It!* sólo confirmó lo que estos empresarios estrella ya sentían en el fondo de su corazón y les dio la satisfacción de saber que estaban haciendo bien al obedecer su instinto.

En realidad, es muy parecido a *El mago de Oz*, así que permíteme decir algo muy al estilo de Glinda, la Bruja Buena del Sur: "Siempre has tenido el poder de alcanzar tus más desenfrenadas ambiciones". Literalmente —*sí, literalmente*—, no hay razón por que no puedas convertirte en empresario e influencer en 2018. Tengo la gran esperanza de que para cuando termines de leer este libro te sientas como ese niño de nueve años que fui cuando me lancé a la parte profunda de la alberca y descubrí que: "Ay, maldita sea. ¡*Sí puedo* nadar!"

CÓMO LA ESTOY HACIENDO EN GRANDE

Mimi Goodwin, Mimi G Style
I: @MIMIGSTYLE

La escuela de la vida y de los golpes fuertes es un lugar brutal para aprender, y Mimi Goodwin lo sabe mejor que nadie. Mimi creció en Chicago y fue criada por una madre soltera que tenía que trabajar en dos empleos de tiempo completo para salir adelante. Con frecuencia, Mimi pasaba tiempo en casa de sus abuelos, y ahí, dos varones adultos miembros de la familia la molestaron sexualmente cuando era muy pequeña. Luego su madre se volvió a casar y su padrastro abusó de ella. Mimi sólo podía darse un respiro en el verano, cuando iba a Puerto Rico para pasar algún tiempo con su padre. Su tía era costurera, y mientras cosía trajes de noche y vestidos de novia, a Mimi le encantaba sentarse a su lado y confeccionar ropa para sus muñecas Barbie. El papá de Mimi le compró una máquina de coser que ella llevó consigo cuando volvió a Chicago, y luego su madre le compró telas. Cuando tenía trece años, se ofreció a confeccionarle un vestido a su mamá para que lo usara en una boda, pero el resultado fue espantoso. El dobladillo estaba mal hecho y el vestido no le quedaba bien, pero su madre de todas maneras lo usó con mucho orgullo. Mimi estaba encantada: una semilla acababa de plantarse en ella.

Por desgracia su vida familiar se volvió intolerable y Mimi tuvo que huir y dejar en casa su máquina de coser. La chica quería ir a un lugar donde hiciera calor todo el año, así que usó el dinero que le había robado a su madre para comprar un boleto de tren a California, adonde sólo un mes antes se había mudado un amigo suyo para vivir con su familia. "Pensaba que todo California era Hollywood." Pero antes de llegar, Mimi no entendió lo que dijo el conductor por el altavoz. "Recuerdo que dijo: 'algo, algo, California', así que me bajé del tren y terminé en Pomona. Pensé: *Esto no se parece a lo que he visto en las películas.*"

Mimi vivió en un parque durante ocho o nueve meses; dormía en una banca o se acostaba con cualquier persona a cambio de dinero o alimento. Tiempo después llegó a la casa de su amigo y se quedó ahí. Luego, el amigo se convirtió en novio. Desafortunadamente, también ahí Mimi fue víctima de violencia doméstica, y justo antes de cumplir dieciséis años descubrió que estaba embarazada. En cuanto supo que iba a ser abuela, la madre de Mimi fue a visitarla y trató de limar asperezas con ella. "Se disculpó y yo también me disculpé. Creo que después de tener un bebé, comprendí mejor a mi mamá porque de pronto me encontré en predicamentos similares a los suyos."

Ansiosa por darle a Chastidy, su hija, un ambiente más seguro para vivir, Mimi se fue de la casa de su novio y terminó ocupando ilegalmente un departamento en un edificio sin agua corriente. Su mamá le suplicó que la dejara cuidar a la bebé hasta que ella estuviera en una mejor situación, y aunque renuente, Mimi aceptó.

Mimi se casó con la primera persona que pudo para poder tener una casa y llevar a su hija a vivir con ella, pero se encontró de nuevo involucrada en una relación abusiva. En 1998 tuvo a Lexi, su segunda hija. Mimi trató de aguantar la vida al lado de su esposo, pero cuando Lexi tenía apenas algunos meses, le pidió a una pareja de amigos que le permitieran vivir con ellos. Consiguió un empleo como recepcionista y no pasó mucho tiempo antes de que se mudara a su propio departamento de una recámara, pero apenas si ganaba para sobrevivir.

Había semanas en que comíamos muchas papas, Top Ramen, o lo que pudiéramos conseguir en aquel entonces. Regresaba a casa del trabajo, iba directamente a mi cuarto, cerraba la puerta y me ponía a llorar. Sentía que esa vida, o lo que fuera, me estaba ahogando. Las niñas lloraban: "¡Mamá! ¡Mamá! ¡Mamá!", y yo me calmaba, regresaba a la cocina, hacía de cenar y seguía adelante porque eso es lo único que uno puede hacer cuando es madre.

La situación fue mejorando. Mimi encontró un empleo como recepcionista en una empresa de medios digitales en 3D y empezó a trabajar para un hombre llamado Steve, quien se convirtió en su mentor y le enseñó sobre el negocio. Mimi se volvió a casar ("fue mi relación más sana"), tuvo dos hijos más y retomó su antiguo pasatiempo de la costura. Luego su esposo transformó la cochera en un tallercito para que ella pudiera coser.

Mimi usaba algunas prendas confeccionadas por ella misma para ir a trabajar y la gente de su oficina siempre le hacía cumplidos. Steve, su jefe, era el primero en gritar desde el otro lado de la oficina: "¡Ella misma lo confeccionó!", y a veces se sentaba a platicar con Mimi sobre sus ambiciones y sus metas. Un día estaban hablando sobre el tema de costumbre y, una vez más, Steve le preguntó qué le gustaría hacer aparte de ser recepcionista. Ella contestó: "Creo que me gustaría ser diseñadora de moda".

"¿Cuánto necesitarías?", le preguntó su jefe. Luego hablaron un poco más sobre los pasos que tendría que dar para hacer su sueño realidad, y ella regresó a casa.

Al día siguiente, Mimi encontró un cheque de 30 000 dólares en su escritorio. La joven madre empezó a trabajar en una colección e incluso tuvo una pasarela en el Fashion Business Institute de Los Ángeles, pero casi de inmediato se dio cuenta de que, aunque adoraba diseñar, había otros aspectos del oficio que detestaba. Steve, sin embargo, no se molestó por ello. "Ya lo resolverás", le aseguró.

En 2012 Mimi notó que muchas personas estaban empezando a hacer blogs de costura y fabricando patrones comerciales y confecciones en casa. Entonces pensó: *Yo podría hacer eso*, y en marzo de ese año echó a andar su blog de costura de moda, Mimi G Style. En aquel entonces podías encontrar en internet instrucciones para hacer un edredón o un mandil, pero no había ningún lugar de referencia para aprender a confeccionar las prendas que veías en las revistas. "Yo tomaba algo que hubiera visto en la pasarela y que, por supuesto, pudiera comprar. Luego lo modificaba y creaba una prenda nueva."

Un día, Mimi confeccionó una falda inspirada en una prenda de Oscar de la Renta que vio en internet. Publicó la fotografía en el blog y las mujeres se volvieron locas y empezaron a suplicarle que les hiciera una. Mimi no estaba interesada en coser por dinero, así que prefirió publicar las instrucciones en el blog, pero las peticiones continuaron. Finalmente, por la época de Navidad, Mimi estaba pensando en qué regalarles a sus hijas y se preguntó: ¿Qué pasaría si sólo tomara un par de órdenes? Entonces publicó que tomaría órdenes durante las siguientes 24 horas, y para que no fueran muchas, le asignó un precio alto a la falda. También le advirtió a la gente que no esperara recibir su prenda en menos de cuatro semanas y se fue a dormir.

Cuando despertó a la mañana siguiente, tenía miles de dólares en órdenes.

Mimi casi se volvió loca, pero cosió sin parar. Sus hijas cortaron tela y su esposo se sentó junto a ella para doblarla. Luego entregó las faldas y se juró a sí misma: "¡Nunca más!" Pero luego pensó: ¿Y qué tal si sólo le enseñara a la gente a confeccionar las prendas por sí misma?

La joven filmó una serie de lecciones en video, en las que le mostraba a la gente, paso a paso, cómo hacer una prenda empezando de cero y con base en sus medidas corporales específicas. Hizo un video nuevo cada mes y las ganancias aumentaron tanto que, en dos años, pudo renunciar a su trabajo y enfocarse en hacer crecer el negocio. Mientras tanto: "Recibía estos correos electrónicos que llegaban de todo el mundo. Eran de mujeres que decían: 'Encontré tu blog y me inspiraste a adoptar un nuevo pasatiempo' o 'Me has inspirado a vestirme mejor' o 'Acabo de perder mi empleo', 'Estoy divorciándome', 'Estaba pensando en suicidarme' o 'Estoy en rehabilitación'. Y luego, también le decían cosas como: 'De alguna manera, tu blog me ayudó a salir adelante'. En ese momento comprendí que el blog no tenía tanto que ver con la moda y con la costura, como con la motivación".

En 2015, una amiga que adoraba los libros de negocios le enseñó *Crush It!* Para entonces su blog estaba avanzando, ella desarrollaba sus propios productos y había lanzado su propia línea de patrones comerciales. Ya usaba las redes sociales y le encantaban, pero cuando leyó el libro comprendió que todavía quedaban muchas cosas que podría hacer. "De acuerdo, convierte tu pasatiempo en tu carrera, es tu pasión y estás trabajando duro, pero necesitas hacer más. Necesitas comprometerte más, tienes que redoblar esfuerzos en tu servicio al cliente. Necesitas invertir tiempo en hacer preguntas y en asegurarte de que esos seguidores y admiradores realmente se involucren y te sean leales. Necesitas seguir construyendo esa comunidad."

Un día, por ejemplo, Mimi publicó que iba a comprar telas, y una mujer le escribió diciéndole que estaba dispuesta a volar desde Tampa para acompañarla. "Me pareció que era una locura, pero cambié la fecha a 30 días después, ¡y la gente vino! Al final del día, me preguntaron: '¿Qué vamos a hacer el próximo año?'¿El próximo año?'"

El siguiente año Mimi reservó un hotel y preparó algunas clases. Llegaron siete personas. En 2017 la conferencia Mimi G Style Fashion Sewing & Style celebró su sexto aniversario, y ahora miles de personas la siguen en Facebook, Instagram y en su blog.

Hasta la fecha, la diseñadora ha trabajado con cerca de trescientas marcas distintas, pero dice que el día que recibió la llamada de *Project Runway* fue el momento más importante de todos.

Estaban trabajando en *Project Runway Junior* y los chicos iban a usar patrones antiguos para crear un look más moderno. Contactaron a Simplicity [Patrones] porque sabían que eran los que yo usaba, y preguntaron si podría ir al programa, fungir como mentora de los chicos y presentar el desafío con Tim Gunn. Entonces la gente de Simplicity me llamó y dijo: "Hola, nos llamaron de *Project Runway*. Quieren que vayas al programa", y yo me quedé: "¿Cómo? Claro, ¡hagámoslo!"

Cuando Mimi leyó *Crush It!* se emocionó al enterarse de que existía un término para el tipo de negocio que estaba dirigiendo: *negocio reaccionario*. La diseñadora sigue trabajando, tratando de ver hacia el futuro y pensando adónde debería dirigirse después. También detectó un gran hueco y ahora está en proceso de rellenarlo.

En la comunidad de la costura he podido cruzar todo tipo de barreras. He aparecido en todas las revistas de confección que existen y he tenido mucha suerte, pero soy latina y buena parte de mi comunidad la conforman mujeres afroamericanas o latinas, y cuando revisé las revistas descubrí que no había nada que nos representara. Llegué a un punto en el que en verdad quise verme más en las revistas y pensé: *Bueno, lo haré yo misma*. Por eso lanzamos *Sew Sew Def*, una revista digital multicultural de costura que se enfoca en hombres y mujeres, y que presenta a distintos creadores de todo tipo de entornos.

En cuanto lancé la revista recibí reseñas fabulosas. La gente la publicó y la compartió porque hasta entonces no había surgido nada parecido. En lo personal, creo que, entre más gente ayude, más seré recompensada. He tenido muchísima suerte de poder trabajar con todas estas marcas, pero sé que no todos los creadores lo logran y, en particular, los que lucen como yo. Sé que hay muchos así porque me siguen y yo los sigo y conozco su trabajo. Si logro concientizar a la gente respecto a la existencia de dichos creadores, y que más de las marcas con las que trabajo cuenten con una mejor representación de toda la comunidad de la confección y no sólo una parte, entonces habré cumplido mi labor.

5

LO ÚNICO QUE NECESITAS DARTE PARA HACERLA EN GRANDE

CÓMO LA ESTOY HACIENDO EN GRANDE

Pat Flynn, Smart Passive Income
I: @PATFLYNN

Desde que era estudiante y sólo sacaba diez en la preparatoria, Pat Flynn había planeado que sería arquitecto. Tras graduarse con la mención *Magna cum laude* de la Universidad de California en Berkeley, consiguió rápidamente un empleo en una prestigiosa firma de arquitectura en el Área de la Bahía, y ahí se convirtió en la persona más joven en ocupar el puesto de capitán de equipo. Como el futuro lucía esplendoroso y su portafolio de pensión 401 K seguía creciendo, decidió pedirle a su novia que se casara con él. Ella le dijo que sí en marzo de 2008.

Y ya sabes lo que sucedió a continuación.

Tres meses después, Pat y otros 2.5 millones de personas perdieron el trabajo en Estados Unidos. Fue un golpe colosal. Pat incluso se había tomado la molestia de ir más lejos en su carrera y se acreditó en Liderazgo en Energía y Diseño Ambiental (LEED, por sus siglas en inglés), certificación profesional que indica que tienes dominio en la altamente especializada área de la construcción ecológica. El examen LEED AP es tan riguroso que tiene un índice de aprobación de sólo 30 por ciento. Los jefes de Pat le habían asegurado que la certificación se vería muy bien en su currículum y que sería un factor favorable para sus evaluaciones anuales. Ansioso por impresionar a la gente y diferenciarse de sus competidores, Pat pasó buena parte de 2007 y los primeros meses de 2008 preparándose para el examen. Abrumado por la enorme cantidad de material —tan sólo la guía de referencia tenía más de cuatrocientas páginas—, y como su trabajo lo obligaba a viajar mucho, Pat diseñó un sitio de internet para mantenerse organizado y para facilitarse el paso entre vínculos y el acceso a sus notas y fuentes desde dondequiera que estuviera. Luego hizo el examen en 2008 y lo pasó con calificaciones altas; fue cuando lo ascendieron y le dieron el puesto de capitán de equipo.

Como ya lo mencioné, Pat fue despedido, pero gracias a que ocupaba el puesto de capitán, le concedieron algunos meses más para que terminara sus proyectos. Eso le dio un poco de tiempo adicional para disminuir sus gastos y prepararse para vivir con muy poco dinero. Él y su prometida regresaron a vivir con sus respectivos padres y Pat empezó a llamar a toda la gente que conocía en la industria, y a todos los contratistas y firmas mecánicas con los que había trabajado en su vida a través de su empleador. A todos les suplicó que le dieran trabajo, pero nadie estaba contratando. Cuando comprendió que haber estudiado tanto no le serviría de nada, la depresión empezó a apoderarse de él poco a poco.

Afortunadamente, de todas formas tenía que seguir trabajando y yendo a la oficina. En su trayecto de la casa al trabajo normalmente escuchaba sus playlists —ahora viajaba en tren porque era más barato que manejar—, pero un día se aburrió de la música y empezó a explorar las selecciones de podcasts. Se topó con el programa en internet Business Mastery, presentado por Jeremy Frandsen y Jason Van Orden. Ese día estaban entrevistando a alguien que ganaba cifras de seis dígitos ayudando a la gente a pasar algo llamado examen de gestión de proyectos. Pat pensó en su sitio de internet, el cual olvidó después de compartirlo con algunos compañeros del trabajo y de pasar el examen a principios de 2008. Pensó: *Pasé el examen* LEED. *Tal vez podría diseñar algo que le sirva a la gente.* Entonces regresó a su sitio, y aunque todavía no tenía claro cómo lo monetizaría, instaló algunas funciones analíticas de tráfico y se preparó para cualquier tipo de comercialización que tuviera más adelante. No le tomó mucho tiempo detectar que miles de personas visitaban el sitio para tomar y ocupar la información que ya estaba ahí.

Pat activó la sección de comentarios y, naturalmente, la gente empezó a hacer preguntas para las cuales él tenía respuesta. Al mismo tiempo que interactuaba con sus visitantes empezó a invertir horas en involucrarse con la gente que frecuentaba otros foros de arquitectura, de LEED y construcción sustentable, y se aseguró de dejar un rastro para que esas personas fueran a su sitio. A finales de julio le añadió Google AdSense, y para esa misma noche ya había ganado 1.18 dólares. "Fue la sensación más increíble que he tenido. ¡Esto realmente podría funcionar! Claro, uno puede encontrarse esa cantidad de dinero perdida entre los cojines del sofá, y de todas formas no se puede vivir con 1.18 dólares al día, sin embargo, yo lo tomé como una señal de que debía seguir intentándolo. *¿Quién más estaría haciendo esto y en dónde podría conseguir asesoría?*"

Los anfitriones del podcast que inspiró a Pat a monetizar su sitio habían lanzado un programa formal "de organización", tal como lo enfatizaba Napoleon Hill en su clásico libro de autoayuda de 1937, *Piense y vuélvase rico.* El objetivo del programa era ayudar a la gente a dar todos los pasos necesarios para construir un negocio en línea. Uno de los fundadores se mudó a San Diego, donde Pat estaba viviendo con sus padres. El fundador estuvo de acuerdo en organizar una reunión grupal en vivo para que la gente pudiera hablar de sus procesos. Pat decidió participar, así que fue a Panera Bread, un lugar no muy lejos de la casa de sus padres. "Sentía que no tenía nada que añadir ni contribuir. Sólo quería ser como la mosca en la pared y escuchar, pero luego todos empezaron a presentarse y a hablar de lo que habían estado haciendo, y me quedé muy impresionado. Fue en verdad inspirador."

La experiencia también fue muy intimidante. Cuando se acercó su turno de hablar, Pat se puso tan nervioso que empezó a sudar y a tener problemas parar respirar. Le pidieron que explicara a qué se dedicaba y él les dijo que lo acababan de despedir, pero que tenía un sitio que le ayudaba a la gente a pasar el examen LEED. Los asistentes no tenían idea de qué estaba hablando.

> Dije algo como: "Sí, verán, nadie sabe nada al respecto, no creo que funcione".
>
> Ellos contestaron: "Bueno, suena interesante, como algo muy especializado. ¿Qué tal va tu tráfico?"
>
> Yo respondí: "Ah, bueno, tengo como unas dos mil personas".
>
> "Eso es bastante bueno, ¿sabes? ¿Dos mil personas al mes? Podrías empezar a trabajar con eso."
>
> Y yo les aclaré: "No, dos mil personas al día".
>
> ¿Queeeé?
>
> Estaban asombrados. "¿No estás monetizando esto? ¿No tienes un libro electrónico?"
>
> Entonces confesé: "No sé qué es eso".

El grupo pasó los siguientes 30 minutos explicándole a Pat lo que podía y debería hacer.

Escribir su libro electrónico le tomó cerca de mes y medio de trabajo, día y noche. El libro era una recopilación de mucha de la misma información que aparecía en su sitio de internet, pero mejor organizada, con gráficas y más sencilla de leer. Su mentor le explicó qué herramientas podía usar para convertirlo en un

PDF y venderlo en línea (utilizó una llamada e-Junkie). En la barra lateral del sitio agregó un gráfico, un botón de PayPal y una breve descripción del libro, al cual le asignó un precio de 19.99 dólares. Para ese momento estaba a una semana y media de quedarse sin empleo y su único consuelo era saber que si el libro no funcionaba —y estaba convencido de que no funcionaría—, sus padres no lo correrían de su casa porque ya se lo habían prometido.

El libro salió a las 2:00 a.m. Pat se fue a dormir, y cuatro horas después, cuando se levantó y se dispuso a trabajar, revisó si había alguna venta. Nada.

"Pensé: *Dios mío, esto no sirve de nada, desperdicié todo ese tiempo.* Luego me di una excusa: todavía era temprano, nadie iba a comprar guías de estudio a las 3:00 a.m." Pat tomó el tren para ir a la oficina y llegó a las 8:30 a.m. Revisó su correo. Nada.

Empezaba a desesperarme, pero, quince minutos después, recibí una notificación de pago por 19.99 dólares menos la comisión de PayPal. Fue el correo electrónico más increíble que había recibido en mi vida. Pero luego, cuando la emoción paso, pensé: *Mierda, ¿y qué tal si me lo devuelve? ¿Qué tal si no le gusta al comprador? ¿Qué pasará si me demanda porque la información está equivocada?* Ya sabes, todo lo negativo que la mayoría de la gente siente cuando se atreve a salir de su zona de confort. Entonces salí a dar un paseo porque había empezado a hiperventilar, y cuando regresé, quince minutos después, había otro correo de PayPal que decía que había hecho una venta.

Eso quiere decir que mientras estaba dando un paseo, hice otra venta, y eso simplemente me volvió loco de alegría. Demonios, esta cosa ahora está disponible para la gente 24/7/365, y ni siquiera tengo que estar presente para que la transacción se lleve a cabo. Ese mes, entre el libro y los anuncios en mi sitio, terminé generando 7 908.55 dólares, lo que equivalía a dos y media veces más mi sueldo de arquitecto.

Hubo algunos altibajos, pero a partir de ese día, y casi siempre, el ingreso de Pat creció mes a mes. Lo empezaron a identificar como el experto en LEED porque nadie más estaba ofreciendo la ayuda que la gente necesitaba para presentar el examen. Todo el trabajo que invirtió en su sitio de internet había empezado a compensarlo. Para marzo de 2009 estaba ganando entre 25 000 y 35 000 dólares al mes.

Además de las preguntas sobre el examen LEED, Pat empezó a recibir correos en que la gente le solicitaba información sobre cómo había construido su sitio y su negocio. Entonces recordó a todos los gurús de negocios que buscó, los sitios que exploró y los boletines a los que se suscribió cuando él mismo estaba tratando de averiguar cómo empezar. Recordó que en muchos casos sintió que lo estaban atrayendo con una carnada y grandes promesas para luego sólo darle una pizca de información útil. "Quería que alguien fuera honesto y directo conmigo, pero tenía la sensación de que sólo querían mi dinero."

Entonces lanzó SmartPassiveIncome.com, un sitio en el que podría documentar todo lo que había aprendido respecto a echar a andar un negocio en internet.

Luego hubo dos sucesos que le hicieron comprender que sus sitios de internet no estaban destinados a solamente ser generadores temporales de ingreso para mantenerse a flote hasta que su carrera como arquitecto volviera a encarrilarse.

El primer suceso fue una llamada telefónica. Unos dos meses después de que Pat lanzara SmartPassiveIncome.com, su antiguo jefe se puso en contacto con él. Había empezado su propia empresa porque a él también lo despidieron de la importante firma de arquitectos y, de hecho, invitó a trabajar con él a varios de los antiguos colegas de Pat, y ahora quería que él también se les uniera. Le ofreció un salario más alto que el que recibía en la firma, una oficina privada y un año de renta, lo único que tenía que hacer Pat era mudarse de nuevo a Irvine y retomar su carrera donde se había quedado. "No me tomó más de dos o tres segundos responderle: 'No, gracias', y cuando colgué me quedé pensando en su oferta y me sorprendió haberle respondido con tanta rapidez. ¿Por qué lo hice? Era señal de que lo que quería era seguir haciendo mi negocio, y necesitaba aceptarlo de verdad. Quería convertirme en empresario."

El segundo suceso fue la aparición de *Crush It!* en su vida. El libro le ayudó a enfrentar lo que tenía que suceder a continuación. "El libro dice: 'Si quieres hacer dinero vendiendo gusanos, hazlo, acéptalo y sé el tipo que vende gusanos'. El examen LEED era mis gusanos y yo era el tipo que los vendía."

Sin embargo, leer *Crush It!* no fue lo único que influyó en la manera en que Pat manejaba su negocio; al visitar la página de libros de Amazon notó algo más.

De hecho, Gary les contestaba a quienes hacían reseñas negativas ocasionalmente y les decía: "Oye, lamento que mi libro no te haya funcionado. Pongámonos en contacto por teléfono y charlemos". No podía creer que un autor estuviera poniendo atención, respondiendo a los comentarios y ofreciendo un número telefónico o de Skype. Muchas de las personas que habían hecho reseñas con una o dos estrellas regresaron para agregar un comentario de seguimiento. Tal vez no habían cambiado de opinión, pero decían cosas como: "Todavía no estoy de acuerdo contigo, Gary, pero aprecio el tiempo que te tomaste para contactarme y entender qué fue lo que sucedió en mi caso". Eso me impresionó incluso más que el contenido del libro. ¿Dónde está el retorno sobre inversión que se produce cuando respondes a un comentario que te da una sola estrella? Vi que Gary: (a) se tomaba el tiempo, (b) que la gente le interesaba lo suficiente como para contactarla y (c) que le importaba averiguar qué podía hacer para mejorar.

Después de ver eso, Pat adoptó la misma estrategia de responder a cualquier comentario negativo que recibiera, y el retorno sobre la inversión se hizo evidente. "A veces, esas personas con las que he hablado por teléfono sólo no entendieron bien algo que dije, pero luego se convirtieron en fervientes admiradores."

Por esa misma época las ganancias de Pat mostraron un asombroso punto de inflexión ascendente. "No estoy diciendo que *Crush It!* haya sido la única razón por la que pude aumentar mi ingreso hasta convertirlo en lo que es ahora, pero lo que sí es seguro es que el negocio creció. En lugar de sólo bloguear, empecé a producir más contenidos y a buscar otras maneras de extenderme más allá de mi zona de confort."

Y vaya que se expandió. En 2009 Pat abrió un canal de YouTube; en 2010 lanzó el podcast de Smart Passive Income, el cual ha tenido más de 40 millones de descargas; en 2011 empezó a aceptar ofertas para presentarse como orador. Para ofrecer un espacio que le permitiera contestar la avalancha de preguntas que le envían sus seguidores, creó un podcast diario llamado Ask Pat, así como otros con los que aborda los temas de nicho. Su libro autopublicado llegó a formar parte de la lista de los bestsellers de *The Wall Street Journal*.

Pero, para lograr esto, Pat se apegó todo este tiempo a su compromiso de ser un "maniquí para pruebas de colisión" del desarrollo de los negocios en línea. Empezó a crear nuevos negocios en vivo frente a la gente —como un sitio para gente interesada en tener su *food truck* y otro para quienes deseaban convertirse en guardias de seguridad—, y a publicar sus ingresos también. Si cometía un error, lo hacía público. Detalló cada paso del proceso y, al final, su pasión por ayudar a otros sobrepasó su pasión por la arquitectura y el diseño.

Recibo correos con párrafos enormes de gente que me agradece que le ayude a ahorrar tiempo o esfuerzo, o por ayudarla a conseguir un ascenso. También he recibido cartas escritas a mano de gente a la que ayudé a pasar el examen. Lo interesante es que en octubre de 2009 les pregunté a mis seguidores por qué me habían comprado el libro electrónico, porque pensé que si me decían lo que sí funcionaba, yo podría seguir haciéndolo. Aproximadamente un cuarto de los encuestados dijo cosas como: "Pat —eso también era agradable, me llamaban por mi nombre como si me conocieran—, te compré el libro porque finalmente me diste una oportunidad de darte algo a cambio. Ni siquiera necesité el libro porque ya pasé el examen, pero me brindaste tanta información, que sentí que necesitaba retribuirte". Tiempo después aprendí que esta reciprocidad es parte de la naturaleza humana, y yo estaba estableciendo sistemas para que se produjera ese tipo de interacción y transacción.

Lo genial del éxito de Pat es la cantidad de opciones que le ofrece. El otrora arquitecto ha extendido su alcance filosófico y ahora forma parte del comité de una organización educativa sin fines de lucro porque está interesado en participar en la configuración de las políticas educativas. A pesar de que cree en *Crush It!*, Pat no está tratando de ser otro GaryVee. "Yo soy yo y él es él. De eso se trata *Crush It!*, de tener confianza en quien eres sin tratar de ser alguien más. Cuando realmente te aceptes, te muestres al mundo y seas tú mismo, tu vibra atraerá a tu tribu y podrás hacer cambios en este mundo."

La historia de Pat está esperando ser contada mil veces más. Sé que muchos de los lectores de este libro tienen conocimientos especializados en un nicho, y sin embargo, no creen que esa experiencia se podría convertir en un negocio de verdad. ¡Pero por favor! O sea, ¿el examen LEED? ¿Acaso es broma? Si Pat Flynn puede ganar ingresos asombrosos gracias a un sitio de internet dedicado a ayudarle a la gente a pasar un examen que sólo algunas cuantas personas del país conocen, tú puedes hacer lo mismo con tu conocimiento respecto al futbol o a los licuados. Por favor indaga a profundidad en lo que mejor conoces, lo que más amas o, aun mejor, lo que mejor conoces y más amas. Y luego, empieza a crear contenidos. Sigue el plano que te ofrece la historia de Pat, profundiza, enfócate en un nicho y ofrece verdadero valor en forma de entretenimiento o información.

Aunque parecería que a lo largo de los años los influencers han podido elegir entre miles de plataformas para establecer sus marcas, tú sólo necesitas los dedos de las manos y tal vez algunos de los pies para contar las que en realidad tienen la capacidad de crecer lo suficiente para escalar. En verdad es muy, muy difícil que una plataforma ocupe un lugar en este libro, así que si la incluimos fue porque creció hasta transformarse en una bestia, porque no podemos ignorarla o porque he visto su potencial para convertirse en un coloso. Cuando empieces a considerar dónde construir tu marca personal, necesitarás pensar exclusivamente en las plataformas que en verdad podrías usar para construir tu vida, pero te aseguro que todas las que discutiremos en las siguientes páginas llenan esta descripción.

ERIGE TU PILAR

6

ANTES QUE NADA, HAZ ESTO

No importa en qué tipo de influencer te quieras convertir, todos deben empezar con este primer paso: abre una página de negocios en Facebook.

Facebook representa el costo de entrada para construir una marca personal, así que no me digas que no necesitas estar en esta plataforma porque tú te diriges a los veinteañeros y a los menores de veinte que en Facebook no se encuentran en las mismas cantidades que los grupos de gente de más edad. Como verás más adelante, debido a los pasos agigantados que Facebook está dando en el uso de videos, es probable que esta plataforma esté a punto de volverse más atractiva para esa joven audiencia, y cuando esos chicos empiecen a abrir sus cuentas, tú vas a querer estar ahí esperándolos. Te puedo asegurar que Facebook va a llegar al demográfico joven, así que nunca subestimes a Mark Zuckerberg ni apuestes en contra de su plataforma.

CÓMO LA ESTOY HACIENDO EN GRANDE

Costa Kapothanasis, Costa Oil—10 Minute Oil Change I: @COSTAKAPO

Constantine "Costa" Kapothanasis parece un individuo práctico. Este hombre es un griego-norteamericano de primera generación nacido en Portland, Maine. Costa ganó una beca de beisbol de División 1 para estudiar la universidad en Maryland, pero después de sufrir una lesión en el hombro se vio forzado a renunciar a la práctica del deporte a nivel profesional y decidió estudiar una maestría en Ciencias de las Finanzas. Tras graduarse trabajó para varias empresas financieras importantes, pero nada duró mucho. "De cada trabajo me despedían, o casi". Costa se fastidió de la burocracia porque las grandes firmas no solamente lo forzaban a seguir protocolos estrictos y agobiantes que a él le parecían ineficaces y contraproducentes; también, sus restrictivas políticas para redes sociales interferían con su negocio alternativo: la fabricación a la medida de bates de beisbol tallados a mano. Las transacciones bancarias se realizaban entre 9:30 a.m. y 4:00 p.m., y eso implicaba que Costa perdiera oportunidades de negocio porque no podía responder de inmediato a los posibles clientes en Twitter, plataforma que en ese momento estaba en pleno auge. Tampoco ayudaba en nada que, a medida que pasaban los años, sus amigos de la época en que jugaba beisbol llegaran a las ligas mayores y empezaran a ganar millones por practicar el deporte que adoraban mientras él seguía sentado en un cubículo. De hecho, durante muchos años Costa evitó ver beisbol en televisión.

El exdeportista necesitaba un plan de escape, así que mientras todavía trabajaba en la firma financiera, vendió los activos del negocio de los bates de beisbol y compró un taller mecánico de lubricación inmediata, también conocido como *quick-lube*. Se trata de un lugar al que llevas tu auto para que le cambien el aceite rápidamente, y no era la actividad más glamorosa ni la más emocionante, pero Costa vio el asunto como una inversión en un negocio que era "casi una empresa de servicio público". Era algo parecido a la electricidad o el agua porque, en un país que depende de los automóviles porque carece de opciones viables de transporte masivo, es obvio que la mayoría de los estadounidenses tarde o temprano necesitarán un cambio de aceite. Luego, como era inevitable, lo despidieron de su empleo. ¡Fue fantástico!

"Fue maravilloso que me despidieran. Mi calidad de vida se disparó hasta el techo. Nunca imaginé que mi trabajo fuera una carga tan pesada para mí, pero en cuanto ya no lo tuve, quedé en posición de avanzar y hacer algo con mi negocio."

Costa se lanzó de lleno a su empresa de cambios de aceite, a la que llamó Quick Change Oil, sin embargo, sus estrategias no eran muy eficientes: correo directo, optimización de motores de búsqueda y un comercial en iHeartRadio, que estaba adelantada a su época. Gastó mucho dinero y, ocho meses después, el día de Año Nuevo de 2016, se encontró solo en su local porque les había dado a sus empleados el día libre. Las ventas no iban muy bien y él sentía que atravesaba un momento difícil. Como no sucedía nada, se puso a leer un libro llamado *Crush It!*, y entre más leyó, más pensó: *Vaya, hombre, necesito hacer esto.*

No hubo más correos directos, no más optimización de motores de búsqueda, no más comerciales. Costa se enfocó en YouTube, y entre un cambio de aceite y otro, saliendo de trabajar, y hasta las 2:00 a.m., aprendió todo sobre los anuncios en Facebook de manera autodidacta. "No quería contar mi historia de una forma incorrecta, no quería perder ninguna oportunidad."

Para febrero ya estaba invirtiendo 100% de su presupuesto de marketing en los anuncios en Facebook y se había lanzado de lleno a la interacción con la gente en redes sociales y a la creación de contenidos. Usaba las búsquedas de Twitter para encontrar todas las conversaciones relacionadas con vehículos que le dieran la oportunidad de hablar con la gente. De los Chevy Cobalt a los Porsche, Costa fotografió todos los automóviles de sus clientes, truqueó las imágenes con filtros para que los autos se vieran elegantes y vistosos, y subió las imágenes a Instagram. A los clientes les gusta tanto ver sus vehículos en internet, que ya ni siquiera tiene que pedirles autorización, ¡ellos mismos le piden que los fotografíe antes de que él siquiera pregunte si puede hacerlo! Costa empezó a lanzar videos educativos para informar a los posibles clientes sobre las ventajas y las desventajas de sus automóviles. "Hemos lanzado videos sobre los distintos tipos de aceite, la diferencia entre uno sintético y uno convencional, y sobre cuándo se debe lavar el motor. Lo mejor es que recibimos bastante retroalimentación. La gente envía mensajes diciendo: 'Es la primera vez que alguien me explica cuál es el propósito del filtro de aire'. En verdad creo que los clientes más informados siempre nos elegirán a nosotros."

A menos de un año de ese día que estuvo sentado en su local vacío preguntándose cómo impulsar su negocio, Costa ya tenía seis locales y estaba bajo contrato por dos más, todos ellos diseminados en varios estados. Actualmente está ocupado dirigiendo su negocio, manteniendo al alza su interacción en redes sociales, haciendo las cosas con honestidad, generando contenidos y apareciendo en varios programas financieros de radio y televisión para hablar de su recorrido. Incluso lo invitaron a dar una charla en el programa empresarial de una universidad. Él y su esposa ya hablan de comenzar una familia. También ha trabajado en el desarrollo de su marca personal. De hecho, en 2017 todos sus negocios cambiaron de nombre a Costa Oil-10 Minute Oil Change.

7

PERMITE QUE TE DESCUBRAN

Hay algo que necesitas entender: cuando empiezas con las manos vacías, te das cuenta de que las oportunidades que te permitirán tener éxito absoluto se desarrollan de dos maneras:

- A través del uso inteligente de hashtags, estrategia que exige una labor increíblemente intensa.
- A través de mensajes directos. Es decir, contactando de manera directa a la gente y ofreciéndole algo de valor a cambio de su atención, estrategia que también exige una labor increíblemente intensa.

De las dos, me parece que la segunda estrategia es la más promisoria, por eso, cada vez que me fue posible, incluí instrucciones sobre cómo colaborar y desarrollar un negocio en cada plataforma que analizamos en este libro. Las colaboraciones son, sin lugar a duda, la manera más probada y legítima de hacer crecer una base de seguidores rápidamente, aunque claro, *rápidamente* es un término relativo. **Debes tomar en cuenta que en la mayoría de los casos, este proceso no te tomará meses, sino años, y si eso te molesta, será mejor que cierres el libro ahora.**

A muchos les incomoda la idea de enviarle un mensaje directo a un perfecto desconocido, pero permíteme ayudarte a pensar en esos desconocidos de otra forma. Digamos que un amigo te invita a cenar con un grupo de gente en un restaurante, y también invita a una pareja que no conoces. Tú terminas sentado junto a ellos y te la pasas genial. Eres diseñador de interiores y descubres que la pareja está contemplando renovar su casa. ¿Les ocultarías que eres diseñador de interiores? Claro que no. Lo más natural es que les digas cómo te ganas la vida, y que eso forme parte de la conversación porque los tres acaban de descubrir un interés en común. Ahora bien, ¿crees que sería raro que al final de la velada les dieras tu tarjeta y dijeras: "Revisen mi sitio, tal vez podríamos trabajar juntos"? O, "¿Avísenme si necesitan más recomendaciones?" En absoluto. Tú y la pareja tienen un interés en común, ellos necesitan un servicio y tú puedes proveerlo. Es lógico que les des la oportunidad de decidir si eres el indicado.

Cuando hablamos de internet, las plataformas de las redes sociales son como los amigos mutuos que te conectan con millones de personas que comparten tu interés en el diseño de interiores. Tu labor es investigar y averiguar quiénes le encontrarían mayor valor a tu oferta, y luego comprobarles que están en lo correcto. En los siguientes capítulos compartiré contigo los detalles específicos respecto a cómo se hace esto, pero el proceso general es básicamente el mismo en todas las plataformas: ponerte en contacto con la gente, hacerle una oferta que no pueda rechazar y ponerte a trabajar para producir algo que no la haga arrepentirse de haberte dado una oportunidad.

También hay otra cosa que debes saber: justo en este momento tengo aproximadamente quinientos mensajes directos de gente que quiere algo de mí. ¿Sabes qué les voy a decir? *Mazel tov* y hasta la vista. Y eso, sólo si me dan ganas de verme amable.

¿Por qué habría de animarte a que te esfuerces por captar la atención de otros influencers si yo mismo ignoro o rechazo a la mayoría de la gente que aplica esta táctica conmigo? Porque si estuvieran haciendo las cosas bien, no los rechazaría. Si sintiera que no sólo están tratando de usarme, si pensara que genuinamente están tratando de ser útiles, si reconocieran una laguna en mi negocio y tuvieran el conocimiento y la habilidad para rellenarlo, entonces consideraría hablar con ellos.

Cuando no puedes ofrecer ni exposición ni dinero, ¿qué te queda? Conocimiento y habilidad. ¿Tienes un local de pizza? Podrías ofrecer pizza gratis por seis meses. ¿Eres diseñador gráfico? Podrías ofrecer seiscientos filtros personalizados gratuitos. ¿Tienes una licorería? En cuanto tus targets publiquen fotografías de ellos mismos disfrutando del vino, podrías enviarles un mensaje directo ofreciéndoles una caja de vinos mensual por el resto del año, pero sólo si las leyes de tu estado lo permiten. Nueva Jersey, por ejemplo, no lo permite. La gente te dirá que no te vendas barato, pero a este principio sólo puedes apegarte cuando la gente está dispuesta a comprar lo que vendes. Si quieres un ejemplo perfecto de cómo hacer esto bien, lee la historia de DRock en el capítulo 3 de mi libro *#AskGaryVee*, o escucha su propia versión de la historia en su artículo para *Medium*, "How I Got My Job for Gary Vaynerchuk".*

Si los influencers establecidos detectan la ventaja de colaborar contigo —permitiéndote publicar contenidos en sus páginas o trabajando juntos en la creación de contenidos, por ejemplo—, se pondrán en contacto de vuelta. Si no, te agradecerán y te dirán no, pero normalmente lo harán sin siquiera responderte. Algo que debes saber, sin embargo, es que si te pones en contacto con gente entre seis y siete horas al día, tarde o temprano encontrarás a alguien dispuesto a probar algo nuevo contigo. En cuanto eso suceda y el influencer colabore contigo, captarás la atención de miles de personas que, antes del encuentro, ni siquiera sabían que existías. Ofrécele algo valioso a tu colaborador, y poco después habrás aumentado tu perfil como influencer, y muy probablemente habrás ganado un nuevo amigo.

No te mentiré, además de consumir mucho tiempo, desarrollar un negocio de esta manera es difícil y tedioso. Pero a mí me encan-

....
* Esta versión la puedes leer en: DRock, "How I Got My Job for Gary Vaynerchuk", *Medium*, junio 1°, 2017, <https://medium.com/@DavidRockNyc/let-me-preface-this-story-with-something-ive-been-thinking-about-lately-2242480640f2>.

ta lo tedioso porque sé que nadie más está dispuesto a llevar a cabo estas tareas. Si haces todo esto, ganarás. Si tienes dinero para pagar anuncios en todas estas plataformas o para pagarles a influencers para que presenten tu producto, tendrás más fuerza. Pero si apenas vas empezando y no tienes dinero, esto es lo primero que puedes hacer para construir tu marca.

8

MUSICAL.LY

Empezaré con Musical.ly porque apuesto que, a menos de que seas padre de un niño de siete años, nunca has oído hablar de esta aplicación. Si sí la conoces, apuesto que nunca pensaste que valiera la pena averiguar al respecto excepto para revisar las actividades de tus hijos en línea. Musical.ly, al igual que muchos de sus usuarios, es joven, creativa y ansiosa por aprender a crecer. Me parece que hay que tomar en cuenta esta divertida plataforma porque es la más propensa a ser subestimada. También es la más propensa a ya no existir para cuando termines de leer este libro porque, justo ahora que estoy escribiendo, se cumplen seis meses de un declive en su popularidad. Sin embargo, creo tienes que conocerla por razones que deberían hacerse más evidentes en los siguientes párrafos.

A pesar de la evidencia que hay de que las plataformas que desde el principio se popularizan entre la gente joven pueden dar un salto a una audiencia de mayor edad después, la mayoría de los empresarios de todas maneras descartará Musical.ly, lo cual es genial porque eso la dejará totalmente libre para que tú la aproveches y te diviertas al mismo tiempo. Los *musers*, nombre que se les ha dado a los usuarios de Musical.ly, han convertido esta aplicación en un fenómeno creativo. Originalmente era para que la gente hiciera videos de quince segundos con playback, lo que permitía hacer públicas las imitaciones de estrellas de rock que las generaciones pasadas solían hacer frente al espejo de cuerpo entero de sus armarios. La aplicación evolucionó y ahora incluye música original, sketches cómicos e incluso minivideos

educativos. Bailarinas, maquillistas profesionales, gimnastas, malaba-
ristas, atletas, raperos vloggers y bromistas de todo tipo —incluyendo
a Jiff, el pomeriano— están usando este medio para presumir su estilo
y habilidades. En Musical.ly puedes crear contenidos con una duración máxima de cinco minutos, recopilar videoclips para convertirlos
en historias y colaborar en dueto con otros *musers*.

En cuanto la aplicación se lanzó al mercado, en agosto de 2014,
la empresa notó que una gran cantidad de chicos preadolescentes y
adolescentes la favorecieron de inmediato. Sin embargo, la gente no
sólo la estaba descargando, también regresaba a ella e interactuaba
en grandes cantidades. Durante sus primeros meses de existencia
creció a paso lento y constante, pero luego los diseñadores decidieron
hacer algunos cambios menores en el diseño de la aplicación, incluyendo uno que implicó la reubicación del logo de Musical.ly para que
no se cortara cada vez que un video se compartía en Instagram o en
Twitter; y en cuanto eso sucedió, una gran cantidad de nuevos usuarios inundó la aplicación. Musical.ly aprendió de los errores de sus
predecesores, quienes con mucha frecuencia trataban de mantener
atrapados a los usuarios en sus plataformas, y por eso prefiere ayudarles a los *musers* a construir su base de fanáticos a partir de la posibilidad de compartir sus contenidos en Instagram, Twitter, Facebook
y WhatsApp. La aplicación ahora tiene 200 millones de usuarios, 30%
de los cuales pasa 30 minutos o más al día en ella.

Es evidente que un pequeño porcentaje de los *musers* son re-
fugiados de Vine, la difunta plataforma perteneciente a Twitter que
permitía la realización de videos de seis segundos, y que fue opa-
cada rápidamente por Instagram Video y Snapchat gracias a que
sus formatos eran un poco más largos y a que ofrecían divertidas
herramientas de edición. Por esta razón, resulta lógico que nos pre-
guntemos cómo evitará Musical.ly terminar igual que Vine. Una
manera podría ser envejeciendo con su audiencia, es decir, creando
características que les sigan gustando a los usuarios preadolescen-

tes cuando se conviertan en adolescentes. Esto impediría que abandonaran la aplicación para irse a Snapchat o a Instagram. También tendría que evolucionar para competir por la audiencia conformada por usuarios más pequeños, ya que Snapchat e Insta han empezado a popularizarse entre un público cada vez más joven. En mi opinión, para que Musical.ly se pueda alejar de sus competidores y adquirir inercia entre los chicos de 12 a 17 años, tendrá que pivotear de la misma manera que lo hizo Facebook hace algunos años, cuando logró hacer una exitosa transición a una plataforma que privilegiaba los celulares a pesar de haber sido diseñada originalmente para el escritorio de las computadoras. Musical.ly es tan joven que debería ser suficientemente ágil y flexible para adaptarse a cualquier cambio importante que venga y que modifique el paradigma de la plataforma. Tal vez sea la voz o, quizá, algo que ni siquiera podemos empezar a imaginar.

Evidentemente, los músicos que están surgiendo ahora tienen una gran oportunidad en esta aplicación, pero, por supuesto, una de las mejores maneras de convertirse en un pez gordo es nadar en un estanque pequeño. Con esto quiero decir que es necesario ser creativo para adaptar una plataforma a tus necesidades. Ésa es la táctica que usé para generar conciencia de marca en Musical.ly. Tal vez te preguntes por qué yo, un hombre de negocios de 42 años, y con pocos vínculos con la industria de la música, estaría interesado en captar atención en una plataforma dirigida a los chicos de 13 años. Es sencillo: esos chicos de 13 años crecerán para convertirse en emprendedores de 18 y en hombres o mujeres de negocios de 25. Cuando yo tenía 12 años y soñaba con construir negocios, nadie sabía cómo llamarme porque la palabra *emprendedor* no era parte de nuestro vocabulario. Actualmente, los emprendedores son íconos de la cultura pop y los niños crecen viendo *Shark Tank*, por eso creo que tal vez yo pueda inspirarlos a llegar más rápido adonde quieren ir y, quizá, algún día hagamos negocios juntos.

Una de mis primeras incursiones en Musical.ly se produjo porque pensé que los niños podrían sacar algo valioso de escuchar las sabias palabras del artista de hip-hop Fat Joe en #AskGaryVee. Para ayudar a ese demográfico a encontrar el programa, publiqué un video corto en el que aparezco saltando a través del techo con el tema "All the Way Up" de Fat Joe. Tenía la esperanza de que si a los chicos les gustaba lo que veían, seguirían viendo y escuchando, y si lo hacían, alcanzarían a ver el meme que hice con un video de mí trabajando arduamente al ritmo del tema "Work" de Rihanna o un video inspirador con el que le recordaba a la gente que siempre debía mirar hacia arriba y fijarse en las estrellas, con el tema "A Sky Full of Stars" de Coldplay. Hice otro en el que salía recordando lo mucho que odiaba la escuela; en él aparecía en mi salón de clases pensando en que algún día les demostraría a todos mis maestros y compañeros que se equivocaban al pensar que yo era un perdedor. Imagina lo mucho que significaría ese mensaje para un chico que está atravesando por la misma mierda hoy en la escuela. ¿Qué pasaría si aunque sea algunos de esos chicos lo vieran y descubrieran que hay alguien que los entiende?, ¿y qué pasaría si de paso se enteraran de todo lo que he logrado y pensaran: *Sí, claro, yo también puedo*? Ésta es la manera en que alguien como yo, que no forma parte de la industria de la música y no puede cantar, logró vincular los negocios y el trabajo empresarial en una plataforma que permite hacer playback, no sólo para marcar la diferencia sino también para generar fanáticos para toda la vida.

Por otra parte, debes saber que incluso antes de desplegar estas estrategias de contenido, cuando apenas estaba reuniendo información para averiguar cómo construir mi perfil, les pedí a dos de los usuarios más importantes de Musical.ly que hicieran apariciones especiales en #AskGaryVee. En el episodio 198 aparezco flanqueado por dos chicos de quince años, Ariel Martin y Ariana Trejos. Definitivamente no eran mis típicos invitados, pero nos divertimos como enanos. Mi audiencia y yo escuchamos sus opiniones, y ellos tuvieron la oportunidad de mostrar sus habilidades en un gran programa de YouTube. La cuestión es que mi programa es como cacahuates si lo comparo con las grandes salas en donde ellos han aparecido, como la alfombra roja de People's Choice Awards. El verdadero valor para mí es que, cuando sus fanáticos los busquen en Google y encuentren los memes de Musical.ly que hicieron cuando estuvieron en mi programa, se concientizarán respecto a mi marca. Cuando Baby Ariel sea una estrella descomunal (en 2017 la incluyeron en la tercera lista anual de la revista *Time*, de la gente más influyente en internet), yo tendré los contenidos que el mundo estará buscando con desesperación en algunos años, cuando quieran ver cómo era ella al principio.*

Incluso si Musical.ly resulta ser sólo una moda, recordemos que cada temporada las marcas pagan millones de dólares por mostrar anuncios durante pilotos de series nuevas que, según las estadísticas, en su mayoría no existirán nueve meses después. Desde 2012, 65% de los programas nuevos son cancelados después de sólo una temporada al aire. Literalmente, no importa cuánto dure una plataforma, lo que importa es que exista. Si quieres construir una audiencia, ve adonde va esa audiencia sin importar hasta dónde te lleve eso. Consume los contenidos de la plataforma por un par de semanas para averiguar lo que les atrae a los usuarios, y luego haz una estrategia para crear contenidos que puedan penetrar ese mercado exitosamente. Conócelo e invierte tus recursos en él, ¡pero cuidado!, no todos, sólo algunos. Invierte más si te sientes cómodo en la plataforma o menos si te parece que no es para ti. Debo aclarar, sin embargo, que dar por sentado que una plataforma es irrelevante, es señal de falta de imaginación y

---

* No estoy seguro de que deba dar consejos para criar hijos, pero si tú tienes un hijo talentoso, tal vez éste sería un buen lugar para permitirle, a él o ella, mostrar sus habilidades. Nunca se es demasiado joven para empezar a construir una marca personal. ¿Te imaginas qué habría pasado si la mamá de Justin Bieber le hubiera prohibido YouTube? Tal vez su mánager, Scooter Braun, o algún otro cazador de talentos lo habría descubierto de todas maneras, pero quizá no, y ahora Bieber sólo sería un terapeuta físico más con una voz linda que siempre tendría que preguntarse: "¿Qué habría pasado si…?"

visión. Sólo toma en cuenta que los diseñadores de la plataforma tienen una visión más amplia de la misma, independientemente de lo que tú veas en ella ahora. Ya sea de forma deliberada o por accidente, las plataformas evolucionan en cuanto el mercado las lanza en una dirección completamente distinta. Si llegas a una plataforma en las primeras etapas, puedes evolucionar con ella. Conviértete en una presencia real en la misma porque, si lo haces, incluso es posible que los diseñadores se acerquen a ti y te pidan ayuda. Podrían, por ejemplo, darte acceso a un programa beta temprano, lo que te permitirá jugar con las nuevas características que planean lanzar. También es probable que te lleguen los primeros consejos para crear contenidos nuevos en un formato o estilo que nadie ha visto antes, lo cual te servirá para establecer una relación simbiótica entre tu marca y la plataforma.

Nadie puede completar un maratón sin un entrenamiento adecuado. Lo hagas en la caminadora o en un sendero exterior, tienes que llegar a conocer tu cuerpo, aumentar tu resistencia y averiguar qué prácticas físicas, nutricionales y psicológicas te permiten el mejor desempeño. En las plataformas de redes sociales sucede lo mismo. En 2012 tuve una perspectiva muy optimista de una aplicación llamada Socialcam, la cual tuvo éxito tal vez unos nueve meses y luego fracasó. No obstante, en esos nueve meses aprendí estrategias que me sirvieron bastante cuando surgieron Vine e Instagram.

Cuando saltas de un lugar a otro en las zonas desconocidas de las redes sociales, lo único que en realidad pierdes es tiempo. ¿Quieres liberarte y empezar a vivir la vida? Porque sigues diciendo que si tienes que pasar un día más haciendo ese trabajo de contabilidad, te vas a morir, ¿pero no estás dispuesto a arriesgar tu tiempo en una plataforma por miedo a que resulte ser un MySpace o un Vine, en lugar de Facebook o Instagram? ¿Quién te crees para ser tan exigente? Cuando uno es solamente un pordiosero, no puede ser selectivo, así que descarga toda nueva plataforma que surja, pruébala y entiéndela. Si no te funciona o no te sientes cómodo en ella, déjala, pero nunca rechaces nada sin informarte primero al respecto. Y creo que este consejo también es bueno para la vida en general.

Musical.ly para principiantes

¡Trabaja los hashtags! No puedo creer que en *Crush It!* no hayamos hablado de los hashtags o etiquetas. De hecho, ¡no los mencioné en los libros impresos sino hasta que escribí el tercero! Colgarse de los hashtags es uno de los cimientos de las redes sociales y es la clave de la posibilidad de ser descubierto. Una de las maneras más rápidas de ganar terreno en Musical.ly, por ejemplo, consiste en abrir la aplicación, examinar los tags (diminutivo de hashtags) que estén de moda o *trending* en la página de Descubrimiento y producir contenidos excelentes alrededor de los mismos para que te puedan detectar los chicos que no tienen otra manera de enterarse de que vale la pena conocerte. Eso incluye a los curadores de Musical.ly, quienes pueden recompensar los contenidos buenos seleccionándolos para que aparezcan automáticamente cuando la gente abra la aplicación. Esta curaduría hecha a mano genera más oportunidades aleatorias de que seas visto, de las que podrías encontrar en otras plataformas. Pero, por favor, no des por sentado que ganar esta lotería virtual sea un atajo al estrellato; la cantidad de trabajo duro y de creatividad que apliques a tus contenidos será, por mucho, un mejor indicador del éxito posible. También puedes generar contenidos asombrosos y emparejarlos con hashtags originales e ingeniosos que tú mismo crees. Saber manejarte en la cultura del hashtag es una excelente manera de añadirles longevidad y movimiento a tus contenidos de calidad.

Colabora. Hubo un tiempo en que el gran atractivo de las estrellas era su inaccesibilidad porque eso les daba misterio y distinción, y por lo mismo, llegar a tener acceso a ellas a través de una fotografía autografiada, por ejemplo, tenía mucho valor. Hoy en día, en cambio, las estrellas se miden por su accesibilidad, y si llegan a sentirse muy "Hollywood", pueden pagar muy caro las consecuencias. Aprovecha esta situación. Actualmente no hay nada que les impida a los letristas o compositores subir sus creaciones a internet, enviar mensajes directos a los *musers* y darles la oportunidad de hacer playback o incluso hacer sonar su material. Tú podrías hacer lo mismo con un sketch divertido, un poema o cualquier otro tipo de trabajo. Esto lo he repetido hasta el cansancio: la mejor manera de conectarse con una comunidad es formar parte de la misma. Involúcrate, comenta, comparte y crea sin pedirle nada a nadie. Vuélvete parte de la comunidad y tendrás una mejor oportunidad de que alguien cree un meme con tu material o, mejor aún, haz tú mismo un meme del que la gente se enamore y comparta.

Esto no significa que si tu marca es atractiva para las chicas de entre 12 y 17 años no debas invertir dinero en Musical.ly, es sólo que desde mi perspectiva, entre 1 y 2% de los influencers de cualquier plataforma, por lo general, están sobrevaluados. Aunque no siempre es así; tal vez tengas suerte y encuentres a alguien que represente un trato excelente porque, a pesar de tener el mayor alcance, se ha subvaluado a sí mismo. Sólo recuerda que tarde o temprano la gente se pone más alerta, así que no des por hecho que encontrarás a alguien así. Independientemente de esto, los negociantes pueden tener una oportunidad descomunal en el área central y en la larga estela que van dejando los influencers. Así que, si mi marca fuera de verdad atractiva para los preadolescentes y los adolescentes más jóvenes, invertiría 40% de todo mi presupuesto de marketing en Musical.ly, y entre 40 y 70% de esa cantidad la usaría directamente en conseguir tratos con celebridades de la plataforma. El resto lo usaría para experimentar con la subasta programática de anuncios y luego los observaría de cerca para ver cuál tiene mejor desempeño y hacer ajustes sobre la marcha.

Musical.ly es el lugar perfecto para que una persona interesada en el desempeño venda una presentación, pero también es el lugar donde esa misma persona puede vender lápices, jugo de açaí o esos juguetitos giratorios conocidos como spinners. Un artista, por ejemplo, podría hacer un video que evoque su estado de ánimo del día. Yo hago memes inspiradores y motivacionales con fragmentos más grandes de pilares de contenido, y mis mayores éxitos los he fabricado cortando una palabra o una frase de mis berrinches a la que luego le pongo música. ¿Quieres oírme hablando ruso? Revisa mi video "Hustle" en Musical.ly. También puedes ver cómo logré vincular mi reto de la cubeta de hielos ALS a la canción "The Sweet Escape" de Gwen Stefani. Creo que nunca había cantado tan bien en toda mi vida.

La gente creativa puede expresarse en cualquier lugar, y la más creativa lo hace en los lugares donde nadie lo ha intentado antes. Con mucha frecuencia, la gente que produce contenidos para otros como ellos suele tener más éxito que quienes están más alejados de su audiencia. A mí me va bien con los tipos alfa porque tengo ADN de macho alfa, pero también soy increíblemente empático, así que me puedo conectar a un nivel profundo con las personas inteligentes que tienen suficiente paciencia para ver más allá de mi ADN alfa. Un bailarín sabe intuitivamente cómo generar contenidos para otros bailarines; alguien que transformó su vida gracias al desarrollo personal sabe cómo conectarse con otros que están en busca de una epifanía similar. Tu creatividad será la variable para el éxito que tengas en esta plataforma... y en cualquier otra.

Imagina esta situación

Digamos que después de trabajar por años como cantante profesional y actor decides que ya te cansaste de buscar el estrellato, y entonces eliges hacerte cargo del campamento de verano de tu familia, el cual se encuentra en el bosque, justo pasando los límites de tu ciudad. Es un cambio interesante. Imagina que por fin vas a estar en casa suficiente tiempo para invertir en muebles de verdad y para adoptar un perro. Además, no estarás dejando la industria por completo, ya que planeas añadir más clases de actuación y teatro musical al campamento para poder seguir compartiendo tu pasión y tu experiencia en el ramo. Sonríes al imaginar los espectáculos de variedades en los que participarán todos los asistentes al campamento al final de cada sesión de verano.

Desafortunadamente no vas a hacerte cargo de un negocio exitoso porque, aunque alguna vez este campamento fue uno de los únicos en su tipo en la ciudad, en la última década se han establecido otros en la zona y en los alrededores y, por lo mismo, la demanda ha disminuido. Uno de los problemas principales es que las inscripciones para el campamento de verano ni siquiera se acercan tantito a la cantidad que esperarías. En una ocasión incluso tuviste que cancelar una sesión porque se inscribieron muy pocos niños. Ya intentaste todo lo que se te ocurrió para hacer crecer el negocio, pero en comparación con las opciones más nuevas y elegantes entre las que tus clientes pueden elegir, tu campamento se ve un poco anticuado e incluso dirigido a nerds.

Un día sales a pasear con tu sobrina de 11 años, quien te muestra un video de ella misma haciendo playback. Es la cosa más rara que has visto, es un video en *close up* de 15 segundos en el que la pequeña salta por todos lados, incluso hacia atrás, y luego pone cara de pato y hace señales con la mano mientras escucha la canción "Praying" de Kesha. Es como un fragmento de un video musical. Entonces le preguntas si su mamá sabe que ha estado jugando en un sitio en el que cualquiera puede verla. "Claro —contesta tu sobrina—, todos mis amigos están aquí, es solamente un lugar para cantar y bailar."

¡Ajá! Una plataforma de redes sociales que les encanta a los niños de 11 años que adoran cantar y bailar. ¿Me puedes repetir cómo se llama esta cosa?

Abres una cuenta en Musical.ly y empiezas a filmarte a ti mismo cantando tu canción favorita. Les pides a tus campistas que te ayuden a elegir la canción y les permites dirigirte; ellos están impresionados porque, para ser una persona vieja —por cierto, solamente tienes 35 años—, no suenas nada mal cantando la música que les gusta. Ni siquiera estás haciendo playback, ¡en verdad cantas y eres increíble! Haces microvideos musicales en los que no solamente muestras tu talento, sino también el campamento. Cada día filmas desde una locación diferente: el cobertizo para las lanchas, la pagoda, el campo de arquería, el pabellón de arte y manualidades, y por supuesto, desde el anfiteatro.

Una de las chicas te pregunta si se puede filmar ella misma con tu teléfono, así que tú envías un formato a casa solicitándoles a los padres autorización para que los niños hagan videos en Musical.ly a través de la cuenta del campamento, y como ellos saben que sus niños ya están ahí, la mayoría acepta. A partir de entonces, todos los días un nuevo campista puede producir cuatro contenidos para la cuenta Musical.ly del campamento. Los chicos se pelean por la oportunidad de ser el *muser* del día porque eso se convierte en la mayor recompensa a la que pueden aspirar, y todos los chicos empiezan a trabajar con mucho más ahínco para ser útiles en las actividades del campamento y ganarse su tiempo en la plataforma. Dejar que los niños controlen tu cuenta tiene un beneficio adicional: es una gran estrategia de aprendizaje. Porque en lugar de averiguar por ti mismo lo que los chicos quieren ver en Musical.ly, permites que los niños entre nueve y 11 años te enseñen. Ahora que puedes observarlos, toma nota de su comportamiento y trata de comprender cómo piensan respecto a los hashtags y los temas de moda (*trending topics*). Después, nuevamente con el permiso de los padres, permite que los chicos documenten los Juegos Olímpicos del campamento, el rally de búsqueda, la fogata de clausura del campamento y todas las tradiciones grupales características del verano desde hace tres generaciones.

Todos los niños que hacen videos en Musical.ly *taggean* —etiquetan— inmediatamente a sus amigos para que puedan verlo. Los chicos también les muestran sus videos a sus padres y a los padres de sus amigos; y los presumen en la escuela cuando vuelven a comenzar las clases en el otoño. A lo largo del año la gente empieza a percatarse de tu página en Musical.ly, y el campamento repunta lentamente. Para cuando llega la primavera y los padres empiezan a pensar en cuál campamento inscribirán a sus hijos, el nombre del tuyo estará en su mente. El trato se cierra cuando los chicos les informan a sus padres que quieren asistir juntos al campamento, en la misma sesión.

Entonces tú te conviertes en el director de campamentos más popular, divertido y en onda, y tu celebridad despega cuando la gente se entera del proyecto que diriges. Las inscripciones se duplican y tus clases de arte se vuelven tan famosas que empiezas a ofrecerlas el resto del año. Abres una clase en la que les enseñas a los niños los pasos de famosas rutinas de videos musicales, y unos cinco u ocho años después, el campamento es solamente una más de las opciones veraniegas disponibles a través de tu escuela de artes en la ciudad. Eres una estrella un poco menos reconocida que la que alguna vez esperaste ser, pero nunca habías sido tan feliz.

CÓMO LA ESTOY HACIENDO EN GRANDE

Chithra Durgam, DDS, Aesthetic Dental
I: @DRDURGAM

La doctora Chithra Durgam logró algo que parecía imposible: que ir al dentista fuera divertido. Si no, ¿cómo explicas que muchos de los clientes que la visitan por primera vez la llaman porque sus niños lo pidieron? Permíteme explicarte.

Cuando Chithra abrió su consultorio privado en 2004, hizo

lo mismo que hacen muchos médicos para que la gente los recomiende: envió correos directos para que sus vecinos del norte de Nueva Jersey supieran que acababa de abrir su consultorio. La doctora pensaba que las redes sociales eran para uso personal, y no fue sino hasta que empezó a seguir a un experto en el tema en internet y luego leyó el libro *Crush It!* que entendió que construir una marca personal en redes podría ayudarle a hacer crecer su negocio. Estaba intrigada, pero no se decidía a empezar porque a los médicos y los dentistas los restringen mucho las reglas del HIPAA (Health Insurance Portability and Accountibility Act) y "solemos preocuparnos demasiado respecto a lo que puedan pensar los colegas respecto a nuestro *marketing*". Sin embargo, la doctora pensó muy bien las cosas y decidió que: "En lugar de usar mi tiempo libre para jugar golf, podría aprovecharlo para interactuar con mis pacientes y educar a la gente de una manera divertida respecto a la actividad del dentista, lo que, finalmente, no tiene nada de malo. Luego, podría decirse que di un salto de fe".

Por años, la doctora ha pasado entre cuatro y cinco horas diarias, más su hora de comida y el tiempo que le queda después de que sus dos niños se van a dormir, interactuando con la gente, reaccionando y educando a través de las redes sociales. Tiene presencia en todas las plataformas de costumbre —Twitter, Facebook, Instagram e incluso ha escrito artículos para *Medium*—, pero lo que la diferencia prácticamente de cualquier persona de más de 25 años, y sin duda, de casi todos los profesionales de la medicina, es que también está en Musical.ly. Es por eso que muchos chicos les suplican a sus padres que los lleven a verla.

Chithra crea videos musicales con playback en los que educa sobre distintos procedimientos como el blanqueado dental. Hace anuncios PSA sobre la importancia de comer saludablemente, al mismo tiempo que hace playback de una versión de parodia de la canción "Shape of You" de Ed Sheeran. A veces publica videos educativos, como en el que explica la diferencia entre una corona de porcelana y las carillas. También baila y con frecuencia hace comedia vestida de blanco y sosteniendo un cepillo dental. Actúa boba y desmañadamente, y aunque las cosas podrían terminar ahí si fuera solamente una *muser* más, el hecho de que sea una dentista de 44 años hace que todo el asunto sea muy divertido. Los comentarios y respuestas que recibe de los jóvenes usuarios han sido increíblemente positivos en Musical.ly, que ya eligió dos de sus videos para presentarlos. Sus pacientes más pequeños, los que entran en el rango de edades que disfrutan de esta plataforma, son sus seguidores. Los niños llevan sus celulares a la escuela y les muestran a sus amigos, y éstos dicen: "Mamá, mira este video, quiero ir a ver a esta dentista".

Chithra recibe respuestas similares en Snapchat, plataforma en la que crea contenidos hechos a la medida de los chicos un poco mayores. Ahí tiene una serie semanal llamada The Office, creada a partir del famoso programa de televisión del mismo nombre. La doctora y algunos miembros de su personal también han representado escenas de *Los Ángeles de Charlie* y han creado fotografías e historias con Bitmojis, música y utilería. Chithra trataba de comentar todo, pero su audiencia respondía de una forma tan positiva a la creatividad de su trabajo, que ahora prefiere enfocarse en eso.

Mucha de la gente que la encuentra en Musical.ly y en Snapchat no puede ir a su consultorio porque vive muy lejos, pero en el caso de Instagram, que puede llegar a una audiencia más local, tiene un índice de conversión más alto; la gente le envía todo el tiempo mensajes directos para hacer una cita con ella. En el año que ha pasado desde que decidió tomar con más seriedad el asunto y dar a conocer contenidos consistentes y de calidad en estas tres plataformas y en todas las demás, con la frecuencia que puede, ha notado un incremento de 30% en la cantidad de pacientes nuevos, además de que a través de los mensajes privados recibe entre tres y cuatro solicitudes de información sobre frenos y procedimientos de blanqueado.

Pero las cosas no terminan ahí: Lew Leone, vicepresidente y director general de WNYW-FOX 5, la vio en Snapchat y la invitó al programa *Good Day New York* para que hablara sobre el uso del hilo dental después de que Associated Press publicara un reporte que indicaba que tal vez no era necesario. Por cierto, la doctora Durgam está a favor del uso de hilo dental.

Desde entonces también la han invitado a reuniones y podcasts para hablar del trabajo necesario para crear una marca personal. Actualmente la doctora está colaborando con distintas marcas para ayudarles a desarrollar ideas para promover sus productos en redes sociales, y otros dentistas y médicos también le han solicitado que los asesore en el tema de manejo de redes sociales. "Antes de empezar a hacer esta labor me tomé tiempo para aprender todos los aspectos del desarrollo de una marca. Por eso entiendo que tengo algo valioso que ofrecer".

La mayoría de sus colegas profesionales siguen sin entender lo que hace.

De hecho, algunas personas y otros negocios me han mostrado mucha resistencia porque quieren obtener una recompensa inmediata por sus esfuerzos; no entienden por qué yo invierto tiempo. No comprenden que las redes sociales son un juego largo y que, sí, se trata de vender un producto, pero también de desarrollar la marca. Si no sacas nada más, al menos desarrollas un vínculo con la gente que se acerca a tu negocio, pero estas personas no ven eso. Así que, efectivamente, ha sido un camino un poco solitario porque estoy realizando un trabajo en el que creo, a pesar de que la gente que me rodea tal vez no esté de acuerdo con mis métodos.

Incluso algunos de sus clientes se preguntan de dónde saca tiempo para producir tantos videos. "Entonces les digo que yo y mi personal somos muy serios respecto a nuestra labor profesional, pero cuando no estamos trabajando, preferimos pasar nuestro tiempo libre interactuando con los pacientes y educándolos, en lugar de hacer algo que sólo sea de interés personal. Una vez que explico cuál es nuestra intención, las cosas se calman. De cierta manera, sé que en este momento estoy yendo en contra de todos los demás, pero creo que con el tiempo la gente entenderá que las redes sociales son importantes para los negocios."

Una de las razones por la que estoy tan emocionado por este libro es porque cuando escribí *Crush It!* no tenía acceso a muchos ejemplos de personas que usaran las plataformas de la misma manera que yo porque era demasiado pronto. Ahora, sin embargo, estoy armado con historias como la de Chithra y puedo sofocar todas tus excusas. Es probable que hasta hace diez minutos no hayas escuchado hablar de Musical.ly, pero ahora sabes que hay una dentista que usa ésta y otras plataformas para fortalecer su negocio. ¡Es increíble! La educación y la ejecución son las claves en este nuevo mundo.

9

SNAPCHAT

A pesar de sus 173 millones de usuarios activos diariamente (DAU, por sus siglas en inglés), de sus 10 000 millones de vistas diarias de videos, de sus 2 500 millones de fotos y de las cerca de 18 visitas que disfruta de sus DAU, Snapchat sigue siendo otra plataforma increíblemente subestimada. Permíteme darte una pista importante: cuando los "normales" —la gente que no está interesada en la tecnología ni en los negocios— son los primeros en pasar cantidades extraordinarias de tiempo en una plataforma, es señal de que hay que prestarle más atención. Eso fue lo que me atrajo a Musical.ly en una etapa temprana, y fue la razón por la que, cuando apareció en 2011, supe que Snapchat tendría un futuro emocionante. La vi como la primera red social que recreaba de una forma muy cercana la forma en que nos comunicamos cara a cara.

Evan Spiegel y Bobby Murphy, sus fundadores, la concibieron como el anti-Facebook porque era una aplicación para compartir fotografías y contenidos espontáneos, imperfectos y efímeros. En 2011, cuando Snapchat apareció en la escena, el video vertical y el deslizado de izquierda a derecha de esta aplicación tenían completamente confundida a la gente. A la mayoría de los usuarios, incluso a los jóvenes, les tomaba varios minutos darle clic y acostumbrarse. Para los adolescentes, sin embargo, valía la pena averiguar su funcionamiento porque la aplicación atendía dos realidades universales de esta edad: (1) No quieres pasar tiempo en el mismo lugar que tu mamá pasa tiempo, y (2) Es mejor cerrar con llave la puerta de tu habitación. Porque los adultos no entendían esto, porque las imágenes se "autodes-truían" entre uno y diez segundos después de ser abiertas, y porque te daba la opción de dibujar y escribir texto o títulos arriba de tus fotografías, los chicos detectaron rápidamente su potencial como la nueva forma 2.0 de textear, es decir, un lugar más libre, menos curado y menos peligroso que otras plataformas, en el cual podían compartir y expresarse de una manera creativa. ¡Y vaya que compartieron! La gente llegó a ridiculizar la aplicación e incluso a temer que se convir-tiera en la próxima herramienta del equipo del preparatoriano para practicar el sexting o sexo a través de mensajes de texto (aunque en realidad, nunca fue una aplicación de sexting; lo que sucedió fue que los medios saltaron sobre algunos casos específicos y aprovecharon que les permitían escribir encabezados llamativos). Hoy en día la gen-te ya no mezcla el término sexting y la palabra Snapchat en la misma frase, de la misma manera que también dejó de despreciar Twitter porque era el lugar donde los hambrientos de atención publicaban lo que habían almorzado, y a Facebook por ser el lugar donde los univer-sitarios compartían sus fotografías jugando al reto de encestar pelo-tas de pingpong en tarros de cerveza al otro lado de la mesa.

Actualmente la aplicación de Snapchat te permite publicar vi-deos y fotografías, y tiene toda una serie de funciones adicionales como filtros, geofiltros, lentes, emojis y herramientas para editar como la de cámara lenta. Los contenidos ya no son efímeros. Antes de todas maneras podías hacer trampa porque existía la posibilidad de sacar una captura de pantalla para conservarlos, sin embargo, con la herra-mienta Memories, la cual almacena tus contenidos en los servidores de la aplicación, Snapchat cedió ante el deseo humano de guardar y revisar los momentos importantes de la vida. A pesar de todo esto, la nueva función que en verdad cambió la manera de usar la aplicación y que llegaría a tener el mayor impacto en los influencers fue Sto-ries. Stories te permite vincular una serie de videos y fotografías para contar una narrativa más extensa, visible para toda la comunidad de

Snapchat durante 24 horas. Esta función apareció en 2013 y yo afirmé en público y sin reservas que era un fiasco.

En YouTube puedes verme cometiendo esta tontería con toda la pasión y el énfasis de los que fui capaz en la conferencia LeWeb'13. Me encantaba la plataforma, pero pensé que el cambio traía consigo demasiada fricción en el UI, y que traicionaba el objetivo esencial de la aplicación, que era crear contenidos pequeñitos que luego desaparecían. Pero no podía estar más equivocado. La función Story se convirtió en el lugar principal en el que los usuarios podían consumir contenidos a gran escala. Menos de un año después, 40% de los adolescentes estadounidenses ya estaban usando Snapchat diariamente. A partir de esa mala decisión en Snapchat aprendí una lección importante: que una base devota y leal de fanáticos siempre está dispuesta a ser paciente cuando experimentas para llegar a tu siguiente versión. El siguiente gran lanzamiento fue Discover, y le permitió a Snapchat graduarse y convertirse en una auténtica plataforma de medios que ofrecía una página donde los usuarios podían encontrar una buena cantidad de marcas como National Geographic, T-Mobile o ESPN. Snapchat ahora tenía acceso a ingresos por publicidad, y con eso, cualquiera que pudiera descifrar el código de la plataforma, también podría recibir dinero.

El hombre que logró esto se llama DJ Khaled, pero antes de hablarte de él quiero que rememoremos un poco sobre Ashton Kutcher. Ashton no fue la primera estrella en Twitter —un gran reconocimiento a MC Hammer, que se unió en mayo de 2007; y a LeVar Burton, que se unió en diciembre de 2008—, pero después de entrar en enero de 2009, fue la primera celebridad que en verdad hizo crecer su marca en la plataforma. Al igual que Hammer y Burton, Ashton Kutcher llevaba tiempo desarrollando su marca gracias a su talento y al intenso trabajo que realizó como modelo durante varias décadas, pero también era actor de cine y series televisivas, y productor y director del programa de realidad virtual *Punk'd*. Cuando hablo de la historia de Twitter, a menudo también menciono a Ashton porque, sólo cuatro meses después de unirse, se convirtió en el primer usuario de la plataforma en reunir un millón de seguidores, gracias a una espléndida campaña en la que retó a CNN a una carrera para alcanzar esa cifra. Twitter le había parecido una broma a la mayoría de la gente hasta entonces, pero de repente se convirtió en la tendencia social principal.

DJ Khaled replicó el momento de Ashton Kutcher para Snapchat. Durante más de dos décadas construyó un nombre para sí mismo en la industria de la música como un DJ con actividad en Miami, pero también como productor y presentador de radio. Khaled se unió a Snapchat en el otoño de 2015 y comenzó lanzando "claves" inspiradoras y motivacionales para la vida y el éxito. En su libro biográfico *The Keys*, escribe que lo que más le agrada de esta plataforma es que: "No tiene que ver con el ángulo ni la edición, ni la iluminación ni qué tan bien luces, sino con que te ofrece diez segundos en los que puedes ser tú mismo con tus admiradores". Esta autenticidad ya le había ayudado a hacerse de una base de seguidores bastante amplia; para noviembre o diciembre de ese año, cualquiera que siguiera las redes sociales podía ver que todo lo que Khaled hacía era especial. Miles de niños iban a recibir el autobús del DJ en lugares como Des Moines y Iowa. Uno empezaba a sentir que la escala de Snapchat estaba cambiando, pero luego, en diciembre de ese año, Khaled salió de la casa de un amigo en moto acuática y la menguante luz de principios del invierno lo tomó por sorpresa. Poco después, desorientado y en medio del agua y de la oscuridad, empezó a publicar en Snapchat toda su difícil experiencia hasta que por fin logró regresar a la orilla. Al día siguiente, su popularidad y su marca personal se habían desbordado. DJ Khaled lo hizo oficial: Snapchat se había convertido en un vehículo para crear estrellas.

Pero ¿cómo lo logró? ¿Cómo un adulto se vuelve famoso en una plataforma que sirve como herramienta de comunicación entre preadolescentes y adolescentes? No pensando las cosas demasiado. El contenido poco pulido es inherente a Snapchat, y Khaled sólo fue él mismo. Algunas personas podrían decir que este tipo de contenido banal y espontáneo carece de inteligencia y valor, pero eso equivaldría a decir que las pequeñeces de nuestra vida carecen de inteligencia y valor. Y no es así. Cuando los combinas, esos momentos crudos y sin filtro conforman lo que somos. Cuando interactuamos con la gente, no juzgamos el comportamiento mundano como poco inteligente: ese tipo de juicio lo reservamos para el comportamiento verdaderamente estúpido. En realidad, aceptamos a la gente en su hábitat natural y entendemos que no cada palabra que musite alguien será digna de incluirse en el guion de una película. Snapchat es simplemente un canal que captura esa realidad sin adornos. La única razón por la que algunas personas piensan que lo que se comparte en esta plataforma es tonto, es porque está en una pantalla y nos han condicionado a pensar que cualquier cosa en una pantalla tiene que estar perfectamente producida y ejecutada. En Twitter se espera que seamos agudos o que hagamos reflexiones profundas y poseamos astucia política. Facebook es el lugar donde presumimos nuestras familias y nuestras vacaciones. En Instagram construimos relaciones a través de imágenes y videos breves. Snapchat, en cambio, es el lugar donde metemos todos esos contenidos desechables. Creo que para muchos es un alivio porque no exige mucho ni de sus creadores de contenidos ni de los usuarios. Snapchat eliminó la gran barrera que presentan muchas redes sociales: la ansiedad que te produce preguntarte qué vas a publicar a continuación, si la gente lo recibirá bien, y si algún día no regresará para hacerte la vida imposible. Con esa libertad de poder publicar cualquier cosa, la gente pudo experimentar y sentirse cómoda al construir su marca personal sin miedo a las repercusiones. Eso abrió las compuertas para que muchos liberaran su creatividad y descubrieran y desarrollaran nuevas habilidades. Más de una persona ha renunciado a un empleo corporativo o a una start up en ciernes porque jugar con Snapchat la llevó a crear un nuevo medio para transmitir arte o a convertirse en influencer, y luego eso atrajo a marcas ansiosas por pagarle decenas de miles de dólares por promover sus productos en Snapchat Stories.

Es impactante saber cuántas familias están filmando su cotidianidad y creándose una fama real, y claro, esto se facilita en particular si estás dispuesto a incluir a tus hijos. Ésta es una elección extremadamente personal, pero los bebés y los animalitos lindos siempre ganan sin siquiera esforzarse. Kerry Robinson descubrió esto cuando usó Snapchat para filmarse a sí misma haciendo #salontalk (platicando como lo haces cuando estás en el salón de belleza) con su hijita Jayde, mientras ella le cepillaba el cabello. Sus historias en Facebook se hicieron virales y propiciaron artículos y segmentos televisivos en los medios nacionales, de CBS News a la revista *Essence*. Actualmente Jayde tiene su propio canal de YouTube, el cual se sostiene con anuncios y cuenta con 74 000 suscriptores, así como una cuenta de Instagram con más de 200 000 seguidores. Hay un video de ella abriendo un obsequio que contiene productos para niños de una empresa de cuidado para el cabello, y también una fotografía en la que agradece una camiseta enviada por una empresa que celebra a los niños con cabello rizado. Me parece que no hay un ejemplo más puro de una persona que es famosa y evidentemente gana dinero sólo por ser ella misma; esto es lo que puede pasar al publicar un solo video de contenido excelente. ¿Qué sucederá con la celebridad en internet de Jayde a largo plazo? Naturalmente, eso sólo lo sabremos con el paso del tiempo, pero en una época en que la gente está desesperada por recibir buenas noticias y contenidos inspiradores y alentadores, un atisbo de tu vida cotidiana podría ser exactamente lo que muchos buscan.

Muchas de las personas que ya ganaron algo de terreno con su marca y que se han convertido en influencers, incluso algunas de las que aparecen en este libro, dejaron de producir contenidos en Snapchat en cuanto apareció Instagram Stories en agosto de 2016. Su razonamiento fue que Snapchat ya había llegado a su fin, así que, ¿para qué tomarse la molestia?

Pues te tomas la molestia porque renunciar a una de las herramientas de tu cinturón de trabajo sin razón es un gran error. Escucha esto: Instagram y Snapchat no son la misma cosa. Como siempre, la gente busca cosas distintas en cada una, así que, ¿por qué privarla de encontrarlas? Claro, es difícil, es un reto, pero también es una oportunidad. Y como es difícil, sólo uno de cada veinte lectores de este libro lo hará bien, pero por supuesto, tú deberías estar trabajando como bestia para ser ese uno. Entiendo que quieras enfocarte en lo que te está dando mayores rendimientos justo ahora, pero ¿qué va a suceder si las cosas cambian? ¿Y por qué darle la espalda a toda una nueva audiencia que podría seguirte?

Justo ahora que estoy escribiendo este libro, reviso la App Store todo el tiempo para ver cuáles plataformas calificaron mejor. Snapchat suele estar entre las primeras cinco, lo que significa que no es irrelevante y que ningún influencer es demasiado bueno para estar en ella.

En todo caso, esta aplicación es una de las más valiosas para cualquier persona cuya marca esté empezando a escalar. Muchos de tus competidores seguramente están enfocados y confían demasiado en Instagram, lo que significa que esas miradas potenciales que siguen en Snapchat están en busca de más contenidos con qué alimentarse. Asegúrate de ser tú quien los provea. Para los influencers es sumamente sencillo caer en el torbellino de la maquinaria de medios que ellos mismos han creado. En primer lugar, te arriesgas a convertirte en una caricatura de ti mismo, especialmente en Instagram, donde las imágenes están demasiado curadas. Dado que Instagram Stories es una función del ecosistema de esta plataforma, casi es un requisito que te mantengas dentro de los límites y que respaldes la narrativa que ya creaste ahí. Snapchat, en cambio, es una entidad independiente; puedes usarla para alejarte de la narrativa conocida y mostrar aspectos de ti mismo que, sencillamente, no se encuentran en otro lugar; digamos que te da contenido diferenciado. En tanto que todos tus otros canales se entrelazan para respaldar tu contenido base, Snapchat se maneja de manera independiente, y ésta es una excelente razón para tomarla en serio, incluso si su ADN la hace una elección natural para los contenidos mundanos y tontos. Snapchat te da un lugar donde puedes ser sorprendente y distinto, de la manera más ordinaria y banal. Creo que debería escuchar mis propios consejos, ¡porque estoy seguro de que podría hacer un mejor trabajo en esta plataforma!

Snapchat para principiantes

Regresamos a la pregunta original: ¿cómo deberían los adultos construir sus marcas y sueños con una herramienta de comunicación para preadolescentes y adolescentes?

Algunas personas, como la bebé Jayde, tienen tanto carisma que se vuelven virales en cuanto se presentan a sí mismas o le muestran su trabajo al público, pero son muy pocas las que pueden hacer esto. En el caso de la gran mayoría, ser notado exige talento y una combinación de tácticas y estrategias. Snapchat limita estas tácticas. Ahí, por ejemplo, no hay hashtags, así que no hay manera de ser descubierto. Esto significa que construir una marca en esta plataforma realmente pone a prueba tu destreza para hacer branding. No se trata de pasar anuncios y cuantificar cada clic y cada variable matemática, sino de descifrar una cultura. Snapchat revela quién es bueno en ella y quién no, por eso ni siquiera deberías preguntarte si vale la pena trabajarla ahora que Instagram tiene su propia versión de Stories. Independientemente de si Snapchat podrá o no competir con el paso del tiempo, es una maravillosa zona de entrenamiento para convertirse en un comercializador de mayor nivel y en un experto en desarrollo de marca, y dejar de ser solamente un vendedor digital que depende de la conversión.

Permíteme expresarlo de otra manera. El mundo de los negocios se divide en dos grupos: los vendedores que dependen de la conver-

sión y la gente capaz de hacer branding y marketing. Los que conforman el primer grupo son jugadores a corto plazo, los que conforman
el segundo son jugadores a largo plazo. No quiero ser irrespetuoso
con las ventas, pero yo siempre trato de enseñarle a la gente a ser
del grupo de quienes dominan el branding y el marketing porque la
gran ventaja que te puede cambiar la vida radica en un pensamiento
a largo plazo, no en encontrar la forma de ganar unos cuantos dólares
rápidamente. Lauryn Evarts, creadora de The Skinny Confidential, tiene una visión a largo plazo de su inversión en Snapchat.

Respondo absolutamente todos los snaps que recibo, y a veces
recibo doscientos en un día. Me siento en la noche una hora y
otra en la mañana, y respondo cada pregunta. Es casi como enviar
mensajes de texto a tus lectores como si fueran tus amigos. Creo
que esto les ha permitido a mis seguidores entrar realmente en
mi vida, y a mí, entrar en la de ellos. Es sólo una forma distinta
de socializar que me permite contar una historia, y mientras la
cuento, le proveo 100% de valor a mi audiencia.

Si voy a la crioterapia, por ejemplo, tomo una fotografía del
lugar donde estoy y luego me muestro yo misma en la cabina
mientras se me congela todo el cuerpo. Luego puedo mostrar
lo que vestí, y después publico una imagen del volante que des-
cribe los beneficios. Gracias a esto, mis seguidores descubren
adónde ir, cuáles son los beneficios, cómo deben vestir y cómo
se ve todo cuando estás en la cámara. En cada una de las acciones que comparto trato de cubrir esos cuatro puntos. No sólo
voy a publicar una fotografía de mi taza de café, también voy a
decir: "Hoy estoy bebiendo café helado. Lo bebo con un popote
de silicón porque está libre de Bisfenol A, y me gusta ponerle canela porque me ayuda a controlar el azúcar en la sangre".
Cada uno de los snaps necesita transmitirle algo a la audiencia
porque, si no, es sólo un ejercicio narcisista.

En Instagram Stories compites con mucha gente. Snapchat tiene ruido blanco, y cada vez que veo ruido blanco me siento intrigada porque creo que ésa es la manera de sobresalir. Algunos de estos influencers no han hecho otra cosa que fotografiarse los últimos cinco años. Snapchat te fuerza a mostrar tu personalidad. ¿Eres inteligente, eres divertido? Además de la ropa que usas, ¿qué más estás aportando?

Tenemos que recordar que nadie es famoso exclusivamente en Snapchat. Debido a la naturaleza temporal de la mayoría de los contenidos, la única manera de permitirles vivir lo suficiente para que la gente te descubra y llegue a conocerte es haciendo una especie de polinización cruzada con otras plataformas. Si te perdiste el drama en moto acuática de DJ Khaled, por ejemplo, todavía puedes verlo en YouTube; y pasa lo mismo con la plática de salón de belleza de Kerry y Jayde Robinson. Esto significa que para ser un influencer en Snapchat, también necesitas ser fuerte en otras plataformas. El contenido que produces para Snapchat tiene que ser suficientemente impactante para generarte vistas en YouTube, Facebook e Instagram.

Ser descubierto en Snapchat no difiere mucho de la manera en que los canales de televisión tratan de conseguir que la gente sintonice sus programas, es decir, comercializando todos los otros lugares adonde está acudiendo la gente que podría estar interesada en ti. Eso fue lo que yo hice. A mí nunca me preocupó la falta de potencial para ser descubierto en Snapchat porque me di cuenta de que lo único que tenía que hacer era atraer la atención a lo que hacía en esta plataforma a través de mi base de seguidores en Twitter, YouTube y mi sitio de internet. No usé los anuncios de Facebook para convertir a la gente, preferí hacer branding y marketing. Si encuentras una fórmula que funcione igual de bien en todas las plataformas, pertenecerás a un grupo selecto —la mayoría de la gente se apoya mucho en una o dos donde se siente más cómoda—, y esa rara habilidad podría convertirte en una fuerza dominante aquí.

Cuando pruebas las estrategias de descubrimiento, lo único que estás haciendo es averiguar cómo captar la atención de la gente. Por ejemplo, si quieres que la gente mire tu perfil en Snapchat y por tu tipo de trabajo tienes que enviar montones de correos electrónicos, añade tu código de Snapchat en cada uno. Es bastante fácil, ¿no? También podrías usar una camiseta con tu código impreso en ella o podrías crear Geofiltros a la medida, que, por cierto, siguen costando poco.* Estas dos tácticas te permitirían ponerle a la gente tu marca justo enfrente, de una manera divertida, interactiva y discreta.

Snapchat para avanzados

Colabora. En Snapchat no hay potencial para ser descubierto, la gente tiene que saber quién eres y sentirse motivada a buscarte y seguirte. Esto hace que organizar las colaboraciones sea un poco complejo, a menos de que contactes a la gente en sus otras plataformas —correo electrónico, Instagram o lo que sea— y le sugieras hacer algo especial juntos en Snapchat o le ofrezcas algo valioso a cambio de que te envíe un saludo o te patrocine en su canal. Si necesitas que otros influencers te ayuden a hacer crecer tu cuenta, posiblemente no eres lo suficientemente grande para serles de mucho interés, a menos de que tengas oculto algo bastante espectacular bajo la manga. A continuación te daré algunas ideas para acrecentar tu número de seguidores, para construir tu marca y para hacerte más atractivo para los posibles colaboradores:

- Escribe muchas publicaciones de blog respecto a Snapchat para que cuando los medios necesiten una cita, se acerquen a ti.

....
* Si quieres instrucciones explícitas sobre cómo crear y cargar tus propios Geofiltros, lee la publicación de mi blog titulada "How to Create and Use Snapchat's New Custom Geofilters", <https://www.garyvaynerchuk.com/how-to-create-and-use-snapchats-new-custom-geofilters>.

⊙ Gana visibilidad creando eventos de Snapchat como el proyecto Jurasnap Park que ayudó a lanzar la carrera de Shonduras (ver página 191).

⊙ Paga un Google Ad que pregunte algo como: "¿A quién debería seguir en Snapchat?", y ofrece una lista de nombres, con el
tuyo en primer lugar.

Una sugerencia más: podrías visitar The11thsecond.com, un sitio de
internet fundado por Cyrene Quiamco, también conocida como CyreneQ, una artista e influencer extraordinaria de Snapchat. Cyrene creó
el sitio como respuesta a la falta de potencial de descubrimiento de
la aplicación. Ahí puedes enviar y revisar las descripciones de snapchatters, así como nombres de usuarios, para facilitarle a la gente el
proceso de encontrar cuentas que coincidan con sus intereses, como
Meowchickenfish, que usa arte de Snapchat para enseñar lenguaje de
señas, o Snapchatchef, que hace videos de cocina. Este sitio es un re-
positorio de capturas de pantalla de arte fresco y divertido de Snapchat, y también es una fuente donde los snapchatters pueden buscar
consejos, sugerencias, inspiración, asesoría y otras cosas. CyreneQ
detectó un problema —su plataforma predilecta carece de una opción
de descubrimiento—, y lo resolvió. Como todos los buenos empresarios, ella encontró la manera.

Imagina esta situación

Digamos que eres como yo: un influencer de 42 años que, hasta cierto
punto, ha sido encasillado en términos del tipo de contenidos que se
esperan de él. Ya tienes un blog, un programa de Preguntas y Respuestas, y un vlog diario. Un día estás jugando con Snapchat y descubres
que te ofrece una salida interesante en la que podrías crear una nueva
narrativa, un lugar para microvloguear. Es el lugar donde puedes hablar

de tu café o mostrar una fotografía del colorido pasillo de los cereales en tu supermercado. Es donde Rick, el gerente de la tienda de ropa se fotografía a sí mismo jugando Wiffle Ball con amigos, y donde Sally, la agente de bienes raíces, admite que a pesar de que sigue la dieta paleo, las papas a la francesa son su debilidad. Compartir estos detalles menores que aparentemente carecen de importancia —a veces adornados con coloridos garabatos o filtros divertidos—, no servirá absolutamente de nada para ayudarnos a construir nuestras marcas como influencers en nuestros respectivos ámbitos, pero les da a los seguidores la oportunidad de vernos en nuestras facetas más humanas.

CÓMO LA ESTOY HACIENDO EN GRANDE

Shaun McBride, Shonduras
I: @SHONDURAS

Pienso que si tu corazón se ha aferrado a la idea de convertirte en una persona de negocios o en emprendedor, pasar cuatro años consiguiendo un título universitario es un desperdicio de tiempo y dinero. Y todos saben que esto es lo que pienso. O mejor digamos que me parece una mierda de desperdicio de tiempo y dinero porque en verdad tengo una opinión muy fuerte al respecto

A pesar de ello, estoy muy agradecido con Weber State University en Utah porque ahí es donde un profesor le dejó de tarea a Shaun McBride leer *Crush It!* en 2010. Si no lo hubiera hecho, tal vez habrían pasado algunos años más antes de que supiéramos de él, pero este oportuno suceso lo colocó en posición de convertirse en un megainfluencer, y lo hizo en una plataforma en la que la mayoría de la gente decía que era imposible.

Shaun encarna el modelo del individuo que trabaja con mucho ahínco, pero de manera inteligente. Cuando estaba estudiando para conseguir su título, Shaun también se encargaba de una tienda de patinetas y snowboards. Era lógico porque, hasta entonces, el patinaje en patineta había sido la mayor alegría de su vida. La otra actividad que adoraba era motivar a la gente y compartir el pensamiento positivo. Shaun pasó dos años en una misión de servicio en Honduras, y por eso lo apodaron Shonduras. La experiencia de servirles a otros y ayudar a marcar una diferencia en sus vidas lo conmovió, y la tienda de patinetas era el lugar ideal para compartir su amor por el deporte y el servicio. El problema era que, aunque le agradaba el trabajo, no siempre era divertido. Shaun sabía que quería hacer negocios y que su pasión era el patinaje sobre nieve, pero sospechaba que construir un negocio alrededor de esta actividad lo condenaría a practicarla muy pocas veces, como era el caso del maestro de música de la película *Mr. Holland's Opus* y su sinfonía abandonada. "Uno puede llegar a matar su pasión. Un maravilloso día nevado, perfecto para patinar, tuve que quedarme en la tienda porque todos querían comprar equipo para salir a practicar *snowboarding* por eso creo que a menudo es mejor dedicarse a las cosas que coinciden con tu pasión, pero no son exactamente lo mismo." Después de leer *Crush It!*, Shaun aplicó algo de lo aprendido en el servicio al cliente de su tienda, pero lo más importante es que el libro le hizo comprender que si adoptaba una actitud creativa, podría construir un negocio de comercio electrónico que le permitiría divertirse todos los días haciendo algo que adoraba. No sabía nada sobre comercio electrónico, pero supuso que la mejor manera de aprender sería simplemente lanzarse de lleno. ¿Qué podría vender en internet que le permitiera tener una interacción regular con la gente? Por supuesto, lo primero en que pensó fueron las patinetas y las snowboards. Sin embargo, las snowboards requieren mucho espacio de almacenaje, es costoso enviarlas por paquetería y, además, es difícil comprarlas al mayoreo. Eran su pasión, pero no representaban una opción práctica. Entonces, ¿qué era pequeño, ligero y fácil de comprar al mayoreo?

Joyería.

¿Quién compraba joyería?

Las mamás.

¿Y en dónde pasaban tiempo las mamás?

En Facebook.

En aquel entonces Facebook estaba todavía en las primeras etapas de su crecimiento colosal; millones de usuarios se inscribían mensualmente y las mujeres iban a la cabeza, ya que conformaban 57% de los miembros del sitio y ascendían a 62% de las acciones. Además, Facebook tenía muchas funciones que podrían mejorar la interacción. Por ejemplo, si una persona comentaba en una publicación, ¡todos sus amigos podían verlo! Es difícil recordarlo, pero en aquel tiempo eso seguía siendo bastante notable.

Facebook se convirtió en la fachada frontal de la tienda de Shaun y en su estudio de diseño.

"Les pedía a mis seguidores que me dijeran qué tipo de estilos querían y que me ayudaran a ponerles nombre a las piezas. A veces hacía pequeños concursos como: 'Quien elija el mejor nombre para este collar, recibirá diez piezas gratis'." El involucramiento se disparaba hasta el cielo. Shaun le daba a la gente la oportunidad de interactuar con el sitio. "Sentía como si fueran parte de la boutique de joyería, y como si ahora estuviéramos creando juntos."

Nadie estaba más sorprendido por el éxito del negocio que el propio Shaun.

"Ni siquiera pensé que fuera a funcionar. Esperaba ganar 50 dólares más cada semana por el envío de un par de collares desde la bodega de mi tienda de patinetas, pero de pronto ya tenía más órdenes de las que podía manejar y dos semanas después ya había tenido que contratar a todas mis hermanas y les estaba pagando con collares."

A Sean sólo le tomó dos meses llegar a ganar cifras de seis dígitos.

No pasó mucho tiempo antes de que contratara más ayu-dantes, y para finales del primer año, el negocio ya había hecho 1.2 millones de dólares. Sin embargo, Shaun no estuvo ahí para celebrar porque se la estaba pasando bomba en otro lugar. Ocho meses después, sin embargo, ese proyecto llegó a su fin porque la emoción de Shaun por el negocio se basaba en la inclinada curva de aprendizaje, y ahora que ya había aprendido todo lo que nece-sitaba, estaba listo para tratar de aplicar ese conocimiento en un trabajo nuevo, uno cuya comercialización se basara en ayudarles a las marcas a contar historias y a divulgar mensajes positivos a través de las redes sociales, en lugar de en la venta de productos de consumo. Shaun le vendió el negocio a su socio y renunció a su empleo de día en la tienda de venta al menudeo, pero en lugar de empezar una nueva empresa de inmediato, aceptó un traba-jo de ensueño como representante de ventas de algunas de sus marcas preferidas de patinetas y snowboards, un puesto que le daba muchas oportunidades de "practicar" tanto como quisiera. Ese empleo también le consiguió el tiempo que necesitaba para estudiar el mercado y crear una idea de negocios escalable con alcance a largo plazo.

El trabajo exigía que viajara mucho, así que sus hermanas, que estaban en la preparatoria, le pidieron que descargara una nueva aplicación que se estaba popularizando entre los adolescentes lla-mada Snapchat. Eso le facilitaría compartir sus aventuras con ellas. Ahí estaba: la respuesta que había estado buscando. En esa época tenías que mantener tu dedo en la pantalla para que la imagen no desapareciera, y eso significaba 100% menos interacción. Podías dibujar caricaturas y garabatos con el dedo sobre tus fotografías, cosa que no se podía hacer en ninguna otra plataforma. Era algo divertido, y si Shaun había aprendido algo de su experimento con la boutique de joyería, era que se le facilitaba crear en internet comunidades seguras donde la gente pudiera reunirse para convivir y divertirse.

"El mayor desafío fue tratar de crecer en una plataforma a la que no le importaba el crecimiento. Al igual que la mensajería de textos, Snapchat se enfocaba en la comunicación, y por eso tuve que convertirla en una plataforma de creación de contenidos. Tiempo después la plataforma hizo actualizaciones que me ayudaron en ese aspecto, pero al principio tuve que ser creativo."

Hay una razón por la que los contenidos de Shaun captaron tanto la atención en Snapchat cuando muchos otros no lo lograban: él abordaba la plataforma como un negocio. Muchos empiezan a generar contenidos divertidos en una plataforma y sólo esperan que la gente los note y que su audiencia crezca lo suficiente para que las marcas empiecen a llamarlos, pero en general, tienes que ser mucho más proactivo. Shaun tenía un plan, se fijó una serie de metas y todo lo que hizo a partir de ese momento lo hizo para cumplirlas.

El primer objetivo era construir una audiencia por medio de la interacción creativa y las colaboraciones, así que empezó a garabatear. Todos los días publicaba un video de sí mismo haciendo algo tonto o una fotografía divertida que había alterado para hacer reír a la gente, como un unicornio vomitando arcoíris sobre un paisaje nevado o sus perros salchicha posando con disfraces tontos. También invitaba a sus fanáticos a participar en sus snaps. Un día, por ejemplo, se dibujó como un triceratops y anunció que quería construir Jurasnap Park; publicó solicitudes para que los amigos se tomaran selfies, se dibujaran como dinosaurios y le enviaran las imágenes. Tomó capturas de pantalla de las imágenes, las mostró y la respuesta fue tremenda. "La sentí como una comunicación directa. En muchas redes sociales puedes publicar una imagen bella y luego la gente comenta abajo, pero en Snapchat todo era más colaborativo. Escribimos las historias juntos."

La mayoría de la gente da por hecho que las habilidades artísticas de Shaun fueron lo que lo atrajo a la plataforma, pero en realidad, la historia de cómo "dibujó" su camino hacia el estrellato en Snapchat es más divertida.

Literalmente no sabía dibujar. Cuando decidí hacer funcionar Snapchat para mi negocio, pensé: "Bueno, quiero contar una buena historia, y además, creo que es una maravillosa plataforma emergente, pero mucho de esto tiene que ver con los garabatos y la creatividad, así que necesito aprender". Te juro que primero busqué en Google "Cómo dibujar dinosaurios", y luego, "¿Cómo hago ojos enojados?" Después de eso le puse los ojos al dinosaurio. Nunca copié nada, pero sí aprendí de forma autodidacta buscando arte en internet. Luego aprendí a hacer capas. Si me dejas trabajar en Snapchat te puedo hacer un dibujito divertido, pero si me das una pluma, papel o un pincel, probablemente no pueda hacer gran cosa.

Shaun se puso en contacto con Michael Platco, un talentoso artista de Snapchat que estaba consiguiendo conectarse mucho con la gente, y con el objetivo de hacer crecer mutuamente sus bases de fanáticos realizaron la primera colaboración en Snapchat: un encuentro de box. Cada uno invitó a sus fanáticos a enviarle "golpes" a su oponente, pero los golpes eran en realidad snaps garabateados con uno o dos coloridos ¡Pum! y con puños y guantes de boxeador. La persona que recibiera más golpes sería noqueada y, en menos de una hora, la gente ya había lanzado miles de golpes. Shonduras y M. Platco respondieron con selfies garabateadas para lucir como si alguien los hubiera hecho pomada. Finalmente declararon que la pelea había llegado a un empate, pero en realidad Shaun era el ganador porque había multiplicado su audiencia, que ahora contaba con miles de seguidores, lo que le permitió dar el siguiente paso de su plan.

Como el mayor impedimento para hacer crecer una marca en Snapchat era su impermanencia, el segundo objetivo del joven patinador era conseguir menciones en la prensa. No había manera de crear un vínculo (*link*) ni de compartir, y para colmo los contenidos se vaporizaban 24 horas después. La única manera en que los snapchatters les podían dar más longevidad a sus contenidos y establecer una presencia permanente en línea era tomando una captura de pantalla de las imágenes y enviarla a Twitter e Instagram. A Shaun, sin embargo, se le ocurrió que la otra manera podría ser consiguiendo que alguien escribiera sobre él. Como Snapchat ni siquiera tenía un sitio de internet, la única forma en que alguien podía enterarse más de la plataforma era a través de Google, así que Shonduras se propuso que su nombre fuera el primero en aparecer.

Una vez más, recurrió a su creatividad. Su madre, que lógicamente estaba orgullosa de su hijo, había contactado a un medio para sugerir que presentaran su trabajo, sin embargo, a Shaun le preocupaba que los periodistas no le prestaran atención a una persona que se promovía a sí misma, así que decidió usar la dirección de correo de su mamá para lanzar historias sobre Snapchat. Todas las noches le pedía a su asistente en Filipinas que redactara correos electrónicos personalizados a los contactos que tenía en las cadenas informativas como *Mashable*, *BuzzFeed* y *Business Insider*, y anexaba ejemplos de su trabajo. Los correos eran escritos con la voz de su madre: "Vi su artículo reciente sobre YouTube y me pareció que una historia que vi en esta nueva plataforma llamada Snapchat podría ser atractiva para sus lectores. Mi hijo hace estas narrativas que son verdaderamente divertidas ahí y…" En la mañana, cuando despertaba, Shaun encontraba tres o cuatro correos de gente pidiéndole a su mamá su número para contactarlo.

La atención de los medios creció como bola de nieve hasta que Shaun empezó a aparecer en *Time, Forbes* y *Fast Company*. Esto le permitió mantener una presencia relevante y constante, así que cuando las marcas se preguntaron cómo aprovechar la plataforma, tal como él lo había predicho, el primer nombre que les vino a la mente fue el de él.

Mientras sucedía todo esto, Shaun continuó trabajando paralelamente en su tercer objetivo: contar una historia para una marca. "Todas las marcas con las que he hablado son algo más que un producto; tienen una historia y quieren compartirla." Todo ese tiempo, el joven emprendedor había tenido en la mira a pequeñas bandas y negocios locales con la idea de que tal vez podrían darle la oportunidad de que les produjera algo de trabajo en forma de un caso de estudio que luego él mismo podría usar como herramienta de comercialización. Nadie se interesó en su propuesta hasta que le escribió a la gente de Disney. Increíblemente, esta marca, que era la más fuerte y grande de todas, aceptó. Ese año, el eslogan de branding de la empresa era "Muestra tu lado Disney", así que Shaun tuvo la idea de ir a todos los rincones de Disneylandia para buscar su "lado Disney", lo cual haría generando snaps y garabateando en todo el proceso. Su lado Disney, ¿era más caricaturesco?, ¿pertenecía a la Tierra del Mañana?, ¿o acaso a la Tierra de la Aventura? Al final, su lado fue todo porque terminó publicando en Snapchat una foto de sí mismo con una melena enredada como la de Tarzán, un brazo robótico, Campanita sobre su hombro y una peluca de Capitán Garfio, todo, garabateado con las herramientas de la plataforma.

A partir de entonces despegó el trabajo de desarrollo de marca. Además de retomar varias veces su papel como embajador de marca para Disney, Shaun ha creado contenidos de Snapchat para Red Bull, Xfinity Mobile, Taco Bell y muchas otras empresas. En 2015 incluso ayudó a promover el lanzamiento de *Star Wars:*

The Force Awakens, pero aun habiendo logrado todo ese éxito, seguía mirando hacia el futuro y pensando en qué más podría hacer.

"Ésa es la cuestión: una vez que triunfaste en algo, tienes que seguir moviéndote. Quién sabe cuánto tiempo más dure Snapchat, así que lo mejor será volver a aprovecharla al máximo."

Cuando todavía estaba teniendo bastante éxito en Snapchat, Shaun empezó a desarrollar su canal de YouTube. Originalmente documentaba lo que sucedía detrás de las escenas de sus alocadas aventuras y viajes en Snapchat, pero cuando empezó a realizar videos de YouTube más enfocados en esta plataforma y su vida comenzó a saturarse de reuniones, el canal incluyó cada vez más personajes de su vida, desde los empleados que trabajaban en "Spacestation" —el estudio y oficina de Shaun— hasta su esposa Jenny y su bebé, Adely. A finales de 2016 lanzaron un segundo canal de YouTube en el que todos tuvieron la libertad de materializar sus "locas ideas". Shaun lo visualiza como un programa en el que todos sus amigos y familiares juegan un papel específico, y espera que su público se haga adicto a las personalidades y a las líneas de la historia de la misma manera que alguna vez lo hizo con programas como *Seinfeld*.

Aunque los negocios de su marca de YouTube son más que los que hace para Snapchat, su audiencia en esta plataforma sigue siendo robusta. Además, Shaun continúa aceptando propuestas para dar conferencias, y entre ellas se incluye una plática TED. También está trabajando como asesor y les ayuda a las marcas a diseñar estrategias, trabajar con influencers e implementar campañas fuertes en redes sociales. En 2017 anunció que generaría contenidos de marca para Viacom, lo que incluye a Nickelodeon y MTV. Asimismo, recientemente lanzó una exitosa organización de deportes electrónicos (eSports) con algunos de los equipos más importantes del mundo. No hay señales de que se detendrá pronto. Este patinador de pelo largo con el instinto de un curtido hombre de negocios se compromete todos los días con diseminar mensajes positivos y darle a la gente razones para reír y divertirse.

¿Cuál es el secreto de su éxito? "Las relaciones personales. Creo que mucha gente establece relaciones falsas y unilaterales, es decir, sólo quieren preguntar algo o quieren hacer una colaboración y que alguien importante los mencione. Ese tipo de gente no desarrolla relaciones reales, no ofrece valor ni es generosa, pero si haces todo esto, tarde o temprano te será retribuido, y así es como surge el éxito."

Durante los últimos cinco años aproximadamente, he visto a este hombre ejecutar eso de una forma implacable, y lo que más adoro de él es la manera en que su felicidad se manifiesta en todo lo que hace. Es un narrador de historias clásico que no tiene miedo de probar cualquier cosa. Mientras muchas personas encuentran razones en el mundo para decir "no", Shaun siempre dice "sí", y ésa es su receta secreta.

10

TWITTER

Si la siguiente información te resulta un poco familiar, como si ya la hubieras leído antes en *Crush It!*, es porque así es. La estrategia para construir una marca en Twitter casi no ha cambiado en nueve años, pero la mayoría de la gente *todavía* no aprende cómo hacerlo de la manera correcta y efectiva.

Twitter es como el dispensador de agua fría de la sociedad, es el lugar al que todos van para conseguir la actualización más reciente o para enterarse de las noticias o del evento de la cultura popular que esté ocurriendo en ese momento, sin importar cuál sea. La única diferencia con el pasado es que antes los empleados de una oficina esperaban hasta el día siguiente de un evento para reunirse y compartir su conocimiento y opiniones, y ahora la conversación sucede en tiempo real, 24/7.

En este preciso instante que escribo te puedo decir que, en mi opinión, Twitter se encuentra en un punto muy delicado. Sigue siendo la única red social pura, el lugar en que la gente interactúa con el contenido, entre sí, y con los eventos, de una manera que no se presenta en ningún otro sitio. Hay otras plataformas que empezaron como redes sociales, por supuesto, pero lo hicieron en una escala mucho más modesta que Twitter. En Twitter basta un instante para que te zambullas en cualquier conversación sobre cualquier tema: cocina, espacio exterior, vino, zapatos casuales, política, patinetas o agua carbonatada. Si se hace de una manera inteligente, esta interacción puede instar a la gente a buscar tus contenidos en otros lugares, pero por desgracia, esta facilidad de interacción llevó a Twitter a desarrollarse más como una plataforma de conversación que como una plataforma de consumo. La gente habla mucho en Twitter, y tan sólo el enorme volumen ya es algo problemático. Si me escuchas en una conferencia, vas a consumir mucho más de lo que yo te recomiende, que si tenemos una conversación porque, cuando hablamos, y especialmente en grupo, es probable que nos interrumpamos entre nosotros, que hablemos al mismo tiempo que los otros lo hacen, y que nos distraigamos con todo lo demás que sucede en la habitación. Cuando hablas con los consumidores en Twitter, se les dificulta absorber todo lo que te interesa que absorban. El parloteo constante y el enorme volumen han sido geniales para la divulgación de ideas, lo cual, a su vez, es benéfico para los influencers y los medios de comunicación, sin embargo, la saturación de conversaciones también ha hecho que a la gente se le dificulte más surgir y tener éxito como una personalidad de Twitter.

Twitter para principiantes

De una manera desproporcionada, Twitter es el lugar idóneo para escuchar, reaccionar y apropiarse; el problema es que muy poca gente sabe escuchar bien, y por lo mismo, a menudo esta plataforma es un desafío particularmente importante para el tipo de persona que quiere construir una marca personal para que los demás *la escuchen*. La clave para interactuar adecuadamente en Twitter es escuchar bien; si prestas atención puedes encontrar los hilos de conversación que te llevarán a la gente a la que le apasiona ese tema con el que harás crecer tu influencia. Si eres un abogado que quiere convertirse en el próximo presentador de deportes con influencia, es probable que publiques en YouTube comentarios asombrosos relacionados con los deportes y que produzcas un podcast sobre este tema. No obstante, para lograr que alguien te lance siquiera una mirada de reojo en esas plataformas, dependerá casi exclusivamente de la calidad de tus contenidos, e incluso entonces habrá un número descomunal de gente que no te verá. En Twitter, en cambio, un prometedor presentador de deportes podría fijarse la misión de encontrar a toda la gente, es decir, absolutamente a todas las personas que estén hablando de Kolten Wong, Adam Wainwright, los Cardenales o los archirrivales de los Cardenales, los Cachorros; de Chicago o de Wrigley Field; y luego responderá de una manera interesante e inocua que propicie una conexión entre él y todos los fanáticos de los deportes. Al día siguiente podría hacer exactamente lo mismo con la gente que esté hablando sobre los Jets y todos los temas relacionados con ellos. Si hace las cosas bien y con la frecuencia necesaria, tarde o temprano podrá tomar a esas personas de los hombros de una forma virtual y dirigirlas hacia su sitio de internet, canal de YouTube o podcast.

La cuestión es que esto tomará una cantidad brutal de disciplina y paciencia, y aquí por favor permíteme definir el término disciplina: respaldar tus ambiciones con tus actos. Si una presentadora novata quiere convertirse en la próxima Linda Cohn, por ejemplo, necesitará pasar cuatro, cinco o incluso seis horas diarias trabajando en este tipo de interacción, y con mucha frecuencia tendrá que hacerlo antes del amanecer. En cambio, si sólo quiere que la gente que visita con regularidad los bares del pueblo reconozca un poquito su nombre, entonces 20 o 40 minutos al día serán perfectamente adecuados. Quizá.

Ahora bien, conservar la atención de la gente y hacerse de una suscripción o de un fanático leal, seguirá dependiendo por completo de la calidad de lo que esos consumidores encuentren en el sitio de internet de nuestra presentadora novata. El punto es que Twitter te da la oportunidad de atraer y atrapar —o digamos, darle un golpe y luego lanzarle un gancho derecho— a la gente para que entre a tu órbita, de una manera que no se puede hacer en otra plataforma. Es un proceso lentísimo y se requiere una cantidad brutal de trabajo, pero si estás dispuesto a hacerlo y tus contenidos son buenos, seguramente verás la recompensa.

Twitter para avanzados

Desarrollo de negocio Todos saben que Twitter sigue siendo el mejor lugar para captar mi atención porque, hasta la fecha, sigo consumiendo lo que la gente dice sobre mí ahí, más que en todas las demás plataformas combinadas. Y esto también les sucede a muchas otras personas de diversos campos. Como fue construida para ser una plataforma de conversación, Twitter es un lugar interesante para echar a andar oportunidades de desarrollo de negocio o colaboraciones a medida que haces crecer tu marca. De hecho, tal vez sea el mejor lugar para ello. Algunos influencers, por ejemplo, tienen cientos de miles o incluso millones de seguidores en Instagram, pero solamente algunos miles en Twitter. ¿Y dónde crees que les solicitan más que hagan favores o que participen en colaboraciones? En Instagram. Así que, a pesar de que tal vez pasen más tiempo en esta plataforma, es más probable que recibas una respuesta si les envías un mensaje directo en Twitter porque ahí la gente compite menos por su atención.

Pero usar Twitter como tu contenido base o pilar, tiene varias ventajas más:

◉ Es un directorio completo y confiable. Esta plataforma ha existido lo suficiente para perfeccionar su sistema de verificación, el cual le otorga una mejor función de búsqueda. En Instagram, en cambio, todavía puedes pasar mucho tiempo adivinando si la cuenta a la que te diriges es real o no.

◉ Su herramienta de retuiteo ofrece una oportunidad notable para producir atención inmediata. Digamos que haces una mezcla o *mash-up* en YouTube de los videos musicales del rapero Logic, y bueno, es poco probable que él la vea incluso si lo taggeas, es decir, si lo etiquetas. En cambio, si compartes la mezcla en Twitter, los retuits pueden impulsar tu video y provocar una viralidad exacerbada como la que hasta los

influencers más importantes notan. Este tipo de recomendación de boca en boca no existe en Instagram ni en Snapchat, y
es increíblemente benéfica para los creadores de contenidos.

◉ Y no sólo eso, también puedes tratar de incitar esas recomendaciones de boca en boca muchísimas veces más en Twitter que
en otras plataformas. Yo publico tres o tal vez cuatro veces al día
en Instagram, pero hay días en que puedo publicar 47 veces en
Twitter. El hecho de que la plataforma acoja la palabra hablada y
las imágenes, les da a los creadores de contenidos la flexibilidad
y la libertad de aumentar el volumen de sus narraciones.

En Twitter siempre estás solamente a un comentario de que te noten
y de lograr hacerte un nombre por ti mismo, así que entre más oportunidades tengas de hablar, mejor. Pero recuerda que los mejores invitados en las cenas no sólo cuentan grandes historias, también saben
escuchar con atención, así que trae toda tu inteligencia, tu ingenio y
tu agudeza a la fiesta, involucra a todos a tu alrededor para mantener
la conversación activa, y observa cómo crece tu influencia y tus oportunidades se multiplican. Ninguna otra plataforma te da esta oportunidad de presentarte a tanta gente con tanta frecuencia: no la ignores.

Imagina esta situación

Digamos que tienes 22 años, eres una universitaria llamada Anna
y tu sueño es convertirte en comentadora de deportes. Sé que hay
bastante gente así porque muchos de mis lectores me escriben correos
electrónicos todos los meses solicitándome que les ayude a conseguir
una pasantía en ESPN, en *Bleacher Report* o en *Barstool Sports*. ¿Sabes
lo que eso significa? Que incluso los chicos que han pasado la mayor
parte de su vida sumergidos en las redes sociales y no pueden recordar el tiempo antes de Twitter siguen mirando el mundo a través de

una lente estrecha, y que dejan pasar las grandes oportunidades de construir una carrera y una marca personal que tienen enfrente.

Lo maravilloso de los deportes es que son un gran elemento democratizador, y por eso cualquier fanático de basquetbol puede caminar hasta un grupo de veinte desconocidos que debaten quién es mejor, si LeBron o Jordan, y volverse parte del grupo en cuestión de minutos. Para mucha gente los deportes son el mejor tema para romper el hielo; además, también ayuda a muchos a formar nuevas relaciones con facilidad porque ofrecen una manera de conectarse con los desconocidos sin tener que hacer uso de otros identificadores sociales como su empleo, su vecindario o su escuela. Twitter fue construido para ese tipo de conversaciones, y de hecho no hay mejor plataforma para las personalidades y los entusiastas de los deportes porque, literalmente, no hay límite para la cantidad y los tipos de conversaciones sobre el tema en los que puedes involucrarte.

Ahora piensa en lo siguiente: ¿quién crees que tenga más oportunidad de conseguir una pasantía en ESPN: (a) la chica o el chico desconocido que envía su currículum junto con cuatro mil personas más que solicitan el mismo empleo, y que no tiene nada que lo respalde excepto una plegaria para que el director del programa de pasantías se tome la molestia de ver su portafolio, o (b) la chica o el chico que se convierte en una presencia activa y constante en los *feeds* de Twitter de todos los empleados y las personalidades de ESPN que en verdad necesitan la ayuda de un pasante?

Naturalmente, lo que diferencia a los presentadores de deportes entre sí es su mayor o menor capacidad de sintetizar datos, pero también la manera particular en que aportan algo al evento que se está discutiendo, ya sea la pelea de McGregor contra Mayweather; los Cavaliers contra los Warriors, o las finales de tenis en Wimbledon. Twitter no tiene rival en lo que se refiere a su capacidad de ayudarte a amplificar tu voz y tu marca. Si estás buscando empleo o si esperas dejar huella en una industria, considera que tu actividad en esta plataforma es la entrevista más extensa de tu vida, lo cual es bueno. Pocas cosas son más frustrantes que salir de una entrevista deseando haber dicho algo más para presumir lo que sabías o para enfatizar tu valor frente a una organización. En Twitter nunca tienes por qué sentirte así; el foro te da oportunidades infinitas de demostrar por qué eres especial y por qué mereces que te respeten.

Usa Twitter para mostrarle tu personalidad y tu perspectiva única al mundo, y en especial a toda la gente importante en los distintos medios deportivos que podrían requerir pasantes.

Empieza por observar todos los temas que están de moda (*trending topics*), y que en la aplicación verás enlistados cuando hagas clic en el símbolo de búsqueda. Forzosamente aquí debe haber algo relacionado con los deportes; cuando lo encuentres dale clic y empieza a expresar tus pensamientos en las dos maneras posibles. Puedes nada más empezar a escribir. Dado el límite de 280 caracteres, podría tomarte 11 tuits decir todo lo que deseas, pero no hay problema. También podrías grabar un video de ti misma hablando sobre el tema (el límite actual de video en Twitter es de 140 segundos), y luego publicarlo. Incluye el hashtag relevante para que todas las personas que busquen información sobre ese tema vean tus tuits. Una vez que hayas usado tanto las tendencias que te sientas agotada, busca otros temas de deportes e insértate en las conversaciones alrededor de los mismos. Esto lo puedes hacer contestando los tuits de la gente y compartiendo tus opiniones todo el día y todos los días a través de texto o videos sobre todo lo que se pueda decir sobre la Liga Nacional de Hockey, las artes marciales mixtas o la Asociación de Golf Profesional y la Federación Mundial de Taekwondo (que hasta junio de 2017 fue conocida como la WTF, pero luego cambió su concepto y eliminó la palabra *Federation* de su nombre original en inglés). Contéstale a la gente famosa, crea contenidos para responderles a cronistas deportivos, personalidades, entrenadores y atletas conocidos. De esta manera te darás todas las oportunidades posibles de que te descubran cuando la gente le dé clic a esos hashtags y observe las conversaciones.

Si haces esto de la manera correcta, deberá tomarte entre cuatro y seis horas.

El primer día.

El segundo día, repites el procedimiento entre cuatro y seis horas, o todas las que necesites y tengas libres cuando no estés en el trabajo o la escuela. No olvides que 11 minutos son 11 más que cero, pero también recuerda que 12 minutos te da más oportunidades de triunfar que once.

El tercer día es sábado. ¡Genial! ¡Es tu día libre! Eso significa que puedes pasar entre diez y diecisiete horas buscando temas relacionados con el deporte e involucrándote con otras personas interesadas en ellos.

El cuarto día, domingo, es día de descanso. Te levantas tarde, tal vez una hora, y eso te deja entre diez y dieciséis horas de trabajo, pero las aprovechas al máximo.

El quinto día es lunes. Vas al trabajo o a la escuela. Tuiteas en tu tiempo libre, como a la hora de la comida o en los descansos entre clases. Te reúnes con tus padres para cenar y dejas el celular guardado. Vuelves a casa, estudias para el examen que tendrás pronto si eso es lo que debes hacer,* y luego tuiteas hasta las 2:00 a.m.

Haz esto de manera consistente y constante, una y otra vez, hasta que te salgan callos en los pulgares y tus ojos empiecen a sangrar, o al menos hasta que sientas que ya deberían estarlo haciendo.

Uno de esos tuits, tal vez de los que publicaste en los primeros cinco días o quizá uno que publiques un año después, tendrá el contenido que captará la atención de alguien que trabaja en una estación deportiva en Kansas City, Montreal o Chicago, y que te contactará para averiguar dónde trabajas y si te interesaría formar parte de su equipo. O tal vez una estación de noticias te contacte y te solicite un

---

* Muchas pasantías deportivas requerirán que los solicitantes estén inscritos en un programa universitario o que sean recién graduados, y en este caso, lo mejor será que te esfuerces al máximo y que demuestres que la colegiatura que pagaste valió la pena.

comentario para un artículo (las nuevas estaciones monitorean Twitter muy de cerca en busca de material).

Un solo contenido en el ambiente de Twitter puede llegar a equivaler a cien de otra plataforma. Sí, el impacto es así de desproporcionado.

Ahora quiero dejar algo muy claro. Este libro, al igual que 99% de mis contenidos, es para la gente que no está 100% feliz, para los que se quejan, desean, esperan o se preguntan: "¿Qué pasaría si...?" Aquí hablo de trabajar 12, 14 o 17 horas al día porque, para llegar adonde ahora se encuentran, eso fue lo que necesitaron trabajar casi todas las personas que protagonizan las historias de éxito de hoy, y quienes se convirtieron en modelos empresariales a seguir. En realidad, yo no te recomiendo que tengas un estilo de vida poco saludable, es decir, que duermas poco o que te aísles de tu familia, sin embargo, a todos los críticos que dicen que los emprendedores como tú y como yo no tenemos equilibrio vida/trabajo, o que estamos mermando nuestra salud, les pregunto: ¿alguna vez se les ha ocurrido que esa gente a la que le insisten que debería dormir ocho horas diarias es tan infeliz con las 16 que permanece despierta, que está dispuesta a invertir esta cantidad de horas para cambiar su vida y mejorarla? ¿Qué preferirías? ¿Una larga noche de sueño y 16 horas de pena y desgracia todos los días, o un poco menos de tiempo en la cama a cambio de 20 horas de alegría cuando estés despierto? Yo siempre elegiré la alegría, y creo que la gente que la está haciendo en grande, también.

CÓMO LA ESTOY HACIENDO EN GRANDE

Jared Polin, FroKnowsPhoto
YOUTUBE: FROKNOWSPHOTO

El padre de Jared Polin tiene una excelente manera de explicar por qué siempre deseó ser su propio jefe: "No quiero que nadie me diga a qué hora puedo ir a orinar". El señor era vendedor de ropa infantil y era reconocido por su honestidad, por eso cuando Jared decidió iniciarse en los negocios por su propia cuenta, juró que, además de su peine de alambre, la honestidad sería su otra tarjeta de presentación.

Jared usa un peine de alambre como tarjeta de presentación porque tiene un afro verdaderamente aparatoso y porque es el fundador de FroKnowsPhoto, un canal de YouTube dedicado a transmitir "videos divertidos e informativos" sobre todo lo que quieres saber respecto a la fotografía; desde técnicas adecuadas de iluminación hasta cómo elegir el mejor equipo. Jared pasó su juventud trabajando en una tienda de aparatos fotográficos, empezó a sacar fotografías profesionalmente a los 15 años y luego pasó diez yendo a giras con bandas. Como verás, no es una persona a la que le haya costado trabajo averiguar qué le apasionaba.

Durante años tuvo un hermoso sitio de internet en el que mostraba lo mejor de su trabajo, pero en todo ese tiempo en realidad no lo aprovechó para hacer negocios. Cuando tenía 29 años, su madre murió inesperadamente de cáncer y él se quedó en casa para ayudarle a su padre a cuidar a su abuela que ya tenía cien años. Sacaba fotografías en bodas, que son el típico evento donde los fotógrafos trabajan para ganarse la vida; obtenía 20 000 o tal vez 30 000 dólares al año. En esa época la mayoría de la gente decía que los blogs eran la mejor manera de generarse un público, pero él no se consideraba escritor. De todas maneras revisó los canales de YouTube de otros fotógrafos y en general no le impresionó la información que se compartían en ellos. Sin embargo, en lugar de usar la sección de comentarios para criticar a los fotógrafos y decirles lo que estaban haciendo mal, decidió hacer las cosas mejor.

Jared canjeó sus habilidades como fotógrafo por un boleto y asistió a un evento en el que escuchó a un ruidoso vendedor de vinos hablando sobre cómo había aprovechado el medio de los videos para hacer crecer la licorería de su familia.

Este tipo era muy real y, aunque acababa de escribir un libro, no estaba tratando de vender nada. Dijo: "Para tener éxito en internet no se necesita conocer ningún secreto, sólo tienes que ser bueno en lo que haces; necesitas ser apasionado al respecto y salir a hacer lo necesario". Sus palabras hicieron eco en mí. Fue como si me hubieran quitado un peso de encima porque, por fin, alguien más estaba diciendo lo que yo pensaba. Había intentado algunas estrategias anteriormente, como hacer un par de videos y subirlos a internet, pero por distintas razones, no estaba en verdad concentrado. Supongo que en ese tiempo simplemente no estaba listo aún. Luego leí el libro, algo hizo clic y pensé: *Ahora sí estoy listo para esto.* Él lo hizo en el mundo del vino, así que no hay razón por la que yo no pueda salir y explotar el concepto en el mundo de la fotografía.

El propósito original de los videos que Jared hizo era que le ayudaran a conseguir más eventos para tomar fotografías, pero en lugar de eso, la gente empezó a buscarlo para pedirle asesoría sobre cómo comprar equipo fotográfico. Hasta ese momento siempre había considerado que cualquier otra persona que tomara fotografías era su competidor. Lo último que se le habría ocurrido era ayudarles para que pudieran competir con él por los trabajos que le interesaban, pero de pronto dio un giro de 180 grados y decidió regalar toda su información. "Porque, ¿sabes qué? La gente no tiene lo que yo."

También había otros motivos. La muerte de su madre le pesó bastante; llevaba años pidiéndole a su hijo que le enseñara a usar bien su cámara, pero el tiempo se les fue escapando hasta que ya no les quedo nada. "Es una de las cosas de las que más me arre-

piento en mi vida; ella quería aprender fotografía y no había ninguna razón para que yo no me tomara el tiempo para enseñarle.
Otras personas necesitan beneficiarse de mi conocimiento para
tener éxito y salir adelante."

Jared usó al tope una tarjeta de crédito y se endeudó por
15 000 dólares por un periodo de 18 meses con un financiamien-
to de 0% que, de acuerdo con sus sospechas, era el acuerdo que
el banco le ofrecía a su padre, pero venía a su nombre por equi-
vocación. Con ese dinero compró cámaras y equipo fotográfico, y
empezó a publicar sus contenidos.

Encontré algo que podía hacer y lo aproveché al máximo. Me
encerré dos años y trabajé noche y día; de hecho, filmaba un
video diario. Me levantaba en la mañana, buscaba una idea, filmaba el video, lo editaba, iba a comer, volvía, compartía el video, cenaba y luego me quedaba despierto hasta la 1:00 o 2:00
a.m. contestando los comentarios. No usaba telepromters
ni nada parecido, así que si cometía un error, me burlaba de
mí mismo y seguía respondiendo. En parte lo hacía porque no
sabía cómo editar video, lo único que sabía era ponerle una
introducción y un final. A veces tienes que conformarte y trabajar con lo que te salga, y como te salga.

En menos de seis meses Jared vio cómo aumentaba su audiencia:
primero cien vistas, luego doscientas. Todo ese tiempo estuvo co-
mentando, respondiendo preguntas e interactuando con la gente
que veía sus videos; en pocas palabras, estuvo disponible para cualquiera que quisiera hablar.

Crush It! habla sobre cómo construir tu negocio a partir de
search.twitter.com. También traté de contestar absolutamente todos los correos que me llegaban y compartí mi número

en Skype para que cualquiera me pudiera llamar a cualquier hora. Si estaba sentado ahí, tomaba la llamada y luego le pedía a la persona permiso para grabar la llamada porque no hay nada tan bueno como los contenidos gratuitos. La gente me hacía preguntas, y si tenía esas dudas, quizá había otras personas que compartían la curiosidad sobre exactamente el mismo tema.

Jared hizo algunos contactos para aparecer en los canales de YouTube de otras personas, y a medida que el número de visitantes empezó a aumentar, también creció el número de suscriptores. Poco después, Nikon, Canon y otras marcas de fotografía le pidieron que hiciera reseñas de equipo; a veces incluso ofrecían pagarle por hacerlo. "Yo soy muy franco, así que una persona puede pagarme, pero no puede ordenarme qué decir. Si resulta que el producto tiene algo malo, me paguen o no lo voy a expresar porque esto se trata de fortalecer tu credibilidad."

El modelo gratuito de los videos funcionó tan bien que, al final, ni siquiera tuvo que hacer trabajos fotográficos para otras personas, y ahora intercambia cosas y hace tratos con bandas y músicos con quienes desea trabajar. Ellos le dan acceso a sus actividades y él consigue más contenidos para compartir con la gente. En siete años ha publicado 2 400 videos, todos dedicados a ayudarles a otras personas a ser mejores fotógrafos; también ha acumulado 100 millones de vistas en YouTube. Al final de los primeros dos años, generó cerca de 80 000 dólares en ingresos, y actualmente dice que puede generar cifras de siete dígitos.

No vas a tener éxito a menos de que trabajes lo necesario, y si alguien te dice lo contrario, te está mintiendo. Lo que en verdad te prepara para triunfar es toda la perseverancia y el arduo trabajo que realizas en las décadas previas. ¿Te apasiona lo que estás haciendo ahora? ¡Entonces hazlo, maldita sea! Porque una cosa es leer el libro, y otra muy distinta, actuar.

He observado con mucho cuidado a Jared por años, y en mi opinión, lo que más destaca de él es su incapacidad para quejarse. Al igual que yo, este chico publicó cientos de horas de contenidos sin ganar casi nada de terreno al principio, pero eso no lo detuvo. Esa es la diferencia entre él y casi todas las demás personas, incluso mucha de la gente que leerá este libro: Jared no se dio por vencido pronto. ¡La persistencia lo es todo!

11

YOUTUBE

YouTube me hace increíblemente feliz porque aquí es donde creo que tal vez puedo ayudar a cambiar una vida más rápido que en ningún otro lugar. Desde 2009, millones de personas han renunciado a su trabajo y han comenzado a ganarse la vida en esta plataforma. YouTube es la razón por la que, tanto *Crush It!* como éste y todos los otros libros que he escrito, así como todos los demás elementos de mi vida profesional, existen.

Irónicamente, YouTube también es el lugar donde cometí uno de los más fuertes errores de mi carrera. En 2006 era una estrella naciente en la plataforma, pero para cuando empecé a escribir *Crush It!* había llegado a la conclusión de que Viddler, su competidor, tenía un sistema de taggeo y un equipo de administración que la hacían una mejor plataforma para mí y para mis contenidos que, para los estándares de 2007, eran particularmente largos. Además, debo admitir que me sesgó una decisión económica a corto plazo: la empresa me ofrecía una participación substancial en el negocio.* Estaba seguro de que mi apoyo y mi capacidad para poner la plataforma en contexto para toda la gente garantizaría su ascenso y éxito, pero me equivoqué. Aunque, ¿sabes qué? No importó porque, al final, independientemen-

....
* ¿Lo ves? Cuando te digo que no vale la pena sacrificar el éxito a largo plazo por una ganancia económica a corto plazo, sé de lo que hablo, por experiencia. Cuando finalmente pude construir mi presencia en YouTube, por ahí de 2015, solamente tenía 40 000 suscriptores. ¡Imagina a cuántos millones más de personas pude haber alcanzado en todo ese tiempo si no hubiera cambiado de opinión al ver la lucrativa oferta de Viddler!

te de si hubiera hablado en Viddler, YouTube o Google Video, mis consejos sobre cómo hacerla en grande en video habrían sido exactamente los mismos.

Sospecho que YouTube ha generado más riqueza y oportunidades en el modelo *Crush It!* que en cualquier otra plataforma hasta la fecha. Ciertamente, es la más importante para construir una marca personal, aunque Instagram se está acercando peligrosamente. YouTube incluso podría tomar el lugar de la televisión porque conforme pasa el tiempo, muchísima más gente envía los contenidos de la plataforma a sus pantallas de televisión. Además, en las horas estelares de cualquier día promedio en Estados Unidos, YouTube recibe más visitantes de entre 18 y 49 años que cualquier red de televisión, incluso si hablamos solamente de los teléfonos celulares, y me parece que ésa es una noticia impactante. Sé que no a toda la gente que está leyendo este libro se le facilita hacer videos, y por eso estoy muy agradecido de que existan otras alternativas para mostrar de una forma hermosa la palabra hablada, las imágenes fijas y el audio. No obstante, debemos ser realistas. Posiblemente con excepción de J. K. Rowling, autora de la serie Harry Potter, y de unos cuantos escritores más, en general, en los últimos 30 años las estrellas del video han superado financieramente a las estrellas de todos los demás medios.

YouTube para principiantes

Por favor, aun si no crees que puedas desarrollar tu marca a través del video, dale una oportunidad a esta plataforma. Hay mucha gente que no se considera digna de ser captada en cámara, pero vloggear y documentar no exige en absoluto que seas ni glamoroso ni bello ni que tengas rasgos superficialmente especiales. ¿Has visto lo que pasa ahí? Fuera de los blogueros de belleza, los fisiculturistas y los ídolos juveniles en ascenso —es decir, fuera de todos los que pertenecen a una industria en que tu apariencia *en verdad* importa—, toda la gente en YouTube tiene una apariencia francamente ordinaria. Hay vlogueros con tumores que los han desfigurado, otros con discapacidades, y también hay vlogueros de todas edades y formas. Vloguear es una forma increíble de documentar en lugar de crear, y eso significa que, literalmente, cualquiera puede hacerlo. No necesitas ser superdotado (al menos, no en la manera que 99% de la gente que está leyendo este libro define "superdotado") para triunfar en esta plataforma porque recuerda que estás documentando, no creando, así que tienes permiso de aprender sobre la marcha. No tienes que ser un experto (aún) ni tienes que ser exitoso (aún); lo único que en verdad necesitas hacer es lograr que el camino para llegar a esos dos puntos sea interesante.

Ahora bien, "interesante" es un concepto subjetivo. ¿Sabes qué me parece súper interesante ver? Videos sobre cómo ahorrarse un dineral en las ventas de garaje, y créeme que no soy el único. Ahora mismo que estoy escribiendo, una búsqueda rápida en YouTube me arroja videos dedicados completamente al tema de las ventas de garaje, los cuales reciben hasta 50 000, 99 000 y 137 000 vistas. Por favor nunca des por hecho que un video sobre ti o sobre las cosas que te gustan no será atractivo para toda la demás gente; permite que el mercado sea el que decida, y créeme: el mercado será honesto contigo.

El vlogging es un gran democratizador y YouTube es la nave nodriza del vlogging. YouTube es la plataforma donde esa persona que nadie creía que valiera algo puede llegar a triunfar, es una herramienta para encontrar tu mejor ángulo, y no me refiero al ángulo de la cámara. Si te interesan muchos temas, si no estás seguro dónde radican tus mayores habilidades, si te preguntas si tendrás el tipo de carisma y atractivo con que las personalidades de YouTube atraen al público, o si simplemente no puedes decidirte si prefieres ser la mayor autoridad estadounidense en el tema de los pijamas o el gurú al que todos recurren para informarse sobre la kombucha, levanta ese celular y empieza a documentar tu día. Sube todos los días los resultados a un vlog de YouTube, ve cuáles publicaciones reciben más atención y duplica la creación de contenidos sobre lo que quiera que sea que esté logrando que las vistas aumenten. Pero recuerda que para averiguar si tienes lo que se necesita, primero tienes que publicar algo. Yo en realidad no le di muchas vueltas cuando me pregunté si debía comenzar un programa como Wine Library o si sería suficientemente bueno para merecer que una audiencia en YouTube me prestara atención. En el instante que pensé que filmar la reseña de un vino era una buena idea, envié a un empleado a Best Buy a comprar una cámara, filmé el primer episodio y lo publiqué. Ese primer episodio se ve y suena completamente distinto a los que creé incluso apenas cuatro meses después porque descubrí que podía ser yo mismo. Hasta ese momento me había limitado, no porque me preocupara la opinión de la gente, sino porque tenía miedo a dejarme llevar en verdad, y que eso pusiera en riesgo todas las relaciones que la tienda tenía con clientes de mucho tiempo atrás que, mes a mes, me compraban 10 000 dólares en vino, y que tanto trabajo me había costado forjar.

Si ves el primer episodio, verás que estoy irreconocible, y no porque sea diez años más joven y esté siete kilos más pesado, sino porque mi personalidad está demasiado sometida. En el video digo muchas cosas propias de un experto en vinos como: "Cuando huelo esto pienso en un Clinet clásico o en un VCC" y "No voy a insistir con el Pétrus..." Pero luego, en el episodio 11, en la pared detrás de mí puedes ver una fotografía en blanco y negro enmarcada de Mohammed Alí y Joe Frazier luchando con todo en la Pelea del Siglo de 1971. Tal vez ése fue el primer objeto que realmente mostró a ese yo amante del box, y que logró colarse al programa.

En el episodio 40 empiezo a hablar de la alegría y la pasión, y luego corto a un fragmento de video del reclutamiento de la NFL que se televisó en 2006, en el que aparezco frente a la cámara gritando emocionado y a todo pulmón, con mis amigos y mi hermano A. J., como respuesta al anuncio de que los Jets habían seleccionado a D'Brickashaw Ferguson, un tacleador ofensivo de la Universidad de Virginia, en lugar de elegir al mariscal de campo Matt Leinart. Empecé a revelar otras facetas mías porque, como dije al final del episodio: "Tienes que apasionarte por otras cosas además del vino". Fue justo por esa época que empecé a comprender que el mundo estaba cambiando tanto que ese canal tenía el potencial de llegar a ser muchísimo más grande de lo que yo había anticipado, y que tal vez valía la pena arriesgarse a tener algunas pérdidas a corto plazo en el ámbito del vino, a cambio del valor a largo plazo que podría obtener si me permitiera ser verdaderamente yo.

Para el episodio 57 le pinté el dedo de manera virtual a la tradición. El episodio 58 se vuelve todavía más real: se intitula "I'm Not Pissed" ("No estoy encabronado"), y en él revelo que rechacé dos oportunidades de trabajar en cadenas televisivas, una oportunidad en el ámbito de los viajes, y uno en el del maridaje porque, sencillamente, no creía que la televisión fuera el futuro. Ahora bien, recuerda que, ¡se suponía que ése era mi programa de vinos! En ese episodio mi energía aumenta, hablo cada vez más rápido y también me torno más directo. Luego mi confianza se libera del todo con comentarios como: "Somos los mejores comercializadores del negocio vinícola. No necesitamos un blog para vender vino". Empecé a soltar coloridas frases como: "Qué mierda" y "¡Sólo prueba el pinche vino!", las cuales resplandecieron como semillas de granada en medio de mis monólogos. Para el episodio 61, cuando empiezo a pedirle a la gente que me envíe correos electrónicos porque mi bandeja de correo me confirmaba que había tocado una fibra importante y que había logrado emocionar e interesar a muchos, mi introducción se asemejó menos al programa *Masterpiece Theatre* y más a los programas del canal de lucha libre de la WWE.

Como puedes ver, la forma en que decía las cosas, la calidad y los contenidos de Wine Library TV fueron cambiando con el paso de los años. Digamos que le di al programa tiempo para evolucionar, y a mí me di tiempo para sentirme cómodo y para relajarme en el marco de ese formato; también me di la oportunidad de conocer a mi audiencia y de escuchar lo que me decía. Me han señalado que en términos de calidad y contenido, mi primer video fue diez veces mejor que el centésimo de algunas personas. Tal vez sea cierto, pero insisto, la calidad es subjetiva; hay quienes son exitosos a pesar de que son unos completos idiotas, porque al público le encanta verlos comportarse como tales. Estoy seguro de que fui coherente y es obvio que sabía de lo que estaba hablando, lo cual fue definitivamente un buen principio, pero recuerda que no hay manera de que en ese momento hubiera sabido que más adelante sería bueno haciendo videos. Si hubiera pensado demasiado la idea de empezar un programa sobre vino, y si me hubiera preocupado y dudado de mí mismo, tal vez habría encontrado un centenar de razones para no llevarlo a cabo; pero gracias a Dios no me detuve a hacer nada de eso y sólo obedecí a mis instintos. YouTube no te hará carismático e interesante, pero si lo eres, permitirá que el público lo vea. El problema es que, si no te lanzas y lo intentas, ni siquiera te servirá para eso. Date un año para ajustarte y prueba distintas maneras de abordar la situación, ve qué tipo de respuestas obtienes; escucha a tu público. Finalmente, todo se resume en esto: no permitas que la perfección se vuelva tu enemiga. No seas un soñador más de los que publican diez episodios, reciben comentarios malintencionados, o la gente los ignora, se desilusionan y cierran el canal. Por Dios santo, ¡date una oportunidad justa de tener éxito!

Absolutamente todo lo que ha sucedido en televisión también puede suceder en YouTube. Puedes surgir como estrella pop; puedes llegar a ser director de cine; te puedes convertir en Billy Mays, el hombre de los infomerciales. ¿Quieres ser una estrella de la televisión matutina? Lanza un programa de televisión de este tipo en YouTube. ¿Quieres ser el próximo Dr. Drew? Comienza un programa de preguntas y respuestas. ¿Quieres ser la próxima Rachael Ray u Oprah? ¿El siguiente Tavis Smiley o Chris Hardwick? Entonces empieza a cocinar, ser mentor, entrevistar o hablar de la cultura popular en YouTube mañana mismo.

Sí, ahora será más difícil de lo que habría sido si hubieras comenzado a hacer esto en 2011, cuando había mucha gente observando, pero no tanta creando; sin embargo, si en verdad tienes talento, si eres divertido, inteligente o creativo, triunfarás. Tal vez te tome varios meses o años más de lo que te habría tomado en 2011, pero sucederá.

La estrategia de "documentar, no crear" implica que, probablemente, tengas que lanzar una cantidad obscena de contenidos aburridos al miasma de contenidos aburridos que ya existen en YouTube, y eso está bien.

¿Sabes por qué?

Porque si al final el resto del mundo coincide en que tus contenidos son aburridos, sabrás que no estás hecho para esto, y entonces podrás moverte y hacer algo distinto.

O tal vez recibas un correo electrónico de una de las seis personas que vieron el episodio 94 de tus 200 episodios sobre lana, y esa persona resulta ser el director ejecutivo de tu empresa favorita de lana y te dice que le encantaría que trabajaras con él algún día si te interesa. Decides que nunca te convertirás en una estrella de PBS, lo llamas y concretas un trato en el que te comprometes a crear videos educativos para el sitio de la empresa. Como son una empresa grande, tienen cuatro mil visitas por episodio, lo que te permite construir tu marca a través de ellos. También es una empresa suficientemente sólida para pagarte muy bien por hacer algo que adoras.

Tal vez descubras que a pesar de que el público en general no quedó cautivado con tu vlog sobre cerveza artesanal, te divertiste más con eso que con todos los proyectos que habías realizado en tu carrera como desarrollador de software. Entonces te acercas a la cervecería Yuengling y les propones hacer videos educativos de entrenamiento para su personal, y ellos te añaden a su proyecto a cambio de un alto salario con una cifra de cinco dígitos. La paga es similar a lo que ganabas antes, pero todos los domingos te vas muy contento a dormir, porque te emociona regresar al trabajo al día siguiente.

¿Te volviste millonario? No. Pero sólo un diminuto porcentaje de la gente que intenta esto lo logra, así que es irrelevante. El objetivo es soñar en grande y luego hacer los ajustes prácticos necesarios en cuanto detectes dónde radica tu potencial. Pero nunca conocerás el alcance de ese potencial si no te das una oportunidad. Te garantizo que es mucho más extenso de lo que imaginas.

De un par de años para acá, las primeras personas que adoptaron YouTube y que estaban versadas en la tecnología, han estado viendo la plataforma a través de sus equipos de televisión. Dentro de muy poco tiempo todos estarán haciendo lo mismo y la siguiente generación no verá ninguna diferencia entre estos dos medios. YouTube será televisión y la televisión será YouTube. YouTube es un monstruo, y por algo Facebook está planeando añadir más características que lo hagan asemejarse bastante a esa plataforma. Cuando YouTube cumpla una década de igualdad como la plataforma de video establecida, Facebook tendrá que trabajar noche y día para competir con ella. Como estás a punto de ver, la pelea será un infierno.

Imagina esta situación

Digamos que te llamas Sam y eres un vendedor de seguros de 52 años de Alabama. Tus gemelos acaban de entrar a la universidad y tú te has quedado solo con tu pareja y los dos perros que han sido parte de la familia desde que tus hijos eran pequeños. Aunque estás muy emocionado de comenzar esta nueva etapa de tu vida, sabes que será difícil ajustarse a un hogar en el que ya no hay niños haciendo desorden por todos lados, haciendo berrinche y añadiéndole chispa e imprevisibilidad a una vida que, de otra manera, es bastante seria y tranquila. Has trabajado para la misma aseguradora durante 22 años y crees que tal vez sólo te quedan unos 15 años más antes de retirarte. Has ahorrado de manera constante y has invertido con inteligencia; casi no tienes deudas y la hipoteca de tu casa prácticamente ya está pagada. La vida se ve bien.

Sí, bien.

Luego tu mejor amigo te envía un video llamado "6 Mins for the Next 60 years of Your Life" ("6 minutos para los siguientes 60 años de tu vida", búscalo en Google.)

Al verlo te das cuenta de que tienes aproximadamente entre 30 y 40 años más de vida frente a ti, y quieres pasarlos mejor que sólo bien, ¡quieres que sean geniales! Además, ahora que los chicos se están independizando, tienes casi el doble de horas que antes para mejorar esos años por venir.

Empiezas a pensar sobre todos los pasatiempos divertidos y los intereses a los que renunciaste conforme tu vida se fue complicando y tus responsabilidades aumentaron. Siempre te gustó bailar porque tu mamá te forzó a tomar clases de baile de salón cuando eras niño, pero para tu sorpresa, no sólo disfrutaste de los ritmos y los movimientos de la salsa, el merengue y el swing: también eras increíblemente bueno bailándolos. Esta habilidad te sirvió mucho cuando saliste con chicas, e incluso así conociste a tu esposa, pero luego ambos lo dejaron cuando se fueron metiendo más en su vida de casados. También han pasado seis años desde la última vez que pisaste un gimnasio, y para este momento es probable que tus rodillas cedan después de un par de pasos de rock.

¿O tal vez no? Y si cedieran, tal vez no sería patético sino... ¿divertido? ¿Quizá sería algo de lo que tú y tu pareja se podrían reír juntos?

Le haces una propuesta a tu esposa: pongámonos en forma y empecemos a bailar de nuevo; y para que ninguno se eche para atrás, filmemos todo el proceso. Ella te mira emocionada, rápidamente toca las llantitas alrededor de su cintura y acepta.

Descubres que, efectivamente, tu credencial de membresía de la YMCA todavía está vigente a pesar de que no has ido al gimnasio en seis años. Ese primer día te subes a la caminadora y todo sale bastante bien; te sientes tan animado que vas a hacer pesas también. Todo esto te sirve para un triunfante video de tres minutos, pero desafortunadamente, tus músculos se rebelan contra la actividad física inusual y se traban tanto que los siguientes dos días los tienes que pasar recostado sobre tu espalda. Grabas los dos siguientes videos desde tu cama y les das a tus *dos seguidores* información sobre lo que te está sucediendo y lo que sientes respecto al baile, y de paso les explicas por qué te estás embarcando en este proyecto. Esos dos seguidores, por cierto, son tus hijos.

Cambias tus hábitos alimenticios, te comprometes con el gimnasio y empiezas a tomar clases de baile dos veces por semana. Todos los días filmas una publicación para tu vlog, compartes lo que te gusta, lo que no, tus consejos sobre la dieta, lo que aprendiste en clase y cualquier otra cosa que te parece que les interesará a los seguidores. Un mes después ya tienes cuatro suscriptores. Estás bastante seguro de que los dos nuevos son los compañeros de cuarto de tus hijos. Bueno, como sea.

Durante seis meses tú y tu esposa continúan en este viaje de desarrollo personal y los resultados son asombrosos. Entre los dos han perdido unos seis kilos, y la experiencia compartida de aprender algo nuevo juntos reavivó la chispa que se había atenuado en su matrimonio. Te estas divirtiendo como loco y eso se nota en tus videos, no sabes quiénes son todos esos suscriptores, pero al hablar con los que hacen comentarios te das cuenta de que varios son parientes mayores de los estudiantes que comparten habitación con tus hijos en el dormitorio universitario.

Finalmente juntas el valor necesario para inscribirte en la categoría de principiantes de un concurso local de baile, y aunque no quedas en los primeros lugares, tampoco sientes que hayas hecho el ridículo. El episodio 489 te muestra manejando seis horas para llegar a una competencia estatal en la que ganas la medalla de bronce del nivel de principiantes. Los siguientes videos documentan tu viaje a varias competencias de campeonato, así como la manera en que tu matrimonio dejó de ser aburrido y se convirtió en una experiencia candente.

Las cosas siguen mejorando. A lo largo de dos años de entrenamiento y vlogueo captas la atención de miles de personas que se sienten inspiradas al ver tu compromiso con la salud y el ejercicio a una edad avanzada, así como con una hermosa forma de arte que normalmente identifican con la gente joven y esbelta. Tú y tu esposa no coinciden exactamente con esa descripción, pero a la gente le encanta verlos de todas maneras. Tus seguidores te ayudan a elegir atuendos, te sugieren rutinas de ejercicio e intercambian historias de baile, pero también descubres que están tan ansiosos por hablar de estrategias que han usado para revigorizar sus relaciones personales, como de tu pasatiempo. Tu público ha ido creciendo y ya conociste a algunos de tus fanáticos; te asombra lo contentos que se ponen de conocerte en persona y cómo posan para fotografiarse contigo como si fueras una especie de estrella de televisión. Tus seguidores llegan a ser tantos, que de pronto se te ocurre que tal vez vale la pena contactar a otros canales de YouTube y preguntarles si estarían interesados en enviar algo de sus contenidos a tu página o en hacer una entrevista. Escuelas y maestros de baile, páginas de fanáticos de *So You Think You Can Dance* y *Dancing with the Stars*, marcas de equipo para bailarines, conferencias de baile y varias competencias empiezan a contactarte para preguntarte si pueden presentar su marca o aparecer en tu programa. Te llegan ofertas de patrocinios de empresas de equipo para hacer ejercicio, teatros y bebidas deportivas. Durante el día vendes seguros, pero antes del anochecer y ya tarde, en la noche, haces contactos y desarrollas tu negocio mientras tu esposa edita videos. Los fines de semana, bailan, y juntos están divirtiéndose como nunca en la vida.

Han pasado seis años desde que empezaste este proyecto, Sam. Ahora tienes 58, tus ingresos casi se han duplicado debido a que ahora los subsidian marcas relacionadas con baile, estilo de vida sano y desarrollo personal. Te parece que podrás retirarte de tu trabajo como vendedor de seguros en uno o dos años, cuando hayas ganado lo suficiente para pagar la deuda de la universidad de tus hijos. Sin embargo, no tienes intención alguna de retirarte jamás de tu vlog a pesar de que toma bastante trabajo mantener el impulso que ahora tiene. Nada de lo que has hecho para lograr esta transformación ha sido fácil, pero te has divertido muchísimo.

Esta historia la inventé, pero no tiene por qué quedarse en la fantasía, tú o tus padres pueden hacerlo. Demonios, ¡hasta tus abuelos pueden! Es un escenario que se puede reproducir en la vida real y, de hecho, ya ha sucedido.

Las mejores prácticas en YouTube

Si quieres aumentar de manera general el tiempo que la gente ve los videos que publicas en tu canal, asegúrate de poder responder las siguientes preguntas.

OPTIMIZACIÓN DE VIDEO

Títulos: ¿Cuánto tiempo invertiste en pensar el título de tu video? ¿El título refleja con precisión el contenido del video? ¿La mayor parte del título es visible en celular? ¿El título es corto y conciso? ¿Lo impulsa la emoción? ¿Lo optimizaste con palabras clave?

DESCRIPCIONES: ¿Optimizaste los dos primeros renglones de la descripción con palabras clave? ¿En la descripción hay vínculos a otros videos o playlists similares? ¿Hay un vínculo para suscribirse? ¿Hay vínculos a tus cuentas en otras redes sociales? ¿A todos los vínculos les puedes dar clic? ¿Los puedes rastrear?

TAGS O ETIQUETAS: ¿Hay por lo menos diez etiquetas en la descripción? ¿Incluiste etiquetas con una sola palabra y también etiquetas con frases? ¿Las etiquetas reflejan con precisión el contenido del video? ¿Las etiquetas son valiosas? Es decir, ¿tienen volúmenes altos de búsqueda y baja competencia? Esto lo puedes averiguar usando herramientas como VidIQ, Google Adwords Keyword Planner y Keywordtool.io.

THUMBNAILS O MINIATURAS: ¿La miniatura refleja con precisión el contenido del video? Si hay un texto en ella, ¿se puede leer fácilmente en todos los aparatos? El texto, ¿complementa el título?

TARJETAS DE YOUTUBE: Para extender el tiempo que la gente pasa en tu canal, ¿ya estás incluyendo en el video tarjetas de YouTube que lleven tráfico a otros videos importantes que has publicado?

OPTIMIZACIÓN DE CANAL

BANNER: ¿El banner refleja con precisión el contenido y el género del canal? ¿El tráfico se transfiere bien a todos los aparatos?

ACERCA DE LA DESCRIPCIÓN DE LA SECCIÓN/CANAL: ¿Los dos renglones superiores están optimizados con palabras clave? ¿El primer párrafo es un panorama del canal? ¿Incluiste el horario de carga? ¿Se puede hacer clic en todos los vínculos de redes sociales? (No necesitan ser rastreables.)

PLAYLISTS: ¿El canal tiene playlists personalizadas? ¿Las playlists tienen descripciones optimizadas con palabras clave? ¿Las playlists aparecen en la página de aterrizaje del canal?

TRÁILER DEL CANAL: ¿El tráiler del canal se muestra en la página de aterrizaje? ¿El tráiler refleja con precisión el contenido y el género del canal? ¿El tráiler del canal cuenta la mejor historia en la menor cantidad de tiempo?

CÓMO LA ESTOY HACIENDO EN GRANDE

Daniel Markham, What's Inside?
I: @WHATSINSIDE

Me parece muy adecuado que el responsable de impulsar la carrera de Daniel Markham haya sido un proyecto científico. Gracias a éste, Daniel dejó de ser representante de ventas de productos farmacéuticos y empezó a viajar como parte de un dúo de padre e hijo que va por todo el mundo dedicándose a cortar cosas a la mitad. Décadas de pruebas, experimentación y experiencia de vida condujeron a Dan y a su hijo a alcanzar su "éxito de la noche a la mañana".

Cuando era niño, Daniel siempre quiso ser empresario, pero para cuando se graduó de la universidad ya tenía una joven familia y prefirió aplicar los conocimientos que había obtenido en sus estudios de negocios globales y finanzas en el empleo que consiguió como representante de ventas de una empresa farmacéutica. El sueldo era bueno, pero de todas formas, durante varios años Daniel creó sitios de internet e incursionó en proyectos alternativos o "negocitos aleatorios que fracasaron por completo", como él les llama. Dan tenía la esperanza de que alguno de ellos despegara y le permitiera dejar su trabajo fijo. Cuando apareció YouTube, el ejecutivo subió videos de sus hijos y su esposa que compartió con el resto de la familia que vivía lejos de él, en Utah. Como siempre había monetizado sus sitios de internet con Google AdSense y lanzando algunos anuncios tipo *pop-up*, hizo lo mismo con los videos de YouTube, pero en realidad nunca ganó dinero con esto porque nadie los veía.

Un día, Lincoln, su hijo, se acercó a pedirle ayuda para hacer su proyecto de ciencias de segundo grado. La tarea era elegir una pregunta y responderla. El año anterior había elegido la pregunta "¿Por qué tenemos mocos?" y en la base de madera de su presentación pegó una nariz gigante con moco verde. Este año estaba interesado en averiguar por qué los humanos producían cerilla, pero Dan sintió que era muy similar a la pregunta del año anterior, así que después de pensarlo un poco, Lincoln decidió que, como adoraba los deportes, le gustaría averiguar qué había en el interior de una pelota. Con ayuda de su padre empezó a cortar pelotas a la mitad y a armar su proyecto. Dan decidió filmar el proceso y mostrar los resultados en uno de sus canales de YouTube al que le cambió el nombre por el de Lincoln Markham para identificarlo fácilmente. La idea era que después de hacer su presentación, Lincoln compartiera el nombre del canal con su maestra y sus compañeros de clase para que todos pudieran verlo cuando tuvieran tiempo. Dan ya había monetizado cerca de 80 videos para ese momento, incluyendo el video de los mocos del año anterior. Para hacerlos más atractivos, jugó con los títulos y con las palabras de las etiquetas, y añadió el video de las pelotas. Era enero de 2014.

Casi un año después, en un día invernal de diciembre de 2014, Dan recibió una notificación de AdSense avisándole que había ganado cuatro dólares, así que revisó sus datos. Como no venía de sus sitios de internét, revisó YouTube y descubrió que alguien estaba observando. De hecho, había suficiente gente visitando el canal para generar ingresos. De manera inexplicable YouTube había decidido que le gustaba su video y empezó a sugerirlo cada vez que la gente veía videos sobre beisbol. La gente daba clic y algunas personas empezaron a comentar y a sugerir otros tipos de pelotas para que Lincoln las cortara a la mitad. *Tal vez es esto*, pensó Dan. Luego le mostró a Lincoln lo que estaba sucediendo y le preguntó si le interesaría hacer más videos. Entonces, padre e hijo decidieron lanzarse de lleno.

Dan y Lincoln escondieron los otros videos del canal, le cambiaron el nombre a What's Inside? y empezaron a cortar. Pasaban cuatro o cinco horas juntos todos los sábados, Dan usaba su celular para grabar videos de ellos mismos cortando varios tipos de pelotas y luego los subía a la plataforma. Padre e hijo siguieron grabando los sábados, incluso cuando viajaban, pero cuando aprendieron más sobre cómo funcionaba el algoritmo de YouTube, decidieron lanzar solamente un video a la semana. Los videos eran cada vez mejores y bien realizados porque Dan aprendió por sí mismo a usar Final Cut Pro y mejoró los elementos narrativos. Cuando cortaron un balón de futbol, por ejemplo, abrieron con escenas de ellos lanzando el balón. Aprendieron todavía más cuando empezaron a trabajar en red y a hacer videoconferencias con otros youtubers. En uno de esos eventos, el primer CVX Live, Dan conoció al videógrafo de aventuras y deportes extremos Devin Graham, también conocido como devinsupertramp, y lo escuchó explicar que él había hecho dinero en YouTube: 10% a través de AdSense, 20% a través de contenidos bajo licencia, y 70% a partir de videos patrocinados. "Estaba asombrado. Pensé: *Ay, Dios, ¿también puedes hacer dinero de marcas que querrían poner sus productos ahí?* Era algo nuevo para mí."

En el verano de 2015 Dan concretó su primer trato con una marca al dar un discurso de ventas en un sitio de internet llamado FameBit, un sitio de marketing en el que las marcas publican ofertas para que los creativos promuevan sus productos. Dan recibió aproximadamente 250 dólares por abrir un cubo de Rubik, y luego 1 000 por cortar un colchón. "Pensé que ya la habíamos hecho. ¡Mil dólares! ¡Y sólo estábamos cortando un colchón!"

Algunos meses después, Dan conoció a Shaun "Shonduras" McBride (ver página 191), y Shaun le dijo que con el alcance de su canal —para ese momento tenía casi un millón de suscriptores—, deberían hablar con las agencias de publicidad que dirigían las campañas de marketing de los grandes influencers. "De vuelta al ajetreo. Por el día tenía ese empleo en el que vendía medicamentos y viajaba a ocho estados distintos, y en la noche, me sentaba en los hoteles y buscaba a la gente que hablaba en VidCon, la conferencia de video más grande del país. A cualquiera que pareciera salido de una agencia de publicidad lo investigaba en Google y averiguaba para qué empresa trabajaba. Luego lo contactaba por correo electrónico o por su página de contacto."

Una de las agencias respondió. Dan les dijo a los ejecutivos que si estaban buscando ideas creativas para sus marcas, él y Lincoln estarían encantados de trabajar con ellos. "Somos adecuados para las familias y cortamos cosas a la mitad. Es como un canal súper fuerte, listo para ser desempaquetado", les dijo, y ellos respondieron: "Bien, ¿por qué no firma este acuerdo de confidencialidad y hablamos?"

Resultó que la agencia representaba a Bill y Melinda Gates. ¿What's Inside y algunos otros canales de YouTube fueron elegidos para atraer la atención hacia la carta que escribían anualmente para delinear su postura respecto a problemas globales del momento y para desafiar a la gente a trabajar en favor de cambios positivos en el mundo. El tema de la carta de ese año fue: "Dos superpoderes que nos gustaría tener". Dan, que nació en Filipinas, hablaba Tagalog y había trabajado dos años ahí como misionero para la Iglesia de Jesucristo de los Santos de los Últimos Días, decidió que su superpoder sería llevar agua limpia y potable al mundo en vías de desarrollo. Su idea era llevar a Lincoln a Filipinas para mostrarle por qué la falta de agua potable era un problema tan serio.

Éste era su primer trato con una "marca grande", y por lo tanto, fue un momento importante. "Necesitábamos seguir haciendo una labor adicional y tratar de encontrar marcas que nos gustaran, con las que nos agradaría trabajar, y que fueran congruentes con nuestro canal. No queremos alinearnos con una marca en la que nosotros mismos no creemos." Esto implicó rechazar tratos, y a veces, tratos extremadamente lucrativos. Dan está orgulloso de Lincoln por hacerlo reflexionar cuando tuvo la mirada puesta en una agencia de publicidad que le ofreció entre 30 000 y 50 000 dólares por hacer un video de ellos cortando un juguete, porque ahí había un problema.

No era súper interesante, y si lo cortábamos la gente iba a pensar: ¿Por qué vi esto? Pero para ser honesto, yo iba a encontrar la manera de hacerlo y se lo dije a Lincoln. Me sentía un poco estresado, pero era una buena cantidad de dinero, como un cuarto de mi salario anual en el empleo con la farmacéutica. Pero Lincoln dijo: "No, papá, absolutamente no. Si hiciéramos eso nos estaríamos vendiendo por completo y nuestro público lo odiaría". Y en cuanto me dijo eso, pensé: *Tienes toda la razón.* Lincoln tenía diez años en ese momento.

No lo hicieron. En lugar de cortar el juguete publicaron un video distinto que estaban casi seguros que también decepcionaría a sus espectadores; en él, aparecían cortando el cascabel de una serpiente. Lincoln y su padre habían viajado al zoológico de Phoenix unos tres meses antes para grabar el corte como parte de la introducción, pero nunca publicaron el video porque Dan sabía que sería anticlimático. Gracias a sus investigaciones se había enterado de que en el interior del cascabel, ¡no había nada! Lo publicaron porque, como habían estado de vacaciones, no tenían otros videos para esa semana, así que sólo decidieron editar el final a pesar de que estaban cansados del viaje. Era sábado por la noche y Dan pasó cerca de siete horas editando el video que luego publicó, unos minutos antes de irse a la iglesia a la mañana siguiente.

Esa publicación se convirtió en el tercer video más viral de todos los de 2016 en YouTube y acumuló 42 millones de vistas en los primeros siete días. En este proceso, llegó al canal una audiencia completamente nueva, y muchos de los espectadores eran bastante mayores que los del demográfico al que Dan y Lincoln habían atraído antes. Entre ellos había gente que trabajaba en agencias de publicidad y marcas, así que ahora, en lugar de esforzarse en buscar y contactar a los grandes jugadores del marketing hasta las tres de la mañana, los grandes jugadores empezaron a acercarse a Dan.

En julio de 2016, renunció a su empleo de ventas.

La gente de mi generación no entiende las redes sociales en absoluto, y atrás de nosotros están mis padres, que son todavía mayores. Decir que iba a renunciar a un buen empleo en el que me tomó mucho tiempo llegar a cierto punto, y que lo iba a dejar para hacer videos de YouTube, fue difícil, y a ellos definitivamente les asustó, incluso cuando les di las cifras. Fueron conversaciones difíciles porque uno no quiere sentir que está decepcionando a la gente o que tu familia se preocupa por ti.

Su esposa siempre lo había apoyado incondicionalmente, pero tenía un empleo de tiempo completo en una empresa de Fortune

100 y estaba contenta con él. Sin embargo, renunció en cuanto se hizo evidente que el equilibrio de la familia, algo que era sumamente importante para ellos, no podría mantenerse si ambos padres trabajaban con horarios tan intensos. ¿Qué sucedió con Lincoln? Lincoln sigue haciendo videos con su papá, pero también va a la escuela, juega golf y pasea con sus amigos y sus hermanas como cualquier otro chico. Dan insiste mucho en proteger la infancia de su hijo y de sus niñas, ahora que también tienen un canal familiar; y mantiene una perspectiva saludable del mágico viaje del que su familia disfruta ahora.

Quiero que Lincoln sienta que todavía es un niño, y no que tiene un empleo de tiempo completo. Yo me encargo de un altero de veinte cosas que sería increíble, oportuno y bueno cortar a la mitad justo ahora, pero quiero que él regrese hoy a casa de la escuela y que vaya a jugar con sus amigos, así que no cortaremos nada, pero es un equilibrio complejo.

Nike les envía un correo electrónico diciendo: "Queremos que Lincoln sea uno de los influencers globales más importantes para esta campaña". Sea o no un influencer global —y me cuesta trabajo pensar que lo sea—, el hecho de que Nike esté convencida de que así es, ya forma parte del currículum de Lincoln y no desaparecerá de ahí. He hablado mucho respecto a los tratos con las marcas y al intenso trabajo que se requiere para conseguirlos, pero finalmente, la experiencia de conocer a Bill Gates gracias a ese primer video… bueno, es suficiente para olvidarse del dinero. Esto quedará como algo que hicimos juntos como familia, y es el tipo de cosa que si YouTube desapareciera mañana, permanecería en nuestro corazón porque se dio gracias a experiencias de vida asombrosas.

Tú nunca sabes qué funcionará en la vida, pero definitivamente, si no trabajas con ahínco todo el tiempo y pruebas cosas diferentes sin cesar, nada lo hará. Yo nunca pensé que terminaría cortando cosas a la mitad, pero si no hubiera intentado y fallado en todos los otros proyectos esos años, esto jamás habría sucedido.

Dan Markham y su familia son practicantes, hicieron su investigación, prestaron atención a los pequeños detalles y se mantuvieron fieles a su marca. Para mí es muy emocionante ver que a una familia le vaya tan bien porque sus miembros hicieron el trabajo necesario y lo realizaron a la perfección.

12

FACEBOOK

Facebook sigue siendo el coloso en el juego de las redes sociales. Es una plataforma que está a la par con YouTube en lo que se refiere a la construcción de una marca personal y de generación de riqueza. Esto tal vez resulte una sorpresa para algunos lectores porque mucha gente piensa que es una plataforma anticuada, el lugar donde los boomers y la generación X comparten fotografías de su familia y llenan cuestionarios para averiguar a qué personaje de *Game of Thrones* se parecen más, y no un lugar donde la generación joven invierte su tiempo y dinero. Pero no es así. La realidad es ésta: si vas a construir una marca personal y tratas de monetizarla, forzosamente *tienes que contar* con una página de Facebook. Punto. Facebook tiene casi 2 000 millones de usuarios activos al mes, y más de la mitad la usa diariamente. Hay 1 150 millones de usuarios activos diarios en celular. Así que si estás haciéndola en grande en Snapchat, YouTube o Instagram, pero no tienes una estrategia funcionando a toda máquina en Facebook, estás limitando severamente tu potencial y tu crecimiento.

Facebook para principiantes

Hay algunas razones por las que Facebook es tan importante. En primer lugar, a diferencia de todas las demás plataformas, Facebook te da el regalo de la flexibilidad porque los contenidos escritos y las fotografías no funcionan en YouTube. En este momento en que estoy escribiendo,

Instagram te permite un video de máximo un minuto de duración en la página principal de un usuario. No hay manera de que un contenido escrito extenso gane terreno en Snapchat, pero en Facebook, un blog de trece párrafos podría funcionar. Ahí puedes publicar fotografías o imágenes, y funcionan. Puedes incrustar un *audioplay* de SoundCloud, y va a funcionar. Un video de 13 segundos funciona, y uno de 13 minutos, también. Facebook ofrece una flexibilidad creativa completa y rotunda, y tiene el producto más fuerte que jamás haya sido creado en el campo de los anuncios focalizados. Nadie es demasiado cool para Facebook. Si todavía no lo haces, ve directamente a la plataforma ahora y registra tu página de admiradores porque incluso si no es el lugar donde generas el contenido pilar de tu marca personal, sí es el lugar donde todo lo que hagas en todas las demás plataformas cobrará vida por el resto de la existencia de tu marca personal.

Facebook no es solamente un lienzo en el que puedes crear contenidos originales, también es un canal de distribución imperativo. El ADN de Facebook es la recomendación de boca en boca; éste es el lugar donde el acto de compartir cultura ha prosperado más allá de toda medida. En otras plataformas generalmente conectas un gran hit o haces *strike*, pero en Facebook las cosas son distintas. Ahí, con 61 veces que compartan algo tuyo, estás consiguiendo un sencillo todos los días. Si eres bueno para la creación de contenidos, otro día podrías conectar un doble con 200 comparticiones. Podrías descender a 13 comparticiones con el siguiente contenido, pero luego puedes publicar algo espectacular que te consiga 7 000. Independientemente de lo pequeño que sea, cada vez que alguien comparte, construyes conciencia sobre tu marca de una forma nativa. En todo caso, es el mejor lugar para que la gente sin seguidores empiece a trabajar en la creación de su marca personal.

Gracias a su detalladísimo potencial de focalización —puedes dividir tu audiencia por intereses, claro, pero también por código postal o por las empresas para las que trabajas—, Facebook también es un lugar increíble para alguien con un presupuesto limitado. Si tomas en cuenta que una perfecta desconocida puede lanzar su marca de fashionista y sólo necesita 13 dólares para impulsar o focalizar su publicación de una blusa linda, y que dependiendo de su elección de focalización quizá consiga hasta 2 600 impresiones, tienes que admitir que es una plataforma tremendamente valiosa. (Cada vez que un anuncio se despliega, se graba una "impresión" electrónicamente en la pantalla del usuario). El costo por cada mil impresiones (CPM, en donde *M* significa *mille*, "mil" en latín) fluctúa con el mercado, pero hasta este preciso momento sigue siendo uno de los productos de publicidad más económicos y efectivos que existen, y es comparable a Google Adworks por lo que yo sé. Sin embargo, las cosas no siempre serán así. Dieciocho meses después de que este libro sea publicado, el precio de los anuncios de Facebook se habrá duplicado o aumentado aún más. Aprovecha esta pasarela abierta mientras puedas, y echa a andar tu marca para que la gente la conozca.

Por último, a pesar de lo grande que es YouTube, para cuando este libro sea publicado, Facebook estará emergiendo como un furioso competidor en video. Mark Zuckerberg dijo que el video era una "megatendencia", de la misma naturaleza que los celulares, y dejó claro que es el futuro de Facebook. En 2016 le dijo a BuzzFeed: "No me sorprendería si nos saltáramos cinco años en el tiempo y descubriéramos que la mayoría de los contenidos que la gente ve y comparte en Facebook diariamente son en video". Cuando Facebook quiere que algo funcione, lo respalda con todo lo que tiene. Por lo general, el efecto en el panorama de las redes sociales es parecido al de un cambio en las placas tectónicas (la plataforma está en el proceso de concretar tratos para generar contenido original en colaboración con medios de salida atractivos para los millennials como Group Nine Media, productor de *The Dodo*, y Vox Media). Sabiendo lo anterior, ¿no sería tonto dejar pasar la oportunidad de estar en Facebook lo más pronto posible?

Tal vez estés pensando: *Ya hice videos de YouTube, ahora sólo los voy a publicar en Facebook. Así mato dos pájaros de un tiro y listo.* No, no tan rápido. El algoritmo de Facebook siempre le dará trato preferencial a los contenidos nativos de la plataforma misma, si haces un video original para Facebook tendrás un alcance mucho mayor que si sólo reciclas algo de otra plataforma. ¿El video contiene un texto publicitario excelente? ¿Los tres primeros segundos son cautivadores? ¿Muestra una comprensión de la mentalidad del demográfico de Facebook al que le encantaría compartirlo con algún familiar o amigo? ¿Insta a la acción justo ahí y en ese momento? Hasta cierto punto, el video sigue siendo una novedad en Facebook, lo que significa que tiene el potencial de ser notado más pronto y de atraer una mayor cantidad de personas que cualquier otra cosa que pudieras publicar en YouTube.

Naturalmente, esto no significa que no debas publicar en YouTube o en todas las otras plataformas, pero no subestimes el impulso que duplicar esfuerzos en Facebook podría tener en tu marca. Facebook es la primera plataforma en combinar la capacidad de hacer marketing, ventas y branding en el mismo lugar, y sigue siendo bastante económica para la cantidad de atención que puedes obtener entre sus casi 2 000 millones de usuarios.

Facebook para avanzados

Facebook Live. Facebook se ha lanzado de lleno a Live para tratar de darles a los usuarios un lugar para regodearse en la experiencia cruda e inmediata que implica involucrarse de manera directa y en tiempo real con los espectadores. Es una herramienta fuerte, pero debes saber que el video en vivo es la forma de arte más difícil. Si eliminas las noticias, los deportes, las premiaciones y *Saturday Night Live*, hay muy pocos programas de televisión en vivo, y eso sucede por una buena razón. Cautivar a una audiencia lo suficiente para que interrumpa su rutina en el momento que quieres que te dé toda su atención, exige una habilidad enorme, y es pedirle a la gente mucho más que si nada más le propones que te vea cuando tenga tiempo disponible y voluntad de hacerlo. No obstante, la espontaneidad podría beneficiarte bastante. Si logras cristalizar un momento especial y compartirlo con tus fanáticos en tiempo real, el contenido también se puede convertir en algo verdaderamente especial para ellos. Si no, pregúntale a Candace Payne de Dallas.

¿Nunca has oído hablar de ella? Tal vez la conozcas mejor como la Mamá Chewbacca. El 19 de mayo de 2016, Candace abrió un Facebook Live para mostrarles a sus amigos de la plataforma un regalo que se compró ella misma: una máscara de Chewbacca gruñendo. Estaba tan emocionada que no pudo esperar a llegar a casa y empezó a filmar desde el interior de su auto cuando todavía estaba en el estacionamiento de Kohl's. Como título le puso a la publicación: "It's the Simple Joys in Life" ("Son los simples placeres de la vida"). Era divertido verla, pero lo que en verdad captó la atención de la gente fue su contagiosa e imparable risa mientras se deleitaba con su compra. Tal vez la gente se sentía hastiada, tal vez estaba cansada de los pesados contenidos sobre las elecciones que se llevarían a cabo pronto y otros temas serios, pero sea cual sea la razón, la publicación les encantó a quienes la vieron, y entonces empezaron a compartirla, al igual que todas las demás personas. Para diciembre de 2016 ya había alcanzado 162 millones de vistas y se había convertido en el video de Facebook Live más popular de ese año. Como muchos han señalado, la gran mayoría de la gente vio el video cuando ya no estaba en vivo, sin embargo, este formato fue el que hizo el momento posible. Si Candace hubiera sabido que lo estaba publicando para la posteridad, tal vez se habría cohibido o quizá habría pensado con anticipación lo que iba a decir, pero en lugar de eso sólo encendió el celular, empezó a filmar con la guardia baja y permitió que su personalidad brillara como los dos soles de Tatooine. No se puede ser más auténtico de lo que ella fue, por eso la gente se enamoró. Por algún tiempo Candace formó parte del circuido de celebridades, apareció en programas de entrevistas y en otros medios. Kohl's la recompensó fuertemente con miles de dólares en tarjetas de regalo y mercancía, y la invitaron a conocer a Mark Zuckerberg en Facebook. Hasbro, fabricante de la máscara original de wookie, le regaló una figura de acción personalizada con la cabeza (cubierta por la máscara removible) pegada a un cuerpo de wookie. Pero lo que es verdaderamente divertido es que Candace usó sus quince minutos de fama para seguir construyendo su marca como una persona positiva y profundamente religiosa que se dedica a difundir esperanza, alegría y optimismo. Consiguió una serie de videos en la plataforma TLC, y a través de su sitio de internet recibió una extensa lista de invitaciones para presentarse como oradora. También obtuvo un contrato para escribir varios libros, y de acuerdo con lo que dijo en un video que hizo mientras se preparaba para enviarle a su editora el manuscrito del primero, *Laugh It Up*, publicado en noviembre de 2017, fue escrito: "para quienes creen que la alegría es algo frívolo que no merecen".

La historia de Candace Payne parece un cuento de hadas e incluye ese tipo de momento que no se puede planear. Por eso yo no le recomendaría Facebook Live a nadie, a menos de que haya perfeccionado su técnica de video, haya tenido algo de éxito por algunos años y esté listo para dar el siguiente paso en el juego de las redes sociales. Éste no es un lugar donde uno pueda empezar de cero porque la experiencia podría ser un poco similar a la de alguien que se monta por primera vez en una bicicleta sin rueditas de entrenamiento. A los lectores que ya estén listos, sin embargo, Facebook Live podría ayudarles a capturar un momento único que no hayan previsto, y eso podría lanzarlos a la fama.* John Lee Dumas, fundador de Entrepreneurs on

....

* Y particularmente si lo tuyo son los deportes. Estoy seguro de que tarde o temprano aparecerá un deporte que se construirá de cero, a partir de Facebook Live, o quizá, incluso alguna plataforma en vivo que todavía no existe. Predigo que su aparición cambiará drásticamente la industria de los deportes televisados tal como la conocemos ahora. No olvides mis palabras.

Fire, también cree en este medio.

> Sin duda alguna Facebook Live es lo que viene. Yo estoy teniendo un éxito enorme usando plataformas como Wirecast y BeLive.tv, que son simplemente herramientas que me permiten sentarme frente a mi computadora y hacer un Facebook Live, pero también tienen una función para sobreponer texto, para jalar los comentarios de la gente y tener una interacción abierta. Gracias a esto, el involucramiento y la experiencia en tiempo real que estoy teniendo me han llevado a un nivel completamente distinto.
>
> Todos están ahí porque les llega esta notificación que parece un parpadeo. "John está en vivo ahora mismo." Yo en realidad le llamo Té con JLD porque hace una rimita que me gusta. Me sirvo una taza de té, me concentro en el Facebook Live y generalmente empiezo a despotricar sobre algún tema por cinco o diez minutos. Luego respondo preguntas. Me quedo ahí un rato, tal vez media hora o una hora completa, y recibo cientos de comentarios y miles y miles de vistas, sólo por abrir Facebook Live. Por eso, para mí, ahí es donde están sucediendo las cosas justo ahora. La atención de todos está en Facebook Live.

Colabora. Si estás construyendo una marca que se basa en chistes, cocina, bicicletas, deportes extremos o trajes de baño, *lo que sea*, ve a la parte superior de Facebook y haz búsquedas con palabras que estén relacionadas con tu negocio. Encuentra las páginas de fanáticos que tengan más seguidores, envía un mensaje a los administradores y hazles una oferta increíble que les haga ver que vale la pena y que les conviene compartir tus contenidos originales en su plataforma o trabajar contigo de otras maneras. Si eres motociclista, por ejemplo, y si das un golpe viral con una publicación sobre cómo un casco te salvó la vida, lo mejor que podrías hacer sería pasar horas poniéndote en contacto con todas las páginas populares de fanáticos de las motocicletas y ofrecerles un increíblemente divertido PSA (anuncio de servicio a la comunidad) sobre cascos para que lo compartan en su página. Colaborar en Facebook es un movimiento estratégico que tiene un potencial enorme para hacer crecer tu audiencia rápidamente.

Imagina esta situación

Digamos que eres una agente de bienes raíces de 42 años que se acaba de divorciar. Te llamas Sally y vives en Sacramento, California. Hay muchísima gente comprando y vendiendo bienes inmuebles, así que, ¿cómo vas a destacar?

Empiezas por crear una pieza pilar de contenido. En este caso, tu pilar ideal sería un podcast semanal que la gente pueda escuchar cuando maneje por la ciudad para echar un vistazo a los vecindarios. Hacer un podcast quincenalmente estaría bien, y hacer uno mensualmente sería mejor que nada, pero ya sabes que entre más contenido lances, más oportunidades propiciarás. No te desesperes, en un momento te explicaré por qué Facebook es la estrella de esta historia.

Tu podcast explora las minucias de la vida diaria en Sacramento y sus alrededores, y te establece como la "alcaldesa de los contenidos virtuales" de la ciudad. Los residentes locales te sintonizan para escuchar tu opinión de su amada ciudad. Un día podrías hacer una reseña de los restaurantes locales y los platillos principales, otro día podrías averiguar sobre la historia de la ciudad, y en otra ocasión podrías entrevistar a influencers locales. A partir de entonces, cada vez que alguien quiera saber más sobre Sacramento o su futuro, todos sabrán a quién contactar porque ya dejaste claro que nadie conoce la ciudad ni la ama tanto como tú.

Cuando estás haciendo tus historias sobre la gente, los lugares y las cosas que hacen que Sacramento sea un lugar único y emocionante para vivir, tomas notas, y en cada podcast destacas los detalles que podrían convertirse en piezas adicionales de contenido. Por ejemplo, si entrevistas al superintendente del distrito escolar y él menciona que cinco de sus maestros acaban de recibir prestigiosos premios nacionales, ya encontraste otro tema para crear contenido. Rastrea a esos cinco maestros, tómales una fotografía y haz una publicación en Facebook que pregunte: "¿Sabía usted que cinco maestros del distrito escolar de Sacramento fueron reconocidos a nivel nacional por su excelencia en la educación?" Incluye un vínculo a tu podcast con la entrevista al superintendente escolar. Más y más habitantes de Sacramento se enteran de quién eres y se convierten en escuchas regulares. Cuando uno de ellos descubre que la familia de su amigo se está mudando a la ciudad porque su esposa fue transferida en su trabajo, les envía el vínculo del podcast para que sepan más sobre el distrito escolar. De repente, una familia que necesitará comprar una casa tiene tu voz en sus oídos y tu información de contacto en la punta de los dedos. Este ciclo se repite una y otra vez hasta que, en cinco años, ya estás tan establecida como la mayor experta en bienes raíces de Sacramento, que el trabajo te llega casi exclusivamente por recomendaciones.

Luego produces más contenidos, sales y haces videos o tomas fotografías de los lugares sobre los que hablas en cada podcast, y publicas los archivos en Facebook. Vinculas tu podcast a las imágenes, y así la gente que todavía no vive en la ciudad puede ver por sí misma cómo son estas zonas sin tener que hacer nada más que abrir su computadora y entrar a internet.

Ahora bien, ¿quién diablos verá estos contenidos si eres nueva en el negocio, sólo tienes doce seguidores y la mayoría son parte de tu familia? Los verá mucha gente porque Facebook es el único lugar donde puedes invertir algunos dólares de una forma increíblemente inteligente. Su focalización no tiene igual; podrías gastar tal vez 50 dólares e invertirlos en todos los usuarios de la plataforma que vivan en Sacramento y tengan entre 25 y 72 años, y así tendrías la posibilidad de llegar a diez mil personas. Los detalles de esta plataforma y de sus capacidades de focalización están cambiando todo el tiempo, así que para tener a la mano las tarifas y las prácticas más actuales, tienes que hacer una búsqueda en Google: "Cómo lanzar un anuncio de Facebook". Luego, cuando la gente empieza a comentar en tu página o en tus contenidos, respondes todos los comentarios, en todas las ocasiones (lee *La economía de la gratitud,* Aguilar). Cuando no tengas audiencia deberás aprovechar cualquier oportunidad para interactuar con la gente que se interese en ti. Si no lo haces, estarás cometiendo un error garrafal, y el hecho de que tenga que decir esto, habla de la audacia y holgazanería de mucha gente.

Un podcast sería el mejor pilar para cualquier agente de bienes raíces, pero si no te sientes cómoda con eso y resulta que eres una excelente escritora, entonces tu pilar debería ser una publicación semanal en tu blog: Esta semana en Sacramento. En este blog compartes toda la información que sugerí para el podcast, pero por escrito y, además, añades noticias actualizadas de inmuebles locales. Ahora no solamente eres la experta en contenidos virtuales de la ciudad, sino también su periódico oficial.

Escribes un artículo sobre la tienda de donas más antigua de la ciudad. El dueño mencionó que estaba nervioso por el nuevo Walmart que van a construir justo al lado de su local. Publicas el artículo de las donas, luego dibujas (o le pagas a alguien veinte dólares para que dibuje) un boceto de la esquina donde se encuentra la tienda de donas, pero incluyes un gran logo de Walmart. Publicas esta impactante imagen en tu página de Facebook también. Es tan fuerte que cualquiera que esté interesado en la tienda o en Sacramento podría detenerse a observarla mejor mientras va deslizando la pantalla. La gente le da clic al vínculo incluido en tu publicación y esto aumenta su noción de quién eres y qué haces.

Como agente de bienes raíces, tu pilar también podría ser un programa de realidad como mi DailyVee. Contratas a un pasante o a un videógrafo profesional para que te siga mientras muestras casas, asistes a reuniones, negocias e interactúas con colegas, pero también cuando vas al juego de beisbol de tu hijo o cuando haces compras en el supermercado. En pocas palabras, filmas una carta de amor cotidiana (y una queja ocasional, de ser necesario) para la ciudad donde vives y trabajas, y luego compartes ese amor con tus espectadores al estilo de las estrellas de los programas de realidad.

Cuando te sientas cómoda haciendo videos, Sally, probarás el Facebook Live. Todos los jueves, de 8:00 p.m. a 9:00 p.m., los habitantes de Sacramento y quienes podrían mudarse ahí pronto te podrán encontrar frente a la cámara, lista para responder cualquier pregunta que tengan sobre el mercado inmobiliario, los vecindarios, las escuelas, los médicos, las tiendas de tatuajes... es decir, toda la gente y todos los lugares que conforman la comunidad. La gente disfruta ser parte de tu programa y tú puedes difundir tu conocimiento, ayudar a muchos y construir tu marca. ¡Todos se benefician!

Publicas los videos en Facebook, luego extraes fragmentos para crear cientos de minivideos en los que explicas cómo negociar un contrato, en qué fijarte cuando vas a ver una casa, así como sugerencias para que los vendedores primerizos decoren sus inmuebles.

Mientras estás ocupada publicando contenidos originales en Facebook, también te unes a todas las comunidades de la plataforma que puedes. Por supuesto, te unirás a las comunidades nacionales de agentes de bienes raíces, pero también a los grupos de madres de Sacramento, en los que no venderás porque sabes que nunca debes pedir nada sino hasta que has dado el doble o más de lo que esperas obtener.[*] Te unes al grupo porque eres mamá o porque quieres serlo, o porque tienes sobrinas y sobrinos y quieres dominar la forma en que te

---

[*] Este es un punto crucial que, por cierto, explico con detalle en otro libro: *Jab, Jab, Jab, Right Hook*. Si todavía no entiendes los matices de los golpes rápidos y de los ganchos derechos, consigue un ejemplar del libro antes de que empieces a actuar como un imbécil.

comunicas con ellos. Si tienes familia, también te unes a otros grupos orientados a este tema. Si juegas golf, te unes a los grupos de golf. Si te gusta Pokémon Go, te unes al grupo de Pokémon Go Sacramento. Te involucras en todos los aspectos alegres de la ciudad. Si te involucras como loca y construyes tu marca personal de la manera adecuada, las personas sabrán que eres agente de bienes raíces, pero no se alejarán de ti porque también sabrán que, antes que nada, eres un ser humano, y se acercarán a ti de la misma manera que lo harían si te conocieran en persona. Cuando te hayas convertido en influencer en estos grupos, los miembros revisarán tu página de negocios de Facebook y te contactarán cuando estén listos para comprar o vender una casa.

Esta estrategia parece implicar muchísimo más trabajo que el que toma posar para una fotografía frente a una linda casita con un letrero que dice: CASA EN VENTA, ¿no te parece? Pero también parece mucho más interesante. ¿Cuál crees que atraiga la atención y la lealtad de más consumidores? Bien, ya sabes la respuesta.

CÓMO LA ESTOY HACIENDO EN GRANDE

Brittney Castro, Financially Wise Women
I: @BRITTNEYCASTRO

Brittney Castro está creando una marca personal en una de esas industrias que te desaniman en casi cada paso: las finanzas personales. Originalmente Brittney quería ser planeadora de eventos porque le gustaba socializar y trabajar con gente. Las matemáticas siempre se le habían facilitado, pero pensaba que las finanzas podrían ser una carrera estéril y aburrida. Sin embargo, cuando le ofrecieron un empleo como asesora financiera, su consejero vocacional le comentó que estos dos campos tal vez tenían más en común de lo que a ella le parecía porque ambos implicaban ayudar a la gente, y le dijo que nunca estaría segura si no hacía la prueba. Entonces Brittney se unió a una firma corporativa importante y a lo largo de cinco años acumuló entre 60 y 70 horas de trabajo a la semana. Su asesor tenía razón: el trabajo le gustó. Lo que no le agradaba era el estrés y el ambiente corporativo. "El estilo de vida no coincidía con quien yo era por naturaleza. Siempre estaba enferma porque estaba tratando de ser alguien que no era. Creo que se debía a la presión interna de seguir el camino que me decían y a que me daba cuenta de que no me conducía a una vida feliz."

Cuando llegó la Gran Recesión de 2008, Brittney comenzó a leer libros de desarrollo personal. Si iba a trabajar durante buena parte de su vida, le pareció que lo mejor sería encontrar algo que disfrutara hacer. Al mismo tiempo, notó que las mujeres estaban empezando a abrir canales de YouTube dedicados a la belleza, el maquillaje y la moda. "Entonces pensé: ¡Vaya! ¡Eso se ve muy divertido!"

Brittney comprendió que quería permanecer en el ámbito de las finanzas: "Sólo necesitaba más libertad para hacerlo de una manera que me pareciera auténtica". Entonces se propuso convertirse en la siguiente Suze Orman.

Suze es genial, pero es para un demográfico de mayor edad. Yo soy mujer, estoy en las finanzas —un campo donde no hay muchas—, soy joven y soy mitad latina, ¡así que más me vale hacer esto! Pero fue un proceso porque, en especial en las finanzas y en el derecho, lo único que te enseñan durante mucho tiempo es: "No, no puedes, no puedes, no puedes". Era casi como romper una coraza y encontrar mi propia voz, aprender a ser auténtica en internet, pero seguir siendo profesional. Me ha tomado años encontrar ese nivel de comodidad.

La autoproclamada "nerd de los negocios" también se alimentó con una dieta constante de libros de marketing y branding. Leyó *Crush It!* justo cuando se cambió a un despacho independiente donde tendría más libertad para apalancar una marca personal. En 2011 abrió un blog, una página de Facebook, un canal de YouTube y una cuenta de Twitter. "Tenía que explicarles que era lo mismo que ir a un taller y enseñar sobre el dinero. La única diferencia era que yo enseñaba con videos en mi canal de YouTube; simplemente era como tomar lo que hacía en la vida real y volverlo virtual." Pero Brittney todavía tenía que esperar a que le aprobaran cada tuit y cada guion, y "aunque era un dolor de cabeza, me enseñó a ser muy considerada y deliberada, y a no solamente abrir la boca y dejar salir todo lo que estuviera dentro nada más porque sí".

Dos años y medio después la joven dejó esa firma para empezar su propio negocio al que llamó Financially Wise Women, el cual se concentraba en ayudar a mujeres y a parejas de entre 30 y 50 años.

No toda la gente estaba impresionada, pero a ella no le importó. De hecho, entre más se oponían sus colegas, más se convencía de que estaba en el camino correcto. En 2015, por ejemplo, lanzó un video de finanzas en rap, en YouTube.

Muchos asesores financieros me enviaron correos electrónicos o hicieron comentarios diciendo: "Esto es muy poco profesional" y "Estás usando tu certificación como planeadora financiera de una forma inapropiada". Yo quiero ser respetuosa y me ajusto a las regulaciones, pero cuando llegaron esos comentarios, pensé: "¡Sí! Eso es exactamente lo que quería escuchar porque no hice el video para usted. Usted es un hombre blanco de edad avanzada de Wisconsin, y esto es para adolescentes urbanos a los que les gusta ver videos de BuzzFeed. Les estoy enseñando principios sobre finanzas de una manera divertida y lúdica, y me encanta". Creo que es válido escuchar lo que los otros opinan, pero tengo que ser fiel a mí misma y a la visión que tengo para mi negocio y mi vida.

Actualmente Brittney está en todos los canales esperados, pero sorprendentemente, uno de sus favoritos es Facebook Live. "Me encantan los contenidos en vivo. Para mí es muy sencillo abrir Facebook Live, conectarme con la gente y responder sus preguntas. Creo que eso es lo que más valor les ofrece y lo que más real les parece." La asesora no solamente hace sesiones de Facebook Live en sus propios grupos y en su comunidad de Facebook, también los ha hecho con algunos socios de marca como Chase y Entrepreneur. Brittney espera algún día poder hacer un programa en video de transmisión en vivo para apalancar todas las comunidades con que trabaja.

Mientras tanto, aunque algunas personas de su industria le lanzan críticas, otras firmas y otros asesores la contratan porque están interesados en aprender más sobre cómo comercializarse y construir su propia marca, aunque sea dentro del marco de una estructura corporativa. Cada año, Brittney también acepta cierta cantidad de contrataciones para presentarse como oradora, pero fuera de eso, se mantiene enfocada en su trabajo.

Ni siquiera me importa lo que las otras personas de la industria están haciendo. Nunca me fijo siquiera, sólo trabajo en mi empresa y en mi marca. A menos de que vaya a presentarme en una conferencia, en realidad no tengo conexión con los otros asesores financieros. Y esto es algo que he hecho estratégicamente porque cuando fundé la empresa había demasiado ruido exterior y me parecía desgastante. Me funciona mucho mejor así porque no me la paso comparándome o compitiendo con otros, lo único que necesito es ser yo.

Aunque no conozco a Brittney, de todos los colaboradores de este libro, ella es a la que más estimo. A la gente que trabaja en industrias como la farmacéutica o en el ámbito legal, le gusta señalar las estrictas regulaciones para explicar por qué no está haciéndola en grande en las redes sociales, pero como puedes ver, el que quiere, puede. El éxito de Brittney demuestra que cuando te tomas el tiempo y haces lo necesario por aprender a navegar hacia tus objetivos, pero al mismo tiempo sigues las reglas, puedes avanzar sin temor.

13

INSTAGRAM

Excepto por YouTube, Instagram es la plataforma que más gente famosa ha producido. Es enorme, es un lugar en el que puedes ser igual de exitoso como productor de contenidos que como curador de los mismos, y en términos de escala e impacto, es la red social más candente. Algunos incluso dirían que ahora es más difícil hacerse notar en esta plataforma porque está repleta. Se ha vuelto tan popular que los graduados universitarios se están tomando un año o dos para ver si pueden volverse famosos en Instagram antes de buscar un empleo tradicional. No es tan flexible como Facebook, aunque predigo que dentro de poco eliminará los límites de tiempo de los videos. Si bien su contenido es diminuto como el de Twitter, su estructura no cuenta con nada que lo haga perfecto para sostener conversaciones. No obstante, hay tantas tácticas buenas que puedes usar para ir consiguiendo la atención de la gente —los hashtags, las colaboraciones, las etiquetas o *tags*, y los anuncios—, que me parece que la atención que un influencer puede disfrutar aquí, particularmente si se trata de profesionales competentes, ya sean chefs, diseñadores u otros artistas, puede ser mucho más profunda que la que se consigue en Twitter o Facebook. Sé que esto sucede entre la gente menor de 35 años, pero sospecho que el grupo de quienes tienen entre 36 y 50 está empezando a acercarse porque es una plataforma más nueva, más atractiva, y tal vez porque parece un lugar más alegre que el ya conocido Facebook. Por si fuera poco, la importancia de Instagram se duplicó con el lanzamiento de Instagram Stories, en agosto de 2016.

Hasta ese momento, Instagram había sido una plataforma con un alto nivel de curaduría, y por eso a la gente le gustaba tanto. Dado que es menos polarizada y menos politizada que Facebook, en ella puedes ver hermosos puntos destacados de tu vida diaria... lo cual llegó a presentar un pequeño problema. El día que se lanzó Stories, por ejemplo, Kevin Systrom, director ejecutivo, admitió en *TechCrunch* que no había publicado nada en Instagram en los seis días anteriores a la entrevista porque "ninguno de mis momentos me ha parecido suficientemente especial". Mientras tanto, el éxito de Snapchat Stories ya había demostrado que la gente estaba muy interesada en compartir el material más crudo de sus vidas, siempre y cuando éste no se quedara ahí y los persiguiera por siempre. Entonces Instagram copió Stories y se convirtió en una plataforma que les daba a sus usuarios libertad absoluta para crear, dependiendo de su humor. Podían publicar una hermosa fotografía tratada con filtros y dejarla como una obra de arte, o publicar parte de un contenido desechable que se podía tirar como el primer borrador de la última presentación de ventas que hiciste.

Las cosas alcanzaron otra dimensión poco después. Snapchat ya había preparado todo el trabajo de base al lograr que la gente se sintiera cómoda con la idea de los contenidos efímeros, así que no tendría que enfrentarse a ninguna curva de aprendizaje como sucede normalmente cuando las plataformas presentan nuevas características. Instagram también colocó esta característica en la parte superior de la aplicación para que los usuarios la tuvieran presente en todo momento. En menos de un año, Instagram Stories se convirtió en una de las características más populares de, quizá, una de las plataformas más importantes del mundo y les ofreció a sus usuarios un lugar dinámico para crear contenidos que complementaran su perfectamente curada propuesta visual.

Hay muchas características que hacen de Instagram una plataforma obligada para cualquier influencer o empresario en crecimiento. En ella puedes publicar para la posteridad o para tu satisfacción inmediata. Puedes dibujar, filtrar, incluir *captions* y *tags*. Aunque actualmente esta característica sólo está disponible para las cuentas verificadas, pronto podrás añadir vínculos a tus publicaciones, lo que, aunque es una acción sencilla, abrirá la compuerta de oportunidades para que la gente llegue a tus otros contenidos, ya sea en tu sitio de internet, tu blog o tus otras redes sociales.

Cualquier persona que desee construir una marca personal deberá estar en Instagram. Crea tu perfil ahora mismo o te arrepentirás toda la vida.

7 pasos para desarrollar tu negocio

1. Asegúrate de que tu cuenta de Instagram esté repleta de contenidos increíbles. Esfuérzate al máximo porque dentro de poco, más gente vendrá a ver lo que ofreces.
2. Busca palabras relevantes. Si estás construyendo una marca de motociclismo, por ejemplo, usa *motocicletas*.
3. Dale clic al primer hashtag que aparezca. Justo ahora que estoy escribiendo, hay más de 2.4 millones de publicaciones con *#motocicletas*.
4. Dale clic a todas las fotografías que veas con ese hashtag. Las primeras cuatro que aparezcan así, pertenecerán a cuentas que, en conjunto, posean más de un millón de seguidores instagrammers.
5. Investiga cada cuenta y todos los sitios de internet vinculados para confirmar que pertenezcan a personas o empresas de tu ramo, e incluso si no es así, para verificar si de todas maneras podrían necesitar tus productos o servicios.
6. Dale clic a los tres puntitos en la esquina superior derecha de sus páginas y envíale a cada individuo o negocio un mensaje directo personalizado. *No los retaques de basura que sólo copiaste y pegaste*, porque si eso es lo mejor que puedes hacer, estás perdido.

7. En tu mensaje explica qué te atrajo a ellos ("Me encanta tu trabajo, siempre te he admirado"; "Publicas los memes más graciosos"; "Esta publicación es súper creativa"; etcétera), diles por qué vale la pena prestarte atención ("Mi objetivo es promover una mayor seguridad en la manera de manejar la motocicleta"; "Lancé el canal de YouTube más fresco y emocionante sobre motocicletas de todo internet") y lo que puedes ofrecer ("Me gustaría enviarte uno de mis cascos para que lo pruebes"; "Me encantaría invitarte a hablar en vivo sobre tu nuevo libro", y "Me sentiría honrado si me permitieras hacerte un video gratuito que documente tu próximo paseo"; "Te puedo enviar, sin ningún costo, seis motociclistas para modelar chamarras de cuero en tu vlog").

También puedes focalizar tu búsqueda por ubicación, sólo escribe el nombre de tu ciudad, o a veces el de tu vecindario, y dale clic a Places o busca el símbolo de ubicación en tu lista de resultados principales. Ahí verás a todas las personas que han publicado cerca de ti.

Haz esto —investiga, da clic, investiga, envía mensajes directos— entre seis y siete horas diarias. Hazlo en tu descanso para comer, en cada descanso para ir al baño, cada vez que estés esperando que tus hijos salgan de la clase de baile y en los 20 minutos que te quedan antes de sacar del horno las enchiladas para la cena.

De toda la gente a la que contactarás, sólo una diminuta fracción te responderá. Pero eso es todo lo que necesitas, ya que con cada contacto exitoso aumentarás tu capacidad para demostrar que vale la pena prestarte atención, e incrementarás tu visibilidad. Haz esto suficientes veces, y el efecto será como una bola de nieve hasta que, de repente, serás la marca a la que la gente y los negocios empiecen a contactar.

Para ver estas instrucciones en acción, visita la siguiente publicación: <GaryVee.com/GVBizDev>.

Imagina esta situación

Digamos que te llamas Rick, tienes 27 años y eres el gerente de una tienda de ropa en Nashville, Tennessee. Eres ambicioso y tienes suerte de trabajar para una organización a la que no le interesa controlar totalmente lo que haces en tus cuentas de redes sociales.* Empiezas a tomar fotografías de todo en la tienda, a la que llamaremos EnAvant, y si te lo permiten, también de todas las personas que la visitan. Fotografías la forma en que las blusas están desplegadas en las repisas, tomas fotos de los vestidos colgados y los zapatos en sus exhibidores. Te fotografías a ti mismo vestido con la ropa para hombre, le añades tu toque personal a cada atuendo y también fotografías a las empleadas con la ropa de mujer de la tienda. Les pides a tus clientes que posen con las prendas que acaban de comprar y luego publicas todas las fotografías en tu cuenta de Instagram, acompañadas de hashtags relevantes y bien pensados. Sabes que la forma en que enmarques tus imágenes o las técnicas que uses para añadirles un toque de diversión o creatividad, y para hacer lucir la ropa de verdad, serán fundamentales para hacer crecer tu base de seguidores. Pero, aunque eso es importante, no puedes construir una base de seguidores si no te muestras. Sabes que además de hacer que los influencers te mencionen a ti o a tu producto, y de pagar anuncios, la manera más rápida de que una marca que apenas va empezando puede crecer, consiste en aprender a manejar los hashtags a la perfección. Si es primavera y vas a publi-

....
* Sé que esto sigue siendo muy común. Muchas organizaciones simplemente no pueden entender que les conviene dejar que sus empleados sean auténticos en las redes sociales, y que la mejor manera de controlar su imagen en internet consiste simplemente en ser una marca asombrosa y crear un ambiente laboral tan alentador que los empleados sólo tengan cosas buenas que decir de ellas. A menos de que trabajes en el área legal o de finanzas, donde las reglas son ligeramente distintas, te daré un consejo: si trabajas para una empresa que no te permite expresarte en internet y crear una marca personal, ni siquiera en tu tiempo libre, vete de ahí lo más pronto posible y dirígete a una empresa que sí te dé libertad. Aun mejor, empieza tu propio negocio como lo hizo Brittney Castro (ver página 248).

car una fotografía de una mujer con un impermeable color amarillo canario, incluye la marca del impermeable y los hashtags #EnAvant #modadeprimavera, #lookdeprimavera, #impermeable, #listaparala-lluvia, #amarillo. Más gente llega a ver tu trabajo, y con el tiempo eres reconocido por tu noción de la moda y tu atrevido sentido del humor.

Empiezas a contactar a gente que vive cerca de la tienda, pero no usas el correo directo porque, ¿quién tiene dinero para algo así? Tampoco cazas a los fashionistas ni a las estrellas de sociedad que ya aparecen en las publicaciones plastificadas que muestran la cultura y el estilo de vida local, y que documentan todos los eventos de reco-lección de fondos para caridad, así como los de desarrollo de bienes raíces. En lugar de eso, todos los días, a la hora de tu descanso de co-mida, abres tu cuenta de Instagram y escribes "Nashville, Tennessee". Así aparecen las publicaciones más populares en el área. Les das clic a algunas de las que tienen más seguidores para asegurarte de que viven en Nashville o en los alrededores, y en especial, buscas foto-grafías que te permitan asegurarte de que los dueños de las cuentas estarían interesados en usar prendas de tu tienda. Luego les envías un mensaje directo: "Hola, me llamo Rick y soy el gerente de EnAvant. Me encanta tu estilo. Ven a la tienda, nos gustaría darte un descuento de 20%".

En el tiempo que te toma comer tu ensalada de pollo, empiezas a construir relaciones con seis nuevas personas que viven cerca de tu tienda y que pudiste comprobar que tienen interés en tu producto. Ha-ces esto todos los días, cinco días a la semana. De las 32 personas con las que hablas cada semana, siete publican una historia sobre este indi-viduo Rick que trabaja en EnAvant; que las contactó para halagar sus zapatos, su blusa o su sombrero, y les ofreció un descuento en la tienda.

Tal vez vas un poco más lejos. Organizas una exhibición de moda y les envías mensajes directos a todos los influencers del área, así como a la gente local cuya cuenta de Instagram haga evidente que le gusta la ropa y los accesorios. Invítalos a la exhibición para que vean la nueva colección y para que obtengan 30% de descuento en todas sus compras en la tienda. Después de eso te aseguras de que el evento sea tan divertido y especial que los asistentes empiecen a publicar fotografías de ellos mismos y les digan a sus seguidores dónde están pasando la tarde.

Esto es lo que sucede después:

La gente empieza a publicar fotografías de sí misma en sus propias cuentas de Instagram. Te etiquetan a ti, a la marca y a la tienda. Los competidores comienzan a contactarte para averiguar si te interesa reproducir tu magia en sus tiendas. Mientras tanto, una persona de los niveles gerenciales superiores de EnAvant nota lo que está sucediendo, se da cuenta de que tiene un empleado increíblemente valioso en Tennessee y decide que hará casi cualquier cosa por conservarlo.

O:

Gracias a que a todas estas increíbles recomendaciones de boca en boca les das seguimiento con un impecable servicio al cliente para quienes deciden visitar el local, en poco tiempo EnAvant se convierte en una de las tiendas más interesantes entre las nuevas propuestas de Nashville, y captas la atención de fotógrafos de moda y de diseñadores de ropa de todo el país.

O:

Algunas de las marcas que muestras en tus publicaciones de Instagram se dan cuenta de lo que has hecho y te contactan para averiguar si te interesaría ayudarles con sus redes sociales. ¡Otro gran triunfo!

O:

Te diviertes tanto compartiendo tu marca de narrativas visuales, que descubres que es algo que te gustaría hacer de tiempo completo. Entonces lanzas tu propia revista digital de moda.

De esta manera no sólo generas negocios para la tienda a través de tu trabajo de desarrollo, también le alegras el día a alguien. Alguna de estas situaciones, si no es que todas, podría presentarse, independientemente de si eres el gerente de una tienda de ropa, de si trabajas en la venta al menudeo de cualquier tipo, e incluso en un restaurante. Todo depende de la pasión y de una ejecución adecuada.

CÓMO LA ESTOY HACIENDO EN GRANDE

Brittany Xavier, Thrifts and Threads
I: @THRIFTSANDTHREADS

Se suponía que sólo era un pasatiempo, una posibilidad creativa para practicar con su cámara nueva, o al menos, eso es lo que Brittany Xavier tenía en mente cuando lanzó su blog Thrifts and Threads, en diciembre de 2013. A pesar de que tenía una licenciatura en Ciencias Políticas, siempre le encantó la moda y se había hecho el hábito de seguir las tendencias y a los diseñadores. Su imagen era una mezcla de moda de alto y bajo nivel, ya que mezclaba ropa lista para usar (*prête-à-porter*), sus hallazgos vintage y piezas selectas de diseñador. Después de graduarse fue aceptada en varias escuelas de derecho, pero como le preocupaba que la escuela fuera incompatible con criar a su pequeña hija Jadyn que sólo tenía tres años, prefirió ir a trabajar para un comercializador de seguros que le garantizaba que tendría un horario flexible para cuidar a su familia. El empleo le permitía pagar sus gastos y no era demasiado exigente; de hecho, para cuando daban las 4:00 p.m., a veces ya había cumplido sus objetivos del día y tenía que buscarse trabajo para matar el tiempo hasta que dieran las 6:00 p.m., su hora de salida.

Incluso cuando apenas comenzaban a salir, ella y Anthony, su esposo —que también trabajaba en marketing—, siempre tuvieron proyectos laborales alternativos como el de comprar artículos en tiendas de descuento para después revenderlos en Amazon. Era algo que hacían como pareja, una actividad compartida que les daba cierta sensación de libertad. Además, Anthony diseñaba sitios de internet porque mientras estuvo en la universidad desarrolló un interés en este tema y en el de las redes sociales. Poco después de casarse con Brittany, Anthony consiguió una cámara, y la pareja pensó que podrían salir juntos y tomar fotografías de sí mismos y de su hija para documentar su vida familiar en un blog, y con suerte, ganar un poco de dinero a través de los vínculos afiliados. Como Brittany siempre había estado interesada en el estilo y la moda, se dedicaría a la parte creativa, y Anthony se encargaría de la parte técnica del blog.

La única razón por la que Brittany abrió una cuenta de Instagram fue para promover y atraer tráfico al blog; supuso que tendría que etiquetar marcas y usar hashtags, y que para hacer eso tendría que analizar otras cuentas parecidas a la suya. Seis meses después, para cuando ya había acumulado cerca de 10 000 seguidores y estaba ganando unos 100 dólares al mes a través de los vínculos afiliados a su blog, empezó a recibir algunas llamadas ocasionales de marcas que le preguntaban si podían enviarle a casa algunas prendas para que publicara fotos de ella usándolas. Fue entonces que empezó a investigar y descubrió que había toda una estrategia para hacer crecer una cuenta de Instagram. Ella y Anthony empezaron a quedarse despiertos hasta tarde para leer y escuchar podcasts sobre marketing en internet. Después de leer *Crush It!* se dieron cuenta de que su blog podría ser algo más que un pasatiempo divertido, que podría convertirse en un negocio real.

Entonces empezó a cobrarles a las marcas por sus publicaciones. Al principio, una publicación en Instagram con la marca mencionada en el pie de la foto costaba 100 dólares. Si la marca sólo quería que la etiquetaran o taggearan, Brittany les cobraba cincuenta. Cuando la gente al otro lado del teléfono expresó su sorpresa: "¡Oh! ¿Sólo 100 dólares?", supo que se estaba vendiendo barato, así que elevó su tarifa a 200 dólares por publicación. Luego, un día, una línea de joyería bien establecida le envió un correo electrónico y le propuso hacer una publicación en su blog y otra en Instagram por una tarifa de 1 000 dólares.

Brittany todavía no era una influencer experimentada, pero sí era suficientemente inteligente para saber que la primera oferta de una empresa casi siempre era menor a lo que estaba dispuesta a pagar al final. Tomando esto en cuenta, volvió a aumentar sus tarifas y poco después ya estaba ganando casi lo mismo o más al día, que cuando trabajaba en la empresa de comercialización de seguros. Cuando se cumplieron tres meses de que empezó a recibir la misma cantidad que antes ganaba en la empresa, y un año y medio de que empezó el blog, Brittany dejó su trabajo de día para poder dedicarse al trabajo de redes y aceptar más invitaciones para asistir a reuniones con marcas y ver las nuevas colecciones anticipadamente. Ahí también conoció a otros blogueros que estuvieron dispuestos a responder preguntas y a ayudarle a calcular lo que valía. Su esposo le sugirió que también fuera más personal en su blog, comenzando con una publicación titulada: "Renuncié". La respuesta fue tan abrumadora, y en particular de otras personas que querían asesoría sobre cómo empezar sus propios blogs, que empezó a publicar consejos de blogueo semanalmente. El primero, llamado "Cómo empecé mi blog, en cinco pasos", sigue siendo una de sus publicaciones más leídas.

Actualmente Brittany tiene un representante que negocia sus tarifas y le ayuda a conseguir trabajo de desarrollo de marca, pero sigue etiquetando a las marcas que usa, y sólo publica aquellas en las que cree y que en verdad le encantan. El blog también se ha extendido, y ahora ya no es solamente una marca de moda, sino también de estilo de vida. Brittany viaja mucho por su trabajo, pero aprovecha estas oportunidades para generar sobre la marcha contenidos relacionados con sus viajes. Se fotografía en hoteles, clubes vacacionales y restaurantes que le gustan y que cree que les agradarán a sus lectores. Gracias a esto ha desarrollado una buena relación con varias marcas de hoteles, y ahora, cada vez que ella y su familia viajan aparte, por lo general no tienen que pagar sus estancias porque se las patrocinan. Con frecuencia también la invitan a la inauguración de nuevos centros vacacionales u hoteles para que pueda compartir la experiencia con sus lectores.

En mayo de 2016 Anthony también renunció a su empleo y lo anunció en una publicación de blog titulada: "Él también renunció". La pareja trata de tomar todas sus fotografías durante el día para estar disponible cuando su hija regresa a casa de la escuela. La vida de Jadyn, que ahora tiene diez años, también ha cambiado; su papá está presente en todos sus eventos escolares y ya no tiene que quedarse al programa de cuidado infantil después de clases. A veces las marcas le solicitan a Brittany fotografías con ella, particularmente para eventos o promociones infantiles o del Día de la Madre. Cuando Brittany acepta tomarse estas fotografías, sube la tarifa y deposita una parte del dinero en una cuenta bancaria que le abrió a Jadyn para enseñarle los principios del manejo de las finanzas personales.

Las múltiples fechas límites y la imposibilidad de apagar esta maquinaria para tomarse por lo menos unos días de vacaciones pueden generar bastante presión. "Llevo casi cuatro años haciendo esto y es lo mismo todos los días: tomamos fotografías, creamos contenidos visuales, escribimos, pensamos sobre las futuras tendencias." A pesar de lo anterior, la hija de la pareja les ayuda a mantenerse enfocados en lo importante.

El hecho de tener una hija le impide a Brittany aceptar tanto trabajo como el que realizan otros blogueros de estilo de vida, y tomar estas decisiones no siempre es sencillo.

Rechacé un trabajo verdaderamente genial que me ofreció una conocida línea de joyería porque querían que asistiera a una cena de dos horas y que publicara en Instagram y en Facebook mientras estaba ahí. La misión ascendía a tres meses del salario que recibía en el último empleo de tiempo completo que tuve. En términos de los requisitos para las publicaciones, tal vez éste era uno de los trabajos más sencillos que habría hecho, pero ya había aceptado ir a un viaje escolar a Sacramento con Jadyn. El conflicto me estaba matando, pero tenía que mantenerme enfocada y recordar que la razón principal por la que estaba haciendo ese trabajo era para poder acompañar a Jadyn en esos viajes y estar ahí para ella. Ya vendrían otras propuestas.

La competencia en la blogósfera de la moda y el estilo de vida es feroz, pero Brittany piensa que todavía hay espacio para nuevas propuestas. "A pesar de que está saturada, si te presentas de una forma original o si tienes tu propio estilo, definitivamente puedes destacar entre la multitud. Las marcas siempre están buscando algo nuevo y también invierten más dinero en la comercialización a través de influencers porque han detectado un mayor índice de conversión de los blogs, en relación con un anuncio en radio o televisión, cuyos resultados no pueden rastrear. A través de los blogs, en cambio, pueden identificar con exactitud de dónde vienen los vínculos y las conversiones. Las marcas definitivamente están entendiendo mejor lo que sucede, y las que no están usando afiliados o no hacen las campañas todavía, están tratando de averiguar cómo hacerlo." De hecho, se espera que para finales de 2017, las ventas de anuncios digitales sobrepasen las ventas globales de anuncios en televisión.

En la pantalla, la vida de Brittany Xavier y su familia parece cómoda, pero a la bloguera le sorprende la cantidad de gente que no reconoce cuánto trabajo se necesita para construir un blog y una cuenta de Instagram exitosos.

Hay mucha gente que me escribe y me dice: "Escribí una publicación y nadie la leyó, ¿cómo puedo hacer crecer eso?" Entonces pienso: "Ni siquiera trabajaste de manera consistente". Yo trabajé muchísimo los fines de semana y por las noches al mismo tiempo que seguía en mi otro empleo, no salía con mis amigos, no tenía citas románticas con mi esposo. Literalmente estábamos encerrados en casa y trabajábamos en la computadora desde que nuestra hija se iba a dormir. Se tiene que escribir e investigar muchísimo, uno no solamente abre una cuenta y ya. El primer año no hice nada de dinero, tal vez ganábamos 100 o 200 dólares mensuales, lo cual no era nada. La gente no entiende esa parte. Te dicen: "¿por qué seguir trabajando un año si no recibes nada a cambio?" Yo veía que estaba recibiendo algo a través de mis lectores, además, la cantidad de seguidores crecía y eso me motivaba. Pero para alguien que crea un blog y quiere hacerlo específicamente por el dinero, será difícil comenzar porque no le apasiona lo que hace. Necesitas amar esto.

14

PODCASTS

Los podcasts son una bendición del cielo por dos razones.

1. La mayoría de la gente no se siente cómoda frente a la cámara. A muchos les parece que se ven estúpidos. Les preocupa su cabello, sus lentes o el maquillaje. Se quejan de la iluminación. Nada de esto importa, pero es suficiente para distraer a alguien e impedirle concentrarse en ofrecerles a sus espectadores la mejor experiencia posible. Los podcasts son mucho menos intimidantes.

2. Los podcasts venden tiempo y ésa es la razón por la que todos, incluso quienes trabajan a la perfección frente a las cámaras, deberían hacer uno. En este mundo que va a la velocidad de la luz, la posibilidad de hacer varias tareas al mismo tiempo es sumamente valiosa, y recuerda que **es mucho más sencillo escuchar un podcast que ver un video mientras revisas tus correos electrónicos y pagas tus facturas**. Además, desde 2014, los 139 millones de personas que se desplazan en Estados Unidos invierten 29 600 millones de horas en viajar a su centro de trabajo y de regreso a casa. Buena parte de ese tiempo se pasa en automóviles y, por el momento, los conductores no pueden ver videos. Sin embargo, sí pueden escuchar podcasts sin problemas. En la era de la información, los podcasts nos permiten maximizar nuestro conocimiento de una forma eficiente.

Yo he tenido un podcast desde octubre de 2014, más o menos la época en que el podcast Serial, producido por *This American Life* de la NPR, se convirtió en una sensación y lanzó esta actividad directo a la tendencia popular. Pero la verdad es que no estaba siguiendo mis propios consejos. En esa época sentí que crear otro contenido original nativo para una plataforma implicaría hacer demasiadas cosas al mismo tiempo (porque sí, incluso yo llego a mi límite a veces), así que sólo empecé a cargar el audio del programa AskGaryVee. No me fue mal, de hecho siempre estaba en los 25 podcasts principales de la categoría de negocios, pero sabía que si le prestaba más atención, me podría ir mejor. Finalmente, en diciembre de 2016, encontré la manera de modificar la marca y nombrarla The GaryVee Audio Experience, y me sentí liberado. En lugar de nada más publicar contenidos de AskGaryVee, ahora podía subir cualquier diatriba que hubiera grabado en mi teléfono mientras abordaba un avión, un breve video de alguna de mis conferencias o un fragmento que ya no cupiera en el DailyVee. Incluir variedad y creatividad sirvió para que la popularidad del podcast repuntara. Actualmente mi podcast permanece cómoda y consistentemente en la lista de los 150 más populares de iTunes (Apple). Algunas de las personas que lo escuchan apenas están conociendo mis contenidos, pero hay quienes ya me seguían en otros canales. De cualquier manera, esto me da más oportunidad de compartir mis contenidos, consolidar mi influencia y ayudarles a otros a empezar a construir la vida que desean.

Podcasts para principiantes

Independientemente de que cargues tus podcasts en Spotify, Apple, SoundCloud, Stitcher o cualquier otra plataforma de distribución, no podrás hacer mucho para diferenciarlas. Puedes contratar anuncios en Spotify y en SoundCloud, pero siguen siendo costosos en extremo. Fuera de eso, justo ahora que estoy escribiendo, en realidad no hay maneras originales y creativas de desarrollar una marca personal en las plataformas de podcasts, excepto la de producir el mejor contenido posible. Tendrás que promover tu programa a través de tus otros canales de redes sociales y alentar las relaciones simbióticas con quienes tengan plataformas más grandes que tú.

La buena noticia es que iTunes abrirá análisis para podcasts, y de esa manera podrás ver con exactitud en qué parte de tus contenidos pone la gente pausa, salta o se sale. Esta información será invaluable y te ayudará a adecuar tus contenidos para darle a tu audiencia lo que desea.

Imagina esta situación

Digamos que eres una mujer de 75 años llamada Blanche. Tu mejor amiga es Judy, y han sido inseparables desde que eran niñas y vivían en la misma cuadra, porque jamás han estado separadas por más de unos cuantos kilómetros. Entre las dos criaron un total de seis niños, han estado casadas tres veces, enterraron un marido, tomaron doce vacaciones juntas, adoptaron once mascotas y, en los últimos diez años, la única vez que no asistieron a su cita mensual fija para ir al cine y a comer a Ruby Tuesday, fue esa ocasión en que Judy estuvo hospitalizada porque tenía cálculos biliares.

Una noche que están formadas para comprar dulces antes de ver *La mujer maravilla* en el cine, Judy dice que, en su opinión, tal vez la mejor actuación de Kathleen Turner fue cuando hizo la voz de Jessica Rabbit. Aquí vamos de nuevo. Una de las razones por las que te gusta ir al cine con Judy es porque rara vez están de acuerdo en el mérito de una película, y esto siempre propicia un gran debate mientras comen hamburguesas y papas fritas al salir del cine. Sin embargo, esta vez Judy te toma por sorpresa. Arqueas las cejas tanto que llegan más allá de la línea de tu cabello. ¿Mejor que el papel que hizo en *La esmeralda perdida*? ¿Mejor que en *El honor de los Prizzi*? ¿Mejor que en *Peggy Sue, su pasado la espera*? Judy se mantiene firme en su opinión, y mientras discuten, escuchan que la gente ríe discretamente detrás de ustedes hasta que alguien dice: "Son las nuevas Siskel y Ebert".

Bueno, eso te da una idea. Cuando acaba la película, tú y Judy se dirigen a su rincón favorito del restaurante local, pero antes de que puedan intercambiar sus opiniones sobre *La mujer maravilla*, sacas tu iPhone y oprimes el botón de las notas de voz. Grabas la conversación, vas a casa y al día siguiente le llamas por teléfono a tu sobrino, quien tiene un podcast sobre autos "musculosos" (*muscle cars*), y le pides que suba tu "cinta" a internet. Él, muy amable, te informa que vas a necesitar cargar el archivo MP3 en una plataforma de podcasts, y que si lo esperas al fin de semana, él tendrá mucho gusto en mostrarte algunos pasos sencillos y enseñarte a usar el equipo básico que necesitas para trabajar. También te dice que si no puedes esperar, toda la información que necesitas está en internet. "Sólo busca en Google 'cómo cargar un podcast y distribuirlo'." Decides esperar, pero mientras tanto, le llamas a Judy y le dices que quieres ir al cine otra vez la semana siguiente.

Así empieza el programa de Blanche y Judy, un podcast de reseñas de películas en el que dos señoras mayores comparten sus opiniones sobre películas del pasado y el presente. La personalidad de ambas, su fuerte amistad y la química que tienen causa revuelo entre los escuchas, pero también logran hacer que esta experiencia sea totalmente actual en 2018 porque graban sus conversaciones en el cine antes de que empiece la película, y uno puede escucharlas hablando de temas como su recalcitrante opinión de que las pasitas cubiertas de chocolate son una desgracia para las uvas, o de los recuerdos de Judy sobre los acomodadores que solían acompañar a las damas hasta sus asientos. Cuando salen de la sala también entrevistan a cuatro personas y les piden su opinión.

En tres años solamente, su podcast llega a los 150 más escuchados en iTunes. El podcast es su pilar, pero también lo usan para generar microcontenidos. El sentido del humor de Judy suele ser suficientemente bueno para citarla, así que empiezan a crear memes y a publicarlos en Facebook e Instagram. Interactúan con la gente en Twitter y dan a conocer el podcast ahí también. A ambas las entrevistan para *Entertainment Weekly* y para *Variety*. Con el tiempo se les va haciendo cada vez más difícil salir de casa una vez a la semana porque les duele la espalda y se sienten más cómodas en sus sillones reclinables, pero eso ya no importa porque los estudios cinematográficos les están enviando a ti y a Judy las películas para que las vean anticipadamente. Gracias a las oportunidades de construcción de marca que les han llegado, puedes cubrir con mayor facilidad todos tus gastos, y ahora estás encantada porque te enteraste de que podrás dejarle a tu familia una cantidad mayor de los ahorros que tú y tu esposo acumularon durante toda su vida.

CÓMO LA ESTOY HACIENDO EN GRANDE

John Lee Dumas, Entrepreneurs on Fire
I: @JOHNLEEDUMAS

"Estaba muriendo lentamente en el cubículo."

¿Te suena familiar?

Si todavía eres joven o sigues estudiando, ¿estás tratando de evitar esta sensación a toda costa?

"Tenía todo este mundo creativo en mi interior, pero no podía usarlo. Sentía como si me ahogara en mi propia creatividad porque tenía que vestir traje y corbata, y ser muy formal. Todo era blanco y negro, y yo necesitaba algo de color en mi vida."

Hasta antes de cumplir 32 años, la vida de John Lee Dumas fue tan tradicional como el pay de manzana. John era nieto de dos veteranos del ejército e hijo de un abogado general de la marina, así que la vocación de servicio le corría en la sangre. En 1998 dejó su pequeño pueblo en Maine porque obtuvo una beca del Cuerpo de Capacitación de Oficiales de la Reserva, con la que realizó una licenciatura en Estudios Norteamericanos en Providence College, en Rhode Island. Un año exacto después de graduarse de la universidad, John formó parte de la primera ronda de oficiales comisionados después del 9/11, por lo que tuvo que hacer un viaje obligatorio de 13 meses a Iraq. Pasó cuatro años en activo antes de regresar al mundo civil, y ahora estaba al principio de una estancia de cuatro años como capitán en las reservas, pero fuera de eso, no tenía idea de qué hacer con su vida.

Probó la escuela de derecho, pero la dejó seis meses después. Luego trabajó algunos años en el campo de las finanzas corporativas, pero cuando vio a la gente que trabajaba en los puestos superiores al suyo, supo que no quería llegar ahí. Tenía esa sensación de que estaba destinado a ser empresario, pero no sabía lo que eso implicaba en realidad ni cómo comenzar. Entonces empezó a leer libros de desarrollo personal y de negocios. En 2009, un mes después de su publicación, leyó *Crush It!*, y ése fue el libro que lo inspiró a dejar el trabajo en finanzas, mudarse a San Diego (donde no había estado nunca) y convertirse en agente de bienes raíces.

Trabajó ahí tres años, pero no sentía que el empleo fuera perfecto para él. A pesar de todo continuó releyendo *Crush It!* cada año, y en 2012 comprendió algo nuevo. Yo había hecho énfasis en que tenías que construir una marca personal sin importar en qué industria trabajaras, y John se dio cuenta de que no estaba haciendo eso en absoluto. Tenía una página personal de Facebook, pero ni siquiera estaba en LinkedIn o Twitter, ni parecía que tuviera alguna actividad profesional. Entonces supo que tenía que cambiar esa situación de inmediato.

Otra cosa que captó su atención fueron los podcasts, pero como no estaba seguro de lo que eran, decidió investigar. Así descubrió que eran gratuitos y que ofrecían contenidos enfocados y dirigidos a públicos específicos. Todos esos libros y audiolibros de desarrollo personal se volvían cada vez más costosos, y si ahora iba a construir una marca personal, tendría que leer y escuchar muchos más. Así pues, parecía que los podcasts eran justo lo que necesitaba.

"Y así fue como me enamoré de este medio y me convertí en un superconsumidor. Durante ocho meses escuché todos los podcasts que pude, y entonces noté que, ¡vaya!, manejo todos los días para ir a la oficina y voy al gimnasio varias veces por semana, así que necesito encontrar ese programa de siete días donde entrevisten a un empresario y éste hable de sus fracasos, de las lecciones aprendidas y de los momentos de epifanía. Abrí iTunes para buscar un programa como el que acabo de describir y vi que, ¡no existía! Entonces pensé: *No puedo creer esto. ¿Por qué no ser la persona que cree ese programa?*"

¿Y cuál diablos era el problema si no tenía experiencia en producción ni sabía entrevistar gente? "Pensé: *Bien, si hago un programa diario, mejoraré más rápido.* Porque todas estas personas están haciendo cuatro episodios al mes con sus programas semanales, pero yo haría trece episodios al mes. Sólo necesito lanzarme al vacío y hacerlo, y me va a salir muy mal. Por un buen rato estaré haciendo un trabajo terrible. Y claro, ahora puedes escuchar el podcast de hoy y regresar al episodio 15, y ver que este tipo no es la misma persona. Era terrible: estaba nervioso y era trivial. Sólo me iba abriendo paso como podía, pero seguí haciéndolo todos los días."

Sin embargo, John no sólo abría el micrófono y empezaba a hablar; primero investigaba, se lanzaba de lleno a YouTube, absorbía todos los contenidos y consejos gratuitos que otros productores de podcast proveían, y así encontró dos mentores. Para su desconcierto, ambos fueron muy enfáticos al recomendarle que no hiciera un programa diario, y le explicaron que todo el dinero que ellos ganaban provenía de otras actividades además de los podcasts. Un programa diario les impediría realizar esas actividades. Éste fue el único consejo que John rechazó.

"Pensé: *Es que no me entienden, soy tan malo que si hiciera lo que todos los demás están haciendo, nadie va a escucharme. Mis contenidos no serán buenos. Tengo que hacer algo diferente y único. Tengo que hacer algo que haga que la gente levante las cejas.*"

Esos dos mentores y sus enormes Rolodex virtuales fueron muy valiosos porque le ayudaron a Dumas a conseguir sus primeras entrevistas. No lo iban a presentar con los jugadores del nivel A, pero sí estuvieron dispuestos a presentarlo con los de los niveles B, C y D que todavía estaban formando su público, publicando libros y dispuestos a compartir sus historias con un neófito a cambio de publicidad adicional.

Tal vez te parezca que John tenía más confianza en sí mismo que el humano promedio, pero a pesar de su convicción de que debía hacer un podcast todos los días para aprender sobre la marcha, y de que ésa era la mejor manera de crear un producto de calidad, y a pesar de que muchos de sus primeros invitados tenían perfiles relativamente bajos, y de que el público tuvo una respuesta positiva casi de inmediato, tiempo después el síndrome del impostor casi lo paralizó. ¿Quién era él para acercarse a una persona y pedirle una conversación directa? Afortunadamente John fue fuerte y enfrentó sus dudas y sus miedos.

Empecé mi travesía empresarial con la ventaja de la disciplina, y creo que eso lo puedo vincular de manera directa al ejército.

Sin embargo, la disciplina por sí sola no te llevará a ningún lugar. Las dos áreas más importantes que tuve que desarrollar a la par fueron la productividad y el enfoque. La gente que "sólo es disciplinada", puede hacer algo todo el día, ¿pero qué pasa si está produciendo contenidos malos? Ahí es donde entra en juego la productividad, y no vas a poder producir de manera consistente contenidos buenos a menos de que puedas bloquear eso a lo que yo llamo "armas de distracción masiva".

En septiembre de 2012 John lanzó su podcast Entrepreneurs on Fire. Los invitados compartían sus entrevistas con sus grandes audiencias, y así fue como el podcast empezó a aparecer en las listas de iTunes New y de Noteworthy. Gracias a este efecto dual, en dos meses y medio el podcast alcanzó más de 100 mil descargas únicas. John empezó a recibir entrevistas para asistir a conferencias; esto le dio mayor credibilidad y, sumado al creciente número de escuchas, también le ofreció la posibilidad de acercarse a nombres más fuertes como el de Seth Godin y Tim Ferris, quienes acababan de publicar nuevos libros; a Barbara Corcoran, y sí, a Gary Vaynerchuk.

Ahora John estaba listo para explorar formas de monetizar, así que se dirigió a su audiencia, le preguntó qué deseaba y escuchó con atención.

Lo que me pareció muy claro fue que si estás dispuesto a comprometerte y a ofrecer contenidos gratuitos, valiosos y consistentes, tienes que construir tu público a partir de eso. Luego, si estás dispuesto a involucrarte con esa audiencia, a preguntarle a uno por uno: "¿Qué te está dando problemas?", y luego a escuchar solamente, entonces la gente te dirá cuáles son sus dificultades, sus obstáculos, sus desafíos y sus luchas. Luego, tú, la persona que conocen, que les agrada y en quien confían, esa persona que ha estado ofreciendo contenidos gratuitos, valiosos y consistentes por un periodo importante, les puede dar la solución a través de un producto, un servicio o una comunidad.

Y eso fue lo que hizo John. Al igual que Pat Flynn, cada mes publica un resumen de lo que gana el negocio a través de sus varios flujos de ingreso que, en conjunto, llegan a sumar hasta entre 200 000 y 300 000 dólares mensuales. También analiza los éxitos de la empresa para que otros puedan imitarlos, así como los grandes errores cometidos y las pérdidas monetarias, para que la gente los evite.

A pesar de ser multimillonario, John sigue leyendo *Crush It!* cada año.

Lo que me hace volver al libro una y otra vez es que habla de la posibilidad de hacerse de una buena parte del mercado rápidamente, y creo que mucha gente no se da cuenta de esto. Con mucha frecuencia me dicen: "John, tienes mucha suerte de haber comenzado a hacer podcasts cuando no significaba nada porque ahora es la era dorada de este medio. Conquistaste el terreno a tiempo". Y sí, tienen toda la razón, mi participación no pudo ser más oportuna. Sin embargo, no se dan cuenta de que siempre viene algo nuevo y no se están enfocando en ello, sólo miran al pasado a pesar de que viene el nuevo Snapchat, de que ahora hay Instagram Stories y de que también existe Facebook Live. Siempre existe esa siguiente oportunidad para participar oportunamente y convertirte en el indicado. Sí, en muchos nichos me consideran el "Rey de los podcasts" porque he podido construir un negocio que produce cifras de siete dígitos en esta área, pero desde que yo lancé mi programa hasta ahora, han surgido personas que se convirtieron en el rey o la reina de Periscope, de Snapchat y de Instagram. Esas plataformas ni siquiera existían cuando yo lancé mi podcast. Y mientras la gente dice: "John, el barco de los podcasts partió sin nosotros", yo pienso: "Sí, y también se te fue el barco de todas estas otras oportunidades". Lo que yo aprendí en *Crush It!* y que sigue siendo relevante para mí, es que siempre debes mantener la vista puesta en ese horizonte.

15

VOICE - FIRST

Tal vez éste sea mi capítulo preferido. Es probable que la mayoría de los lectores de este libro ya hayan por lo menos escuchado o hasta experimentado un poco con todas las plataformas de las que he hablado, pero estoy seguro de que en este preciso momento que escribo, muy pocos están sentados pensando: ¿Cuál va a ser mi habilidad para Alexa Skill? Y sin embargo, deberían hacerlo porque estamos a punto de hablar de una innovación tecnológica que estoy completamente seguro que transformará la manera en que el mundo consume contenidos. Se llama Voice-First, y cualquiera que se encuentre construyendo una marca personal en este momento necesita conocerla pronto y antes que los demás. Sus plataformas son el equivalente a una propiedad de Malibú frente a la playa, a punto de ser descubierta. Es algo muy similar a lo que era Twitter en 2006, Instagram en 2010 y Snapchat en 2012.

Yo invierto en la atención de la gente y últimamente me interesa aquello a lo que todos prestan atención durante las transiciones de su día, en especial las tres que suceden en el hogar: ¿Qué hacen en los primeros 15 minutos de la mañana, los primeros 15 minutos cuando regresan del trabajo y los últimos 15 minutos antes de irse a dormir? Todos éstos son periodos de transición, son momentos en los que hacemos una evaluación general de la situación, nos actualizamos y planeamos lo que haremos las siguientes horas de nuestra vida; pero como estamos ocupados, queremos hacerlo rápidamente. Hubo un tiempo en que sacabas una pluma y una hoja de papel, y empezabas a escribir una lista de pendientes. Encendías el radio o incluso revisabas una aplicación. Ahora, en cambio, ni siquiera es necesario hacer eso. Lo único que tenemos que hacer es hablar.

Los podcasts nos llenan la cabeza en los largos periodos que permanecemos callados y quietos, como cuando viajamos o manejamos. Pero las plataformas de Voice-First nos van a permitir llenar nuestros cerebros en todos los intersticios de la vida, es decir, en todos esos parpadeos temporales que solíamos perder en actividades poco memorables como cepillarnos los dientes, revisar la correspondencia o incluso revisar las notificaciones de nuestro celular. En 2016 Google reveló que 20% de las búsquedas en su aplicación móvil y en los dispositivos Android son realizadas a través de la voz, cifra que va a seguir aumentando con rapidez. Aquí tienes una asombrosa oportunidad para asegurarte de que tu marca crezca a la par de esta tendencia.

A partir de este momento habrá dos jugadores principales: Amazon Alexa, que se ejecuta a través de un dispositivo llamado Echo; y Google Assistant, que se ejecuta en su dispositivo Google Home. Microsoft, Apple, Samsung y otras marcas ya se están preparando para presionar ese espacio a través de plataformas propias, pero en este momento resulta más lógico enfocarse nada más en las dos más grandes. Yo empecé con Alexa y lancé una *habilidad* (seguramente estaremos escuchando a la gente usar la palabra inglesa *Skill* para este tipo de contenido) tipo Flash Briefing llamada GaryVee365. El Flash Briefing es un breve reporte que les ofrece a los usuarios información clave. El mío ofrece material de motivación diaria producido por tu servidor, Gary Vaynerchuk. El de Skimm transmite un resumen de las historias noticiosas más importantes del día; el de eHow's presenta consejos para la vida diaria. Añade éstos y otros más a tu lista de Flash Briefings, y cuando los pidas diciendo: "Alexa, dame mis Flash Briefings" o incluso: "Alexa, ¿qué hay en las noticias?", escucharás un contenido tras otro, todos provenientes de tu fuente preferida.

Hay otras Skills que ofrecen experiencias más interactivas. Si activas la Skill de *The Tonight Show* (en lugar del Flash Briefing), podrás solicitar el monólogo más reciente del comediante Jimmy Fallon, pero también podrías pedir la lista actualizada de invitados del *Tonight Show* o un resumen de las nuevas *Thank-You Notes* ("Notas de Agradecimiento"), un popular segmento del programa en el que Jimmy expresa su gratitud por cualquier cosa, desde las Pop-Tarts hasta Ryan Gosling. Yo podría desarrollar una Skill llamada GaryVee Recomienda Vino, en la cual recomiende tres vinos que hagan un buen maridaje con cualquier platillo que hayas dicho que vas a comer, y que te permita ordenar dichos vinos directamente de la Skill a través de un servicio exterior de entrega de bebidas alcohólicas como Drizly, Minibar Delivery o Wine Library, la vinatería de mi familia.

Lo que estamos viendo con el desarrollo de Voice-First es la culminación de nuestra adicción a la rapidez. El mundo se mueve con mucha velocidad y todos queremos seguirle el paso. Si existe la opción entre leer una notificación o revisar una aplicación, y obtener la misma información a través de Voice-First que nos permite mantener las manos libres para seguir haciendo otras tareas, vamos a elegir Voice-First. Así como sucedió con las primeras lavadoras y cafeteras, estas plataformas le van a ahorrar tiempo a la gente, y una vez que las grandes masas comprendan eso, van a salir volando a apuntarse, así que lo mejor será que estés listo y esperándolas cuando lo hagan.

Tu Flash Briefing será una versión de un minuto de tu podcast que dura una hora; una versión de un minuto de audio de tus videos o *live streams* de ocho minutos; o una selección de un minuto de tus lindas fotografías en Instagram. En este momento le puedes ofrecer a la gente mucho valor, independientemente de que lo generes para Google, Amazon o para ambas. Aunque las marcas han desarrollado muchos dispositivos de Skill, la mayoría ofrece la misma experiencia básica. El campo está libre para cualquier persona con inteligencia y agudeza suficiente para crear algo fresco y novedoso. Aprópiense de ese terreno, amigos míos, y conviértanse en parte vital de la rutina matutina de sus consumidores. Muy pronto, cuando más marcas se lancen a estas plataformas, será más difícil causar una impresión en la gente, así que no dejes pasar este momento. No permitas que los grandes jugadores se apoderen de los bienes raíces de internet ahora que son económicos. Por favor, deja el libro en este momento y ve a crear tu Skill. Ese consejo del día en un minuto de audio podría ser lo que inste a alguien a encender y escuchar tu podcast en su trayecto al trabajo, en lugar de la NPR o la estación de rock clásico que siempre sintoniza.

Skills para principiantes

- Mantén tus contenidos súper breves.
- Produce contenidos nativos. No vayas a hacer lo que yo hice con mi podcast original cuando solamente transferí el audio de un video a la plataforma de podcasts. Ajusta tus contenidos para que coincidan con lo que hace que la gente se acerque, es decir, contenidos breves con información sumamente digerible que se puede consumir rápido. "Oigan, usuarios de Alexa..."
- Produce con la calidad más alta posible. No puedo enfatizar suficientemente la importancia de que no uses tu Skill como basurero. Es genial recolectar las sobras de tus otros contenidos para que no se desperdicien, pero estudia cada fragmento con cuidado y utiliza tu imaginación y tu creatividad para producir algo nuevo y fresco con ellos.

Seguramente sabes lo irritante que es el proceso para eliminar tu dirección de una lista de correo electrónico, ¿verdad? Primero tienes que ir hasta el final del correo electrónico y buscar el botón para cancelar la suscripción, luego tienes que arrastrarte en un campo donde te preguntan si estás completamente seguro de que quieres dejar de recibir los correos y la razón para hacerlo. Luego, al final, ya que confirmaste la cancelación, te dicen que tal vez la ejecución de la orden tome varios días hábiles, y que los correos podrían seguir llegando mientras tanto.

En Voice-First, lo único que tendrá que hacer la gente cuando pierda el interés en tus contenidos será decir: "Alexa, elimina el Flash Briefing de MumboJumbo" y ¡caput!, estás acabado. Como verás, no puedes cometer errores, no puedes ser molesto, no puedes extenderte ni ofrecer mala calidad. Ve y documenta el proceso de cómo aprendes a crear contenidos —puedes usar fragmentos de todo el material que usas para otros contenidos—, pero asegúrate de que todo segmento que publiques sea breve y conciso. Necesitarás ser notable desde el disparo de salida porque si no, te van a cancelar en tres milisegundos.

Voice-First se convertirá en un inmenso pilar de nuestra comunicación. Para cuando se publique este libro, Alexa de Amazon, Google Assistant, Siri de Apple, o cualquier otra plataforma estará hablándonos en el automóvil. ¿Recuerdas cuando nos parecía asombroso ir conduciendo, escuchar la canción "Lady" de Kenny Rogers, que nos encantara y poder descargar sus grandes éxitos en cuanto llegáramos a nuestro destino porque jamás lo habríamos intentado mientras conducíamos, cierto? Dentro de poco no tendremos que esperar para reproducir una canción, ni tendremos que detener el auto para insertar una ubicación en una aplicación de mapas. Sólo será necesario decirle a Alexa lo que queremos que haga, y ella nos complacerá. Al final, escribir mensajes de texto mientras se conduce, quedará en el pasado... a menos de que vayamos en un automóvil con capacidad de autoconducción.

Skills para avanzados

No hay Skills para avanzados. Esta característica es tan nueva que apenas estamos identificando las mejores prácticas. Espero que a medida que las descubras y explores todas las emocionantes posibilidades de este espacio, compartas la información conmigo. Búscame en @garyvee.

Tengo la corazonada de que para 2020, todas las marcas del área enfocada en la difusión de información sobre cómo hacer y crear, migrarán a Voice-First y se enfrentarán entre ellas para ser las elegidas para enseñarle a la gente a hornear galletas, hacer maridajes con vino, lavar alfombras y ser el mejor en ajedrez. Esta plataforma también se convertirá en la fuente a la que acudiremos en todo momento, así que cuando estemos cambiando el aceite del auto en la cochera ya no sacaremos el manual ni buscaremos en Google "Cómo cambiar el aceite", sólo gritaremos: "Dime cómo cambiar el aceite del auto" y la tecnología de Voice-First que estará sobre una repisa o montada en la pared, nos preguntará qué tipo de auto tenemos y luego nos guiará paso a paso a través de todo el proceso. En este momento sólo estamos colocando esta tecnología en dos o tres habitaciones de la casa, pero en el futuro no iremos a ningún lugar sin ella.

Imagina esta situación: Alexa Skills

Digamos que eres una *coach* de etiqueta de 49 años llamada Marilyn, pero todos te conocen como Marlo. Solías pensar que te dedicarías a educar a niños respecto a los detalles más finos de la conversación de altura y el estilo continental europeo para comer, pero con el paso del tiempo las empresas han empezado a solicitar tus servicios con desesperación y con cada vez más frecuencia para cubrir las brechas educativas de los empleados millennial que contratan. Estos jóvenes sencillamente no saben nada sobre protocolo, y en particular, no saben cómo comportarse en el contexto de los negocios internacionales o los asuntos formales. A tu negocio le va bien, pero la situación empieza a sentirse rutinaria.

Una mañana estás en la casa de tu novio y lo escuchas preguntarle a Alexa cuáles son las noticias. Una voz aparentemente humana lee los encabezados matutinos, luego el estado del tiempo, algunas estadísticas de deportes y el dato curioso del día, y todo lo toma de medios de comunicación distintos.

¿El dato curioso del día? Eso no es una noticia, sólo es información para aprender por el mero gusto.

Entonces se te enciende el foco.

Las siguientes semanas las pasas grabando las respuestas a todas las preguntas sobre etiqueta que se te ocurren. ¿Cómo se dobla una servilleta para una mesa formal? ¿Debería invitar a mi jefe a mi cena de cumpleaños? ¿Cuál es la mejor pregunta para romper el hielo? ¿Cómo le doy fin a una conversación en una fiesta de coctel sin ser grosero? ¿Puedo usar tenis negros con un traje negro? Pudiste hacerle estas preguntas a tu celular, pero mejor buscas en internet "Cómo construir una Alexa Skill" y te enteras de que a unos cuantos kilómetros de distancia hay un estudio donde te pueden ayudar a grabar el archivo de audio. Cargas tu nueva Alexa Skill, llamada The Manners Maven, y la anuncias a tus clientes y a todos tus canales de contenidos. A los clientes les encanta la manera en que las plataformas les permiten interactuar contigo de forma personal a través del mundo virtual, y les da confianza. Tiempo después añades los "Llamados a la acción" con los que diriges a la gente a otros de tus contenidos en internet para que descubran versiones más extendidas de las respuestas que obtuvieron aquí, así como publicaciones de otros expertos y entrevistas con gente que comparte sus desatinos y errores más divertidos en eventos sociales.

Imagina esta situación: Flash Briefings

Digamos que eres un paisajista de 37 años llamado Johnny. Tu negocio, Johnny's Landscape Art, genera cerca de 200 000 dólares al año, pero llegas a la conclusión de que debes darle un impulso para que la marca sea más conocida, y entonces lanzas 11 Flash Briefings:

"Los consejos diarios de Johnny para el jardín", Zona 1, Los consejos diarios de Johnny para el jardín, Zona 2, y así sucesivamente. Todos los días del año ofreces información estacional de provincia que les ayuda a los jardineros a cuidar mejor sus parcelas y jardines porque es información hecha a la medida para cada una de las 11 zonas de dureza de las plantas según del Departamento de Agricultura de Estados Unidos, las cuales se basan en las temperaturas mínimas de cada región. "Es 21 de abril y la primavera comienza. La gente de la Zona 4 necesitará empezar a fertilizar los bulbos primaverales. Los amigos de la Zona 9 deberían pensar seriamente en plantar cítricos. Zona 6, ahora que están floreciendo esas campanas chinas, asegúrense de no esperar demasiado antes de podarlas o el próximo año se verán desaliñadas." Eres el primero en ofrecer este tipo de información en Amazon, y lo mejor de todo es que eres realmente bueno. El amor que le tienes a tu trabajo y tu juguetona forma de ser se manifiestan de una manera resplandeciente, y los jardineros y propietarios de casas que han añadido uno de tus Flash Briefings a su lista de contenidos matutinos así lo perciben.

Mientras tanto, Yvette está en Seattle, encargándose de hacer la curaduría de la Tienda de Alexa Skills, pero está aburrida porque todos los Flash Briefings traen los mismos contenidos sosos sobre tecnología, estado del tiempo y deportes, pero... espera un minuto. ¿Qué es Johnny's Daily Yard Tip? Vaya, es algo distinto y lo distinto es bueno. Entonces Yvette presenta uno de tus Flash Briefings en la página de Skills.

Y ésta, *ésta* es la razón por la que necesitas generar contenidos para Alexa inmediatamente. Lo mismo que Facebook hizo para los juegos en las redes sociales y lo que Apple hizo para las aplicaciones, ahora lo hará Amazon para Skills y Flash Briefings. Van a lanzar comerciales para que la gente se entere sobre su nuevo producto. ¿Te imaginas si tu voz fuera la que todo el país escucha como ejemplo de un excelente Flash Briefing? Esto podría darte lo mismo que le dio a

Feist el hecho de que Apple eligiera reproducir "1234" en su comercial de 2007 del iPod Nano.

Pero aquí viene lo mejor. ¿Recuerdas que siempre te estoy repitiendo que todo lo que quiero que hagas será difícil y te exigirá un montón de paciencia? Bien, pues éste no es el caso. Ahora no te tomará ni mucho tiempo ni mucho esfuerzo para que te descubran por crear un Flash Briefing, porque esta tecnología es una novedad. Sin embargo, sólo sucederá en unos cinco años. En cinco años todos tendrán un Flash Briefing y será muy difícil que la gente note el tuyo sin que tengas que comercializarlo endiabladamente para conseguir algo de exposición. En cinco años a partir de ahora, la oportunidad se habrá esfumado. No. Esperes. Más.

Porque ya sabes qué más sucederá contigo, ¿verdad, Johnny? Amazon presenta tus Flash Briefings, éstos despegan y de pronto recibes un correo electrónico de Cindy en Misuri, preguntándote si te interesaría franquiciar tu marca que, para ese momento, ya es reconocida a nivel nacional. En dos años más, tu negocio de paisajismo de 200 000 dólares al año ya está recaudando anualmente cheques de 25 000 dólares firmados por tus 700 franquiciatarios en todo el país.

Por cierto, además de producir su Skill, Marlo, la creadora de Manners Maven también debería hacer lo mismo que Johnny. Debería hacer una nueva grabación de 365 preguntas sobre etiqueta, una para cada día del año. ¿Sabías que incluso en la era digital siempre se deberían enviar notas de agradecimiento escritas a mano después de una entrevista de trabajo? ¿Sabías que *etiqueta* proviene de la palabra francesa *etiquette* que quiere decir "boleto" y de los intentos del rey Luis XIV para evitar que los visitantes pisotearan sus jardines? Marlo necesita hacer todo esto por la simple razón de que puede hacerlo, gracias a que el costo de los bienes raíces en internet sigue siendo muy, muy bajo. Vaya, no seas el primer comprador de una casa en Malibú en 2017, sé el maldito Thomas Jefferson comprando 800 000 millas cuadradas del territorio de Luisiana a 3 centavos el acre, con dólares de 1803 (pero claro, ¡por favor tú no vayas a fregar a los nativos norteamericanos que ya viven ahí!).

En el horizonte

Mientras estaba trabajando en este libro, Amazon anunció que había comprado Whole Foods por sólo poco más de 13 400 millones de dólares. Cuando todos nos despertamos y vimos las noticias, pensamos: *¿Cómo carajos pasó eso?* No debió suceder jamás. Más bien, ¡Whole Foods debió comprar Amazon! Hace veinte años hubo un tiempo en que Whole Foods era un negocio muchísimo más grande que Amazon, y cuando tu empresa es mucho más grande que la de alguien más y tienes toda esa ventaja, resulta lógico pensar que no perderás jamás. Pero si eso llega a suceder, se debe a que tu competidor se te adelantó e innovó antes que tú.

Para esas personas que piensan que no tienen por qué invertir en todas las plataformas porque están concentrando su trabajo en las que les generan más rendimientos sobre inversión, debo decirles que están siendo muy tontas. Me vienen a la mente los nombres de varios blogueros que eran increíblemente populares en 2004 porque llegamos a la nueva frontera y ellos se habían colocado al centro y al frente. No obstante, ignoraron el ascenso de YouTube, de los podcasts y de Twitter, y debido a eso, ahora son irrelevantes. Estos blogueros encontraron algo que les funcionó y prefirieron dormirse en sus laureles, en lugar de seguir hambrientos y mantener sus habilidades afiladas. **En aquel entonces les hacían el feo a los medios tradicionales, pero después, ¡se convirtieron en los medios tradicionales!**

Es algo que vemos todo el tiempo. ESPN hizo que *Sports Illustrated* se viera anticuada. *Bleacher Report* está en el proceso de hacer que ESPN se vea casi mohosa. *Barstool Sports* ya está logrando que *Bleacher Report* parezca estancada. También le sucedió a Macy's, a

Radio Shack, a Woolworth, a Tower Records, a Nokia... Todas colapsaron, se estancaron y perecieron; y no son distintas a las marcas que están colapsando actualmente. Algún día llegará el momento en que digamos: "¿Qué diablos pasó?" al escuchar que Ralph Lauren apeló al Capítulo 11 de protección a la bancarrota o que *GQ* ya no existe. Aprende la lección ahora: todos están jugando el mismo juego. Y si no juegas con una estrategia ofensiva todo el tiempo, todos los días, todos los años, no importará cuán exitoso seas, algún día terminarás jugando a la defensiva.

Tienes que seguir mirando hacia adelante. Yo ya tengo la vista puesta en Marco Polo, Anchor, After School, RA (realidad aumentada), RV (realidad virtual) e IA (inteligencia artificial). Porque, ¿sabes qué va a suceder? Algún día va a haber una pequeña pelota colgando sobre la cabeza de absolutamente todos los seres humanos, y estará grabando todo lo que hagan. Te lo juro, va a pasar. O tal vez sea una cámara incrustada en tu cuerpo. Desconozco los detalles, pero sé que algún día, grabar y documentar cada minuto de nuestra vida será algo perfectamente normal. Tal vez te suene horrible e incluso aterrador, pero sólo imagina si pudieras ver a tu abuela justo ahora. Imagina que es una mujer joven y la ves avanzar en la vida, enamorarse de tu abuelo, criar a sus hijos, a tu mamá; o empezar en un nuevo empleo. Imagina que no lo ves como una película, sino que sientes físicamente que te mueves en su mundo y a su lado. Así de real va a ser la tecnología, y la pregunta no es si sucederá, sino cuándo.

Esta pasión que he mostrado por Alexa Flash Skills es la misma que tenía por Twitter y YouTube en 2008, cuando escribí *Crush It!*, que fue el papá de este libro. Eso fue cuando las multitudes no tenían idea de qué diablos les estaba hablando. Ahora todos saben de lo que hablo en lo que se refiere a Twitter, Instagram y YouTube, pero no están dando el siguiente paso, no están probando ni experimentando; me están dejando esa labor a mí y no deberían. Deberían estar ahí conmigo, probando todo esto por sí mismos.

Tú no deberías tener que voltear a verme y preguntar qué va a suceder después. ¿Qué es lo que *tú* ves? Lo único que yo estoy haciendo es mirar hacia el horizonte para ver qué plataformas están capturando la atención de la gente y modificando su comportamiento. Si veo que algo tiene un desempeño consistente, observo con más detenimiento, observo más tiempo y luego comienzo a ejecutar. Eso es lo único que tú tienes que hacer. No es que yo sea profeta, sólo tengo mucha más paciencia que tú.

CÓMO LA ESTOY HACIENDO EN GRANDE

Andy Frisella, The MFCEO Project
I:@ANDYFRISELLA

Andy Frisella tiene la apariencia de un hombre que podría aplastarte la cabeza como si fuera una toronja, lo cual es algo positivo en el área laboral en que se desempeña. Andy es fornido y musculoso, tiene algunas cicatrices en el rostro, producto de un ataque con cuchillo que sufrió hace mucho tiempo; y es el fundador y director ejecutivo —o mejor dicho, el muy cabrón director ejecutivo o MFCEO— de dos empresas dedicadas al fitness y la salud. Andy es un lector voraz, pero se encontró con *Crush It!* por casualidad. En general, compra libros que van apareciendo en Amazon, independientemente de si ha escuchado buenos comentarios o no, porque imagina que si de cada uno puede rescatar aunque sea uno o dos consejos útiles, o alguna idea que lo inste a pensar, entonces habrá invertido bien su tiempo. Para cuando se publicó *Crush It!* Andy ya llevaba diez años en los negocios, vendiendo productos de nutrición para deportistas a través de su cadena de tiendas físicas con base en Misuri, Supplement Superstores (S2). A pesar de contar con ocho locales, S2 estaba haciendo lo que la gran mayoría de los negocios: esforzándose demasiado por una remuneración ínfima. Los negocios iban bien, pero no increíblemente bien, y no le permitían a Andy llevar a casa más de 50 000 dólares al año. En aquel tiempo eso era todo lo que necesitaba un hombre soltero para pagar la renta y disfrutar de una cena fuera de casa de vez en cuando, pero cuando Andy y Chris Klein, su socio de negocios, lanzaron la primera tienda, sus ambiciones iban mucho más lejos. Andy siempre fue emprendedor, vendió tarjetas de beisbol, conos de nieve e incluso vendió focos de puerta en puerta. Le gustaba generar dinero y le frustraba no poder hacer nada para que su negocio creciera más rápido. Pero a pesar de todo, aunque no estaba ganando lo que esperaba, al menos eso era mejor que trabajar para alguien más. Andy, por cierto, no estaba dispuesto a dejarse vencer por ninguna razón ni a conseguir un "trabajo de verdad". Así pues, como hacer otra cosa no era una opción, decidió enfocarse en la parte del negocio que más le agradaba: ayudar a la gente a narrar sus historias. Los clientes visitaban la tienda, y seis meses después regresaban completamente transformados después de aplicar el conocimiento y usar los productos que habían adquirido en la tienda. Algunos llegaban a perder hasta 50 kilos, y la vida de muchos de ellos cambió de forma dramática.

Andy se esforzó aún más en ayudar a sus clientes, y siguió asegurándose de que al salir de la tienda se sintieran confiados y llevaran consigo todo lo que necesitaban para alcanzar sus metas. El tráfico en la tienda repuntó de inmediato.

Toda la gente sabe cuándo le estás vendiendo algo. No importa qué tan elegante, agradable y sonriente sea uno, los clientes siempre reconocen a un mal vendedor. Todos los hemos visto. Por eso, cuando la gente trata con alguien a quien en verdad le importa, nota la diferencia. Es algo que los clientes sienten en la conversación y en el corazón, y tiene que ser genuino, porque si no, no funciona.

Fue más o menos por esa época que Andy encontró *Crush It!*, un libro que también hablaba sobre preocuparse por los clientes y enfocarse en lo que les ofreces a otros, en lugar de en ti mismo. Fue un parteaguas que reforzó sus instintos y le confirmó que estaba llevando su negocio en la dirección correcta.

Me apasionaba hacer dinero, pero creo que eso fue lo que me impidió avanzar durante mucho tiempo. Tenía tantos deseos de generar ingresos, que lo único que me interesaba era el aspecto financiero; era igual que todos esos tipos que están tratando de echar a andar negocios. Y cuando te enfocas solamente en el dinero, en realidad no piensas en qué cosas podrías mejorar para tus clientes. Cuando cambié mi enfoque y empecé a preocuparme por el cliente que tenía frente a mí, las cosas empezaron a mejorar. No me apasiona el fisiculturismo ni estoy obsesionado con el entrenamiento. Hago ejercicio y me mantengo en forma, pero es sólo parte de lo que hago para poder dedicarme a otras cosas. Como forjar historias de éxito para la gente, lo cual me apasiona.

Andy y Chris reasignaron una buena parte de su presupuesto de marketing y la usaron para mejorar las transacciones con los clientes en la tienda. Regalaron camisetas, contrataron personal adicional para que asesorara a la gente sobre temas de nutrición, compraron varios paraguas que dejaron en la puerta para que la gente pudiera regresar a casa sin mojarse cuando comenzaba a llover. En resumen, empezaron a ofrecerles a los clientes una experiencia completamente distinta a la que estaban acostumbrados.

El negocio se duplicó cada año durante un lustro completo.

En algún momento también incrementaron su presupuesto de publicidad y marketing. "Los anuncios deberían usarse para acelerar las historias que se cuentan sobre ti. La gente ya nos estaba encontrando, venía a la tienda, se quedaba y la recomendaba. Si la gente no cuenta cosas buenas, toda esa publicidad sólo te va a llevar a toda velocidad a una muerte segura."

En 2009, Andy y Chris iniciaron 1st Phorm. Ésta era otra empresa y ofrecía una marca prémium de suplementos. Los fundadores aplicaron desde el principio todos esos principios que Andy por fin había empezado a reconocer que eran fundamentales para el éxito de cualquier negocio.

La estrategia de marketing que se usó para construir 1st Phorm fue sencilla y tradicional: preocúpate por los clientes, dales exactamente lo que desean y algo más, y luego genera oportunidades para que se les facilite contarles a otras personas sobre la gran experiencia que tuvieron. Así fue como entraron en juego las redes sociales. Andy llevaba algún tiempo en Facebook, pero no lo había estado usando de forma adecuada. Ahora lo abordó de forma estratégica y se enfocó fuertemente en generar contenidos valiosos, en lugar de sólo subir fotografías de sus perros todo el tiempo (aunque hay que admitir que los perros todavía aparecen bastante, ¡y lo merecen!). También creó un lugar en el que su comunidad pudiera reunirse, y empezó a construir su marca personal. Lo intentó en Twitter, pero le costó mucho trabajo escribir todo lo que quería decir con solamente 140 caracteres. Por eso, aunque @1stPhorm tiene bastantes seguidores, no verás a Andy por ahí. Snapchat le parece una herramienta "edificante" porque permite que la gente vea la vida real y la actividad empresarial tras bambalinas, aunque admite que ahora usa más Instagram Stories. En Instagram, Andy hizo exactamente lo opuesto a lo que en general funciona mejor, pero los resultados fueron geniales y ahora tiene más de 600 000 seguidores.

Publico fotografías y videos, y hago textos súper largos. Cuando empecé, la gente me decía: "Ay, no, nadie quiere leer todo esto", pero al parecer, sí lo están leyendo. Creo que en las redes sociales tienes que ser auténtico contigo mismo, encontrar qué te funciona mejor, en lugar de hacer lo mismo que todos los demás, y apegarte a eso. Se trata de encontrar lo que más te conviene y trabajar con ello.

En conjunto, las empresas crecieron de 1 millón de dólares por concepto de ventas a 100 millones; y Andy predice que en 2018 alcanzarán los 200 millones.

Cuando su marca y los negocios empezaron a expandirse, la gente notó que Andy sabía algo que los otros empresarios no. La prensa se acercó para pedirle que contara su historia, y entre más compartía, más quería saber el público. Conoció a un escritor llamado Vaughn Kohler, quien le sugirió que escribiera un libro, y como Andy estaba listo, ambos se sentaron a realizar una serie de entrevistas. Videograbaron las sesiones y a Andy se le ocurrió que podrían añadir algunos buenos contenidos como videoclips para Instagram y Facebook. ¡Lotería! "La gente se volvió loca, llegué a tener dos o tres millones de vistas, ¡y sólo se trataba de un videoclip de quince segundos!"

Después de cada publicación, Andy recibió mensajes de gente preguntando dónde podía escuchar el podcast completo, así que pensó que más le valía empezar a producir uno. En junio de 2015 él y Kohler lanzaron Project MFCEO ("Mother Fucker CEO"), un podcast motivacional sobre negocios y éxito. El primer episodio debutó en el número uno, y el programa se ha mantenido en los 50 podcasts más descargados de la categoría de marketing y administración de iTunes desde ese día, con un promedio de 1.5 millones de descargas al mes. La personalidad de Andy y su apasionada forma de narrar lo hacían perfecto para el circuito de oradores, así que empezó a recibir invitaciones por montones. Como le gusta hablar en público, acepta todas las oportunidades que puede, "sin importar si se trata de cinco personas o de 5 000". A veces, cuando se siente suficientemente conmovido por alguna razón, realiza esta labor gratuitamente, pero en otras ocasiones puede llegar a cobrar hasta 50 000 dólares por evento.

A partir de la primavera de 2017 lanzó un canal de YouTube llamado The Frisella Factor, en el cual responde a las preguntas que le envían por correo electrónico los escuchas de su podcast.

A Andy le tomó 18 años llegar adonde se encuentra ahora, y por eso envidia a la generación más joven de emprendedores a los que nunca les tocó vivir en un mundo en el que no podían comunicarse con gente más allá de las fronteras con tan sólo darle clic a un mouse. Sin embargo, también cree que a los jóvenes les haría mucho bien recordar que hay ciertos valores y prácticas de negocios que no tienen edad.

Mi viaje tomó mucho más tiempo del debido. Nuestro primer negocio lo hicimos antes de que existieran las redes sociales y construimos todo a través de, literalmente, la recomendación de boca en boca. Nuestro segundo negocio se construyó cuando ya había redes sociales, así que lo hemos logrado en las dos eras. Sin embargo, tuvimos éxito porque las lecciones que aprendimos antes de que existieran las redes son aplicables ahora que ya están ahí. Sólo tienes que usar las herramientas de la manera correcta para acelerar el proceso de recomendación de boca en boca. Pero si tú estás comenzando ahora y te toma 17 años triunfar, es porque algo no funciona en tu cabeza. Ahora puedes contactar a la gente de forma instantánea y la retroalimentación llega de la misma manera. Todo eso que nos tomaba meses y años averiguar, ahora se puede saber en un abrir y cerrar de ojos. Ahora puedes conectarte con gente de todo el mundo, de un minuto a otro. Los chicos que están empezando en este momento son muy afortunados.

Aunque también tienen ciertas cosas en contra porque confían demasiado en las redes sociales, en los likes, en las comparticiones y los mensajes privados; y dejan de lado las interacciones frente a frente. No saben que el aprendizaje sobre cómo se genera la experiencia del cliente sólo se logra frente a frente. Porque, ¿sabes?, ver cómo se iluminan los ojos de alguien, cómo sonríe, cómo se estira para estrechar tu mano y decir: "Muchas gracias por ayudarme con esto, en verdad lo aprecio", eso es algo que no puede suceder a través de internet. Por eso, a menos de que los jóvenes vivan este proceso, siempre estarán tratando de automatizar todo. Ésta también es la razón por la que vemos a mucha gente que crea un producto y lo vende, en lugar de construir una verdadera marca que represente algo. Si tú puedes vincular estos dos elementos [la practicidad e inteligencia de las redes sociales con la habilidad de interactuar con alguien frente a frente, de una manera empática y cálida], entonces tendrás algo en verdad especial.

CONCLUSIÓN

Con frecuencia me preguntan qué he aprendido en estos años desde que publiqué *Crush It!* La respuesta es: ¡Que tenía razón! Las redes sociales generan negocios. La innovación hace que la gente se sienta incómoda. Deberíamos preocuparnos desesperadamente por todo, pero no debería importarnos lo que los demás piensen. Siempre habrá alguien tratando de despedazarte. El talento no sirve de gran cosa si no tienes paciencia y persistencia. Se necesita una cantidad brutal de trabajo para tener éxito, y la gente que finalmente lo logra y la hace en grande es aquella que entiende todo esto y de todas maneras sigue persiguiendo sus sueños.

Quiero que encuentres el valor para hacerlo. Por ahí, en algún lugar, hay un ingeniero de cuarenta y tantos, una exterminadora de plagas que también es madre soltera o un empleado de una tienda departamental que está tratando de terminar la escuela al mismo tiempo, y que está leyendo este libro y piensa: *Vaya hombre, de verdad odio este maldito trabajo. Ah, pero cómo me gusta la pizza. Voy a abrir un canal de YouTube y a convertirme en el próximo Mario Batali.* La gente pensará que es una idea ridícula, de la misma manera que le pareció ridículo que yo escribiera *Crush It!* Pero no es ridículo, ni siquiera es un texto optimista y la prueba está a la vista. Cuando escribí *Crush It!*, básicamente le estaba diciendo a la gente lo que tuve que hacer para hacer crecer una tienda de vinos en Nueva Jersey, y ahora mismo que estoy escribiendo, soy juez del primer programa original de Apple.

Espero que este libro te haya inspirado a cambiar tu vida y mejorarla. La gente suele decirme que quiere ser como yo, pero prefiero que sea ella misma. Si en verdad quieres ser como yo, deja de ser ese estudiante de actividades empresariales y ponte a hacer el maldito trabajo. Si lo haces, éste será el último libro de negocios que tengas que leer. El éxito les llegará a algunas personas antes que a otras, pero si amas la vida y estás haciendo eso para lo que sientes que naciste, estarás viajando en la dirección correcta. Mantente en ese curso. Vale la pena ser valiente. Si te sirve de algo, piensa en mí como el escudo entre tú y toda la negatividad que hay allá afuera. Créeme, yo escuché todas las críticas y soporté todos los insultos, tuve que defender mi postura miles de veces y también sufrí desilusiones. Recibí golpes, y ahora no sólo estoy de pie, sino también soy más fuerte que nunca. Nadie te puede lanzar nada que no me hayan lanzado a mí ya. Así que, si yo puedo lidiar con eso, tú también, pero claro, sólo si deseas hacerla en grande con todas tus fuerzas.

Recuerda que no vas a dejar tu empleo a cambio de una vida más fácil porque llegar a ser empresario e influencer no tiene nada de sencillo. Lo vas a cambiar para vivir una vida distinta, una vida más flexible y divertida. Chad Collins (I: @chadcollins) le atribuye a *Crush It!* haberle ayudado a construir sus empresas que generan cifras de siete dígitos y a producir dos festivales de seguidores que rompieron el Récord Guinness: el LEGO Brick Fest Live, y Minefaire, que surgió de un canal de YouTube que produjo con su hija de siete años. Chad había tratado de evitar a toda costa la vida empresarial porque sabía lo difícil que podría llegar a ser. "Crecí en una familia de empresarios, y cuando las cosas iban bien todo era genial; pero cuando salían mal, era en verdad terrible. Por eso deliberadamente tomé la decisión de trabajar para alguien más." Sin embargo, Chad no era feliz siendo un "em-presa-rio", y cuando vio la oportunidad de diseñar la vida de sus sueños, saltó de inmediato. Chad cree que esa experiencia también preparó a su hija para el éxito, independientemente del camino que siga. "Entrevistaron a Jordyn para *Time for Kids*, y apareció en la página de inicio del sitio. Desde que cumplió nueve años ha dirigido la presentación de la trivia de LEGO en los eventos y lo hace de maravilla. Ella hace sus propias presentaciones de PowerPoint. Como vio de qué manera comenzó todo, sabe que es capaz de lograr lo que quiera. Ella y mi hijo han sido testigos de todo el desarrollo. Creo que ella va a triunfar, siempre y cuando conserve la confianza que tiene y la aplique en todo lo que haga." Así lo hará. Y también lo hará cualquier persona que esté dispuesta a correr el riesgo y apegarse legítimamente a los principios de este libro. Por favor, te lo pido, sólo inténtalo, si no lo haces por ti mismo, hazlo por la gente que amas, que te está observando y que quiere que seas feliz.

¿Sabes en qué momento del juego estamos? Ni siquiera han tocado el himno nacional, ni siquiera hemos llegado al estacionamiento del estadio. Estoy ansioso por ver de qué plataformas estaremos hablando en nueve años. Yo nunca tengo miedo del futuro, a pesar de que recordar lo sencilla y lenta que era la vida en el pasado se ha vuelto prácticamente un deporte nacional. La gente se pregunta si estaremos sacrificando algo irremplazable o incluso tal vez cambiando la condición humana ahora que nos obsesionamos cada vez más con la velocidad y la productividad. Pero yo no me preocupo por eso porque sé que sólo estamos haciendo lo mismo que siempre hemos hecho, y tal vez eso para lo que nacimos. **Nos sentimos muy nostálgicos, pero nuestras acciones nos traicionan.** ¿Cuánta gente mayor de trece años en Estados Unidos no tiene un celular? Prácticamente no hay nadie en esa situación. Mientras sigamos existiendo, los humanos continuaremos aceptando todas las invenciones e innovaciones que nos ofrezcan la mayor rapidez y conveniencia, y créeme, no vas a perder tu alma si lo haces. De hecho, si eres emprendedor, tal vez la recuperes.

AGRADECIMIENTOS

El cinco siempre ha sido mi número preferido, así que ahora que estoy publicando mi quinto libro de negocios, me parece particularmente importante agradecer al equipo que más valoro en la vida: mi asombrosa esposa Lizzie; mis hijos Misha y Xander; mis increíbles padres Sasha y Tamara; y mis hermanos y cuñados. Esta vida sólo la estoy pudiendo vivir gracias a todo el amor y a la infraestructura que ustedes me ofrecen. Les agradezco desde el fondo de mi corazón.

También quiero hacer un profundo reconocimiento a todo el Team GaryVee, quienes contribuyeron con su esfuerzo y experiencia a este libro, así como a la gente que me rodea diariamente, y cuyo talento y corazón hacen de VaynerMedia lo que es. Asimismo, le quiero expresar mi enorme gratitud a todo el equipo de HarperBusiness, particularmente a Hollis Heimbouch, mi editora.

Finalmente, ninguno de estos libros existiría siquiera sin mi mano derecha, Stephanie Land, quien ha colaborado conmigo en los cinco y ha dejado de ser solamente una escritora fantasma para convertirse en algo mucho más importante: mi amiga.

NOTAS

Introducción

22 *Cómo llegó a ganar mensualmente cifras de seis dígitos*: Martin, C. "Feel the Noise: D.I.Y. Slime is Big Business", *The New York Times*, junio 25, 2017, p. 6.

22 *En agosto de 2017 hizo una gira de siete semanas*: Gutelle, S., "Karina Garcia, YouTube's 'Slime Queen', Is Heading on Tour with Fullscreen", Tubefilter.com, julio 7, 2017, <www.tubefilter.com/2017/07/07/karina-garcia-youtubes-slime-queen-is-heading-on-tour-with-fullscreen>.

Capítulo 1: El camino es todo tuyo

28 *Las visitas diarias a YouTube se acercan cada vez más a los 1 250 millones*: Solomon, F., "YouTube Could Be About to Overtake TV as America's Most Watched Platform", Fortune.com, febrero 28, 2017, <fortune.com/2017/02/28/youtube-1-billion-hours-television>.

28 *Uno de cada cinco minutos que se invierten en el celular*: Facebook Audience Insights.

28 *Cada minuto se publican 65 900*: Facebook Audience Insights.

28 *Cada día se generan más de 3 000 millones de fotos o snaps*: Snapchat, octubre 17, 2017.

28 *En consecuencia, desde 2009 las marcas han triplicado*: "CMO Survey: Social Media Spending Falls Short of Expectations", Duke University Fuqua School of Business, comunicado de prensa, agosto 23, 2016,

\<www.fuqua.duke.edu/news_events/news-releases/cmo-survey-august-2016/#.WPYg6I4kqV5\>.

28 *En 2016, los youtubers que más ingresos generan*: Crockett, Z., "The 10 Highest-Earning YouTube Stars Made $70.5 Million in 2016", *Vox*, diciembre 9, 2016, \<https://www.vox.com/cuture/2016/12/9/13894186/highest-earning-you-tube-stars-2016\>.

28 *En el pasado, la lista de los que más ingresos generaban incluía a la bailarina*: Berg, M., "The World's Highest-Paid YouTube Stars 2015", *Forbes*, octubre 14, 2016, \<https://www.forbes.com/sites/maddieberg/2015/10/14/the-worlds-highest-paid-youtube-stars-2015/#2f-1cb6b53192\>.

28 *Los más populares instagrammers pueden llegar a ganar cifras*: London, B., "How Much Are YOUR Instagram Posts Worth? Users with 1,000 Followers Could Net £4,160 a Year by Promoting Brands (and Anyone with 100,000 Can Earn More than a Lawyer)", DailyMail.com, noviembre 12, 2015, \<www.dailymail.co.uk/femail/article-3313864/How-Instagram-posts-worth-Users-1-000-followers-net-4-160-year-promoting-brands-100,000-earn-lawyer.html\>.

28 *El salario promedio de los empleados estadounidenses*: Campbell, T., "What's the Average Income in the United States Now?", *Motley Fool*, marzo 24, 2017, \<https://www.fool.com/investing/2017/03/24/whats-the-average-income-in-the-united-states.aspx\>.

32 *"Pensé... que mi voz era lo que soy"*: Peoplestaff225, "Julie Andrews: Losing My Voice Was 'Devastating'", People.com, marzo 20, 2015, \<http://people.com/movies/julie-andrews-sound-of-music-star-opens-up-about-losing-her-voice\>.

34 *Iniciar un nuevo proyecto que tiene como objetivo eliminar la "colosal división"*: Garun, N., "CNN to Start a New Media Brand with YouTube Star Casey Neistat", *Verge*, noviembre 28, 2016, \<www.theverge.

com/2016/11/28/13762792/cnn-beme-shut-down-casey-neistat-new-startup>.

Capítulo 3: El octavo esencial - Contenidos

109 *A sumarle 25 kilos adicionales a su cuerpo*: Roll, R., "Finding Ultra", RichRoll.com, <www.richroll.com/finding-ultra>.

109 *Directo a la misma enfermedad cardiaca que había matado a su abuelo*: Lamb, C., "Rich Roll, Vegan Ultra-Athlete, Recovered from Alcoholism and the Standard American Diet", Miami-NewTimes.com, octubre 27, 2012, <www.miaminewtimes.com/restaurants/rich-roll-vegan-ultra-athlete-recovered-from-alcoholism-and-the-standard-american-diet-6572006>.

115 *Su alcance y su popularidad se han extendido tanto que ahora lo consideran un "influencer de influencers"*: Skolnick, A., "A Brutal Competition, Island to Island, in Sweden", NewYorkTimes.com, septiembre 5, 2017, <https://www.nytimes.com/2017/09/05/sports/a-brutal-competition-island-to-island-in-sweden.html?_r=0>.

117 *En una entrevista con* The New York Times, *confesó: Ibid.*

Capítulo 5: Lo único que necesitas darte a ti mismo para hacerla en grande

143 *El examen* LEED AP *es riguroso que tiene un índice de aprobación de sólo 30 por ciento. Los jefes de Pat le habían asegurado que la*: Ward, S., "How Hard is the LEED exam? Harder than Passing the Bar?", *Poplar*, marzo 14, 2014, <https://www.poplarnetwork.com/news/how-hard-leed-exam-harder-passing-bar>.

Capítulo 8: Musical.ly

164 *La empresa notó que una gran cantidad de chicos preadolescentes*: Carson, B., "How a Failed Education Startup Turned Into Musical. ly, the Most Popular App You've Probably Never Heard Off", *Business Insider*, mayo 28, 2016, <www.businessinsider.com/what-is-musically-2016-5/>.

167 *Desde 2012, 65% de los programas nuevos*: Ocasio, A., "TV Success Rate: 65% of New Shows Will be Canceled (& Why It Matters)", Screen Rant.com, mayo 17, 2012, <http://screenrant.com/tv-success-rate-canceled-shows/>.

Capítulo 9: Snapchat

179 *A pesar de sus 173 millones de usuarios activos diariamente*: Snapchat, octubre 17, 2017.

182 *Escribe que lo que más le agrada de esta plataforma es que*: DJ Khaled, *The Keys*, Crown Archetype, noviembre 2016, p. 122, <https://books.google.com/books?id=cpWxCwAAQBA-J&q=p+122#v=onepage&q=122&f=false>.

193 *Y las mujeres iban a la cabeza*: Goudreau, J., "What Men and Women Are Doing on Facebook", *Forbes*, abril 26, 2010, <https://www.forbes.com/2010/04/26/popular-social-networking-sites-forbes-woman-time-facebook-twitter.html>.

Capítulo 11: YouTube

205 *Muchísima más gente envía los contenidos de la plataforma a sus pantallas de televisión*: Estudio comisionado a Nielsen por Google, "You-Tube Users Stats from Brandcast 2017:3 Trends in Video Viewing

Behavior", mayo 2017, <https://www.thinkwithgoogle.com/consumer-insights/youtube-user-stats-video-viewing-behavior-trends>.

Capítulo 12: Facebook

209 Facebook tiene casi 2 000 millones de usuarios activos al mes: Fiegerman, S., "Facebook Tops 1.9 Billion Monthly Users", CNN.com, mayo 3, 2017, <http://money.cnn.com/2017/05/03/technology/facebook-earnings/index.html>.

209 Hay 1 150 millones de usuarios activos diarios en celular: "The Top 20 Valuable Facebook Statistics - Updated November 2017", Zephoria Digital Marketing, <https://zephoria.com/top-15-valuable-facebook-statistics>.

211 Mark Zuckerberg dijo que el video era una "megatendencia": Castillo, M., "Mark Zuckerberg Sees Video as a 'Mega Trend' and Is Gunning for YouTube", CNBC.com, febrero 1, 2017, <www.cnbc.com/2017/02/01/mark-zuckerberg-video-mega-trend-like-mobile.html>.

211 En 2016 le dijo a BuzzFeed: "No me sorprendería si nos saltáramos: Honan, M., "Why Facebook and Mark Zuckerberg Went All In on Live Video", *BuzzFeed News*, abril 6, 2016, <https://www.buzzfeed.com/mathonan/why-facebook-and-mark-zuckerberg-went-all-in-on-live-video?utm_term=.fdwpA8ZBM#.tlGzWbZG7>.

211 La plataforma está en el proceso de concretar tratos para generar: Fingas, J., "Facebook Will Court 'Millennials' with Its Original Videos", *Engadget*, mayo 24, 2017, <https://www.engadget.com/2017/05/24/facebook-original-video-shows>.

213 ... ya había alcanzado 162 millones de vistas y se había convertido en el video de Facebook Live: Wagner, K., "'Chewbacca Mom' Was

the Most Popular Facebook Live Video This Year by a Mile", *Recode*, diciembre 8, 2016, <https://www.recode.net/2016/12/8/13870670/facebook-live-chewbacca-mom-most-popular>.

243 *Kohl's la recompensó fuertemente con miles*: Tuttle, B., "'Chewbacca Mom' has Gotten $420,000 Worth of Gifts Since Facebook Video Went Vira", *Money*, junio 3, 2016, <http://time.com/money/4356563/chewbacca-mom-facebook-gifts-disney-college>.

243 *Hasbro, fabricante de la máscara original de wookie*: Kim, Eun Kyung, "'Chewbacca Mom' Now Has Her Own Action Figure Doll! Here Are the Details", *Today*, junio 20, 2016, <https://www.today.com/popculture/chewbacca-mom-now-has-her-own-action-figure-doll-here-t99426>.

243 *También obtuvo un contrato para escribir varios libros*: "Zondervan Signs 'Chewbacca Mom' Candace Payne for Multi-Book Deal", HarperCollins Christian Publishing, enero 17, 2017, <https://www.harpercollinschristian.com/zondervan-signs-chewbacca-mom-candace-payne-for-multi-book-deal>.

243 *Mientras se preparaba para enviarle a su editora el manuscrito del primero*, Laugh It Up: Página de Facebook de Candace Payne, acceso en junio 2017, <https://www.facebook.com/candaceSpayne/posts/10213133991364822>.

Capítulo 13: Instagram

253 *El día que se lanzó Stories, por ejemplo, Kevin Systrom*: Constine, J., "Instagram Launches 'Stories,' a Snapchatty Feature for Imperfect Sharing", *TechCrunch*, agosto 2, 2016, <https://techcrunch.com/2016/08/02/instagram-stories>.

264 *Se espera que para finales de 2017, las ventas de anuncios digitales sobrepasen*: Poggi, J., "Global Digital Ad Sales Will Top

TV in 2017, Magna Forecast Predicts", *Ad Age*, diciembre 5, 2016, <http://adage.com/article/agency-news/magna-digital-ad-sales-top-tv-2017/306997>.

Capítulo 14: Podcasts

267 *Desde 2014, los 139 millones de personas que se desplazan en Estados Unidos*: Ingraham, C., "The Astonishing Human Potential Wasted on Commutes", *Washington Post*, Wonkblog, febrero 25, 2016, <https://www.washingtonpost.com/news/wonk/wp/2016/02/25/how-much-of-your-life-youre-wasting-on-your-commute/?utm_term=.e28807a0ade3>.

Capítulo 15: Voice-First

280 *En 2016 Google reveló que 20% de las búsquedas*: Sterling, G., "Google Says 20 Percent of Mobile Queries Are Voice Searches", Search Engine Land, mayo 18, 2016, <http://searchengineland.com/google-reveals-20-percent-queries-voice-queries-249917>.

286 *... para cada una de las 11 zonas de dureza de las plantas*: <planthardiness.ars.usda.gov>.

287 *¿Sabías que* etiqueta *proviene de la palabra francesa* etiquette: Duffy, R., "Manners and Morals", introducción, Post, E., *Etiquette: In Society, in Business, in Politics and at Home*, Funk & Wagnalls, 1922, <www.bartleby.com/95/101.html>.

¡Hazla en grande! de Gary Vaynerchuk
se terminó de imprimir en noviembre de 2018
en los talleres de
Litográfica Ingramex, S.A. de C.V.
Centeno 162-1, Col. Granjas Esmeralda, C.P. 09810,
Ciudad de México.